中学语文快乐阅读系列丛书

最悦读

幸福之痛

《最悦读》丛书编写组

丛书主编：樊文春

本册主编：张富坚

编　　委：林玉春　　刘广平　　王亚芬

　　　　　张彦民　　周倩雯

中国地图出版社

北　京

图书在版编目(CIP)数据

幸福之痛 /《最悦读》丛书编写组编. — 北京：
中国地图出版社，2012.1
（最悦读）
ISBN 978 - 7 - 5031 - 5925 - 1

Ⅰ.①幸⋯　Ⅱ.①最⋯　Ⅲ.①语文课—阅读教学—中
学—课外读物　Ⅳ.①G634.333

中国版本图书馆 CIP 数据核字(2011)第 027232 号

最悦读·幸福之痛

出　　版	中国地图出版社			
社　　址	北京市西城区白纸坊西街 3 号	邮政编码	100054	
电　　话	010—83543902　010—83543949	网　　址	www. sinomaps. com	
印　　刷	北京世汉凌云印刷有限公司	经　　销	新华书店	
成品规格	170mm×240mm	开　　本	1/16	
印　　张	10.5	字　　数	280 千字	
版　　次	2012 年 1 月第 1 版	印　　次	2014 年 6 月北京第 5 次印刷	
定　　价	20.00 元			
书　　号	ISBN 978 - 7 - 5031 - 5925 - 1/G · 2177			

如有印装质量问题，请与我社发行部联系调换。

前言

　　在学习的要素中，阅读是必不可少的。然而，读者在阅读过程中又容易产生疲劳。为了提高广大学生的阅读效率，适应新课程标准下中考、高考的要求，增强人文关怀和情感意识，扩大知识视野，本丛书以教育学和心理学理论为支撑，用"另类文章"（篇目前有"*"号）调节阅读节奏，在经典选文之后，适当加入"另类文章"，加入讽刺、幽默、哲理、寓言、另类奇文等具有"新奇"元素的文章，刺激读者的阅读神经，形成"阅读兴趣和阅读刺激"的循环，以平衡阅读心理，实现快乐阅读和激情阅读，有效提高阅读质量。

　　我们曾在1000名中学生中进行"最悦读"与"普通阅读"的分组对比实验，结果证明，经过"另类文章"的刺激，"最悦读"组在长时间持续阅读中，仍能保持轻松、愉悦的情绪和清晰、流畅的思维，而"普通阅读"组随着阅读时间的延长，就会产生头晕、记忆模糊、思维迟钝的感觉。

　　阅读不仅是一种味道，也是一种心情的洗礼。

　　许多往事如辣味一样，诱人而刺痛。美味经过口腔而转瞬即逝，只剩下火辣辣的疼痛触动神经，在心底烙下鲜红的印记。

　　就是在这印记上，我们迈开流浪的脚步，用"悦读"温暖回家的旅程。

　　就是在这印记里，我们达成了情感的共鸣，用"悦读"烘干潮湿的心灵。

　　有人说，阅读是一种享受——享受阳光，明媚；享受空气，清新。

　　我说，阅读是一种刺激——刺激情感，沸腾；刺激生活，热烈。

　　有人说，阅读是一种情怀——关照自然，渴望倾听，亲近生命，走入心灵。

　　我说，阅读是悦读——痛楚，快乐，青春的奔放，自然的明丽。

　　欢迎你品尝"最悦读"的饕餮大餐，享受阅读的激情与温暖！

《最悦读》丛书编写组

目 录

Mu Lu

第一编　幸福的起点

第二编　你的生命如此多情

第三编 一花一世界

第四编 痛感中的快感

第五编　幸福生于会痛的心田

第六编　终极的旨归

幸福的起点

　　幸福的起点，燃起新的希望。我们在感到前途渺茫，不知所措时，心中总有一盏明灯为我们导航，不会迷失方向，坚定信念，顺利行驶，使我们走得更远，飞得更高。在经历了重重困难之后，我们能够把握住人生的坐标，不会重蹈覆辙，达到豁然贯通、博大宽广的精神世界，创造出精妙绝伦的境界。

　　幸福新的起点，燃起新的希望。我们在黑暗中摸索前进的时候，在迷失方向，无人问津时，天空中黑暗将褪去，出现我们盼望已久的朝霞。就像燕尾蝶兴高采烈地破蛹，重获新生的冲动。

　　新的起点，新的希望。像雨后的彩虹，在经历暴风雨之后，依然风采依旧。像流星划过天际，放射出独具魅力的星光，擎天撼地，留下永恒。我们要懂得绽放自己，超越自己，孜孜不倦地为梦想而执著追求，不懈努力。

阅览室

活在当下

◇剑　痕

来到这个世界整整四十年了。

这一万四千六百天，才铸成这么一个我。

这期间，六年无知，六年小学，三年初中，三年中师，几年大学，再加上二十年工龄。这便是我的历程，如果还算得上人才的话，这是一棵长在乡间的苦楝树，四十年树龄，木质还算坚挺，一般生活用具足以应付就是。大众的人才，大众的口味。

这四十年走来，吃苦耐劳的结果有两个：一个是自己把自己折腾成熟了，另一个是拔了萝卜带上泥，在路上"捡"了一个女人，然后有了小家。这样一来，这方红土，先是长了一棵苦楝树，然后上天在旁边移种了一棵凤树，最后两树杂交，又长出了一棵变种的小树来——是苦楝，还是松柏，时下暂未定论。所以，这方红土便有了这么一道平凡的风景——我的家。

不愁吃不愁穿，有住房，有车子，在岗有皇粮。小康人家。其乐融融也。

"你有几位数存款了？"朋友见我不惑之年有点长肉了，问我。

"有存款才可以快乐？"我反问之。

"你说，三餐不饱的人能快乐吗？"朋友用归谬法回答了我。

顾不上三餐的人，谈幸福快乐的生活，这的确类似于身体有病的人谈保健，没有说服力。所以，朋友"有存款才可快乐"，这个推理言之凿凿。统观周围人，快乐幸福、神采飞扬的人大多数为"款爷"。家有存粮，则不用担忧明天，不忧便不会费神，精神充沛则精力旺盛，精力旺盛则百病不侵，身健神怡，便可幸福快乐。

"家无存粮，马不肥嘛！"朋友瘦小的身材，深凹的眼睛，看来他属"家无存粮"类吧。

家无存粮则忧，忧则伤神，神伤乃气不畅，气不畅则血瘀，血瘀则元气难升，人无元气了，谈何健康，健康不保，幸福与快乐何处？

"有存款就能快乐吗？"我是学哲学的，总觉得朋友的推断有以偏概全之嫌。

"这……"朋友一直过着青黄不接的生活，他一直都在为"人民币"服务。要他正面回答这个问题，有点让他作难。因为，他的幸福是系在钱上的。我不想再往下追问他了，让他有存款了再和他讨论吧。

古人的话就是神，说你三十而立就立了，说你四十不惑，你就能四十洞明人生。对钱与幸福，我有另外一种感悟：天下有钱人多，但快乐的没几个。幸福快乐与钱有关系但无必然联系。钱是死的，是身外的，幸福快乐是活的，是一种感觉。这就是我四十年来，通过吃五谷和吸空气，还有后天的学习生活得出的幸福快乐观。

要幸福快乐，就得活好眼前的每一天，一天中的每一个小时，一小时中的每一分钟，一分钟中的每一秒。这不容易，也很容易。只要你坦然地面对生活，不要伤感已逝去的，也不要忧虑明天的事情，把握眼前就能轻松幸福。

有一则故事，很令人深思。一个小和尚，每天早上都要清扫院庙里的落叶，秋冬之际，一阵风一阵落叶，小和尚为此很苦恼。后来有和尚提醒他，你明天打扫之前先用力摇树，把能落的叶子全摇下来，后天你就不用扫。小和尚照着做了。但第二天他到院子一看，还是满地落叶。小和尚后来明白了：不管自己怎么用力，该落的叶子还会落的。世上有许多事是无法重复，无法提前的，唯有认真地活在当下，才是最好的人生态度。

是啊，一路收获固然是幸福的，但一路的付出更是一种快乐。有位先哲说了这样一段话：如果无法快乐地洗碟子，而只想着尽快洗完才能吃甜点的话，还是无法快乐地享用甜点。

我这四十年中，"洗碟子"的时光几乎占了全部，"扫落叶"的人生也有过。收获的除了名和利，还有许多其他的，甜点有了，一切都有了。

"你收获的是快乐！"知我者朋友也。

活在当下，是禅的真谛，也是我的追求。

智慧窗

现代人总是抱怨自己生活得很累，再也寻找不到过去的快乐，于是就把原因归罪于社会、归罪于别人。其实是我们自己给快乐赋予了太多的附加意义，比如金钱、事业、地位……

在我们追逐梦想的过程中，的确有很多需要实现的目标，但生活本身并不是一场竞赛，目标固然重要，但在追逐目标的过程中，体味生活本身才是人生意义的所在。

活在当下，珍爱生命从每一个温暖的瞬间开始。

(俐君)

 阅览室

雨 夜
◇雁 语

春寒料峭的二月，雨水缠绵不去，天色阴暗灰沉，仿佛老天拉长了脸，正如自己那忧郁的心情。

当心情灰暗起来，即便在不下雨的日子里，心也一样会湿漉漉的。这个雨夜里沉浸在自己的雨天里，郁郁寡欢。在这个有些凄冷的雨夜，心情沮丧得像那扇没有生气的玻璃，一下接一下地被雨水冲击着，毫无还击之力；无人知道雨和玻璃，哪一个更冷些。

世事难料，时不我待，蹉跎岁月，原来只是为一个"饭碗"而奔波。今夜诸事似那海浪一齐涌上心头，无形的压力挤得我喘不过气来，我是生活的无形巨网中一只苦苦挣扎的小虫，孤单又无助。忽然间很想失声痛哭一场，良久，却发现自己居然欲哭无泪。

记忆中放声大哭似乎是孩提时候的事情了，随着年纪的增长，哭泣的次数越来越少，虽然在父母眼中总是个爱哭的小女儿，但已习惯了慢慢地控制自己的情绪与感受，或许这是成长带来的礼物吧。在得到这份礼物的同时，我也在失去一些东西，一些原本发自内心的感受，比如伤心失意时能自然而然地落泪，欢喜快乐时可以随性地手舞足蹈……或许会有人不以为然，只有小孩子才会这样任性而为，这是不成熟的典型表现。

这世上有一种东西叫做成熟，是成年人必备的物品，少年人梦寐以求的事物。而往往当一个人拥有这种东西以后，就会把某些天性一点点地埋没，直至渐渐地忘却。

小的时候，婴儿呱呱坠地就会哭，待到被喂饱后，就会张开无牙的小嘴逢人便笑。小孩子看见漂亮的玩具，会恋恋不舍地抓在手里，直到自己的要求被大人满足。一旦遇上什么不如意的事情，他们多会哭闹不休，随性而行……

　　没有谁会去过多地责怪一个孩子的任性，也没有谁会去讥笑一个孩子脆弱时的哭泣。其实哭泣只是人类对各种伤害产生的一种本能的反应，当然喜极而泣要除外。

　　人总是要长大的，成年后最显著的标志就是不会再随意地哭闹。尤其是男人，他们从小就被"男人流血不流泪"这句格言所激励，当他们有了一定的自我意识后，是断断不会轻易掉下几滴清泪的，正所谓"男儿有泪不轻弹"。

　　而女孩子哭鼻子的机会也会随着年龄的增大而减少。很多人信奉一句名言："女人，你的名字是弱者。"这话要是给女权主义者听到了，很有可能会引发一场有关妇女解放的"大战"。无论怎样，如果一个女子动不动就落泪，多少有点无能懦弱的表现。

　　时代在进步，竞争愈来愈激烈，每个"饭碗"都不是那么好端的，不管是大男人还是小女子，都得先将自己养活，谁又愿意在别人面前将自己表现得那样"无能"呢？

　　记得有一部电影叫《莫斯科不相信眼泪》，现代社会同样也不相信眼泪。社会发展了，我们长大了，才发现这么大的一个世界原来找一个地方去独自落泪都不是一件容易的事情。即使找到了，也很难再像小时候那样涕泪交流，痛快地哭一场了。

　　人非圣人，谁都有失意伤感的时候，如果真的心情不好，也只能靠自己去悄悄地调节与释放了。当我们看到窗外那些天真烂漫的孩子时，只会生出一股羡慕来。人为什么要长大呢？蓦然回首，我们离儿时已经太遥远，儿时那么天真，那么敏感的一个人怎么就变得如此的麻木与冷漠了呢？冷漠得以至于看到春天的第一朵花开时居然匆匆而过，不再喜悦，不再感动，也不再雀跃欣喜。

　　春风年年都会将大地吹绿，曾经柔软细腻的一颗心却感受不到春风那温柔的抚爱了。同在蓝天下，哪一个角落里会忽略了春的到来呢？看墙角的那丛枯草又长出了新绿，它微笑在春雨里，起舞在蓝天下，轻唱在黑夜里，那是生命的喜悦。

　　今夜雨丝如诉，今夜雨丝如歌，今夜雨丝如诗，今夜雨丝如我的心绪般沉郁……

夜黑如墨，雨还在潇潇而下，天若有情，让我们感受她的伤感，聆听她率性的抽泣吧。雨过之后，必定会有明媚的阳光照耀在大地上。天尚且阴晴有时，又何况人呢？

今夜有些忧伤，天悄悄地陪着我下一场自己的雨……

智慧窗

"雨，是天为谁哭了？"如果下雨时正好赶上你心情不好，那就当这雨是天替你哭了，把坏情绪全都洗刷干净。

不想长大是不负责任的表现，害怕承担责任，害怕面对困难，连哭都不敢，还有什么能放手去做呢？成熟了就不哭了吗？别傻了，有泪尽情流！

(辛颖)

 阅览室

风雪深情
◇王革新

北国风光
千里冰封
万里雪飘
……

好大的雪啊，塔城盆地，准噶尔盆地。

又是一个六十年不遇的大雪之冬，一米左右的大雪。

出差的人们，行路的人们，回家过节的人们，焦急不安地望着天上飘下来的鹅毛大雪，像天女散花一样，一团一团的棉花，一片一片的棉絮，随着大风纷纷扬扬，飘飘洒洒，飞来飞去，落在了屋顶上，挂满了树枝上，摔到了大地上，挤进了所有的空间，把大地盖了个严严实实，没有留下一点透气的地方。

一夜之间，人们就看不见遍地金黄的秋叶，田里绿油油的冬青，远处素描般的村庄，街上漂亮的各民族服装，和那些高高的蓝色山冈，也听不到小河的急速流淌，小鸟的自由欢唱，冬不拉豪迈的弹奏，街上热闹的叫卖声音，和那广场音乐的嘈杂声响，人们都像窝冬了一样，在这个冰天雪地的世界里跟小动物一起冬眠了；也许有时候可以看见，一些村庄的上空还有烟雾缭绕，顺风飘到我们跟前一阵阵香喷喷的手抓肉味道，不知道狼外婆会不会来。也许有幸的朋友还可以遇到，山路上马拉雪橇的奇观，一路走进童话里的人们正好坐在上边，不知道有没有卖火柴的小女孩。也许我们看到了，城里的大街小巷一些人整天在清扫积雪，快乐的劳动者还在街上堆起了雪人，有的像圣诞老人一样，戴着红帽子，留着长胡子，和辛苦的警察一起在指挥交通，汽车在慢慢地走动，小红帽不知道跑到哪里去了。也许此时此刻路经老风口，穿越玛依塔斯风雪路段这个死亡之线：望着从天而降的滚滚大雪，被大风连根拔起，听着山呼海啸的声音，敲打着汽车的全身，吉普也堵车了，骆驼脖子封车了，天地一片昏暗，看不见路标，看不清路线，分不清是黑夜白天，一辆辆大车被推下路基，一辆辆小车被风雪覆盖，老人冻得瑟瑟发抖，孩子冻得哇哇直哭，走到这里的车辆不能前进也不好后退，被大雪挡死了，车上的人们很危险，道班的工人师傅在不停地急救，一边开动扫雪机打通道路，一边用吊车把路基下的汽车拖上来，有的工人师傅跟警察一起维护秩序，有的工人师傅把老人孩子送进道班房取暖，一些师傅劳作几天了，手脚都冻坏了，也顾不上休息一会儿，只有风停了，雪清了，路通了，车走了，师傅们才可以放心地休息了，警察也可以归队了。

得救的人们，回家的人们，终于团圆了的人们，轻松多了，心情好多了：有的望着白茫茫一片大地，一些房顶边沿挂上了长短不一的、粗细不一的、晶莹透亮的冰柱和冰挂，表情严肃了起来，一边看着窗户上的冰，凝结的像版画一样好看，刀工有深有浅，纹路有粗有细，图画似人似物，很是神奇和逗人，一边叫来老人和孩子们一起欣赏大自然的杰作，一起猜测图案究竟像什么。是山，是树，是养路工人们站在风雪中的英姿；有的望着一棵棵大树，在这白色世界里的千姿百态，想起了那些风雪中的工人师傅，受到了极大的启示：平日里多么漂亮的馒头榆，被无情的大雪压弯了枝条，战战兢兢，痛不欲生，春夏时那么有线条的倒插柳，被狂暴的风雪折断了树干，生命无望，血泪横流，但是一生平淡无奇的四季青，却毫发无损，临危不惧，托着大雪面不改色，还有那一贯简简单单的松柏树，依然郁郁葱葱，挺拔坚强，顶风冒雪，好是自然。

我从窗外望去，看着不远处的田野里，还没有收回的玉米，紧紧连成一片，大雪虽然掩埋了他们的躯体，他们却高昂着头颅，手拉着手，紧贴着自己的兄弟，拥抱着自己的孩子，保护着自己的种子，望着春天的脚步，盼着夏天的阳光，梦想着又一个秋天的收获。

智慧窗

　　一场大雪、一次感动，构成了我们对幸福生活的无限希望。一种温暖、一次伸手，造就了人类相互之间美妙的感情。

　　作者从风雪的残酷入手，描写人在自然面前的渺小，但是却又从人们的互助中找到了人类救赎的希望，以此衬托人的伟大精神。最为突出的是，文章后半部分把人的抗争升华为人类百折不挠的精神气质，从中引申出天地自然的和谐与循环。

　　在实和虚、情和理交错反复的描写过程中，关于梦想和希望的宏大主题得到了天然交融的阐释。

（章傅建）

阅览室

光荣的荆棘路
◇安徒生

　　从前有一个古老的故事："光荣的荆棘路：一个叫做布鲁德的猎人得到了无上的光荣和尊严，但是他却长时期遇到极大的困难和冒着生命的危险。"我们大多数的人在小时候已经听到过这个故事，可能后来还读到过它，并且也想起自己没有被人歌颂过的"荆棘路"和"极大的困难"。故事和真事没有什么分明的分界线。不过故事在我们这个世界里经常有一个愉快的结尾，而真事常常在今生没有结果，只好等到永恒的未来。

　　世界的历史像一个幻灯。它在现代的黑暗背景上，放映出明朗的片子，说明那些造福人类的善人和天才的殉道者在怎样走着荆棘路。

　　这些光耀的图片把各个时代，各个国家都反映给我们看。每张片子只映几秒钟，但是它却代表整个的一生——充满了斗争和胜利的一生。我们现在来看看这些殉道者行列中的人吧——除非这个世界本身遭到了灭亡，否则这个行列是永远没有穷尽的。

　　我们现在来看看一个挤满了观众的圆形剧场吧。讽刺和幽默的语言像潮水一般的从阿里斯托芬的"云"中喷射出来。雅典最了不起的一个人物，在人身和精神方面，都受到了舞台上的嘲笑。他是保护人民反抗三十个暴君的战士。他名叫苏格拉底，他在混战中救援了阿里西比亚得和生诺风，他的天才超过了古代的神仙。他本人就在场。他从观众的凳子上站起来，走到前面去，让那些正在哄堂大笑的人可以看看，他本人和戏台上嘲笑的那个对象究竟有什么相同之点。他站在他们面前，高高地站在他们面前。

　　你，多汁的，绿色的毒胡萝卜，雅典的阴影不是橄榄树而是你！

　　七个城市国家在彼此争辩，都说荷马是在自己城里出生的——这也就是说，在荷马死了以后！请看看他活着的时候吧！他在这些城市里流浪，靠朗诵自己的诗篇过日子。他一想起明天的生活，他的头发就变得灰白起来。他，这个伟大的先知者，是一个孤独的瞎子。锐利的荆棘把这位诗中圣哲的衣服撕得稀烂。

　　但是他的歌仍然是活着的；通过这些歌，古代的英雄和神仙也获得了生命。

　　图画一幅接着一幅地从日出之国，从日落之国涌现出来。这些国家在空间和时间方面彼此距离很远，然而它们却有着同样光荣的荆棘路。生满了刺的蓟只有在它装饰着坟墓的时候，才开出第一朵花。

　　骆驼在棕榈树下面走过，它们满载着靛青和贵重的财宝。这些东西是这国家的君主送给一个人的礼物——这个人是人民的欢乐，是国家的光荣。嫉妒和毁谤逼得他不得不从这国家逃走，只有现在人们才发现他。这个骆驼队现在快要走到他避乱的那个小镇。人们抬出一具可怜的尸体走出城门，骆驼队停下来了。这个死人就正是他们所要寻找的那个人：费尔杜西——光荣的荆棘路在这儿告一结束！

　　在葡萄牙的京城里，在王宫的大理石台阶上，坐着一个圆面孔、厚嘴唇、黑头发的非洲黑人，他在向人求乞。他是加莫恩忠实的奴隶。如果没有他和他求乞得到的许多铜板，他的主人——叙事诗《路西亚达》的作者——恐怕早就饿死了。

　　现在加莫恩的墓上立着一座贵重的纪念碑。

　　还有一幅图画！

　　铁栏杆后面站着一个人。他像死一样的惨白，长着一脸又长又乱的胡子。

　　"我发明了一件东西——一件许多世纪以来最伟大的发明，"他说，"但是人们却把我放在这里关了二十多年！""他是谁呢？""一个疯子！"疯人院的看守说，"这些疯子的怪想头才多呢！他相信人们可以用蒸汽推动东西！"

　　这人名叫萨洛蒙·得·高斯，黎显留读不懂他的预言性的著作，因此他死在疯人院里。

　　现在哥伦布出现了。街上的野孩子常常跟在他后面讥笑他，因为他想发现一个新世界——而且他也就居然发现了。欢乐的钟声迎接着他的胜利归来，但嫉妒的钟敲得比这还要响亮。他，这个发现新大陆的人，这个把美洲黄金的土地从海里捞起来的人，这个把一切贡献给他的国王的人，所得到的酬报是一条铁链。他希望把这条链子放在他的棺材上，让世人可以看到他的时代所给予他的评价。

图画一幅接着一幅的出现，光荣的荆棘路真是没有尽头。

在黑暗中坐着一个人，他要量出月亮里山岳的高度。他探索星球与行星之间的太空。他这个巨人懂得大自然的规律。他能感觉到地球在他的脚下转动。这人就是伽利略。老迈的他，又聋又瞎，坐在那儿，在尖锐的苦痛中和人间的轻视中挣扎。他几乎没有气力提起他的一双脚：当人们不相信真理的时候，他在灵魂的极度痛苦中曾经在地上踩着这双脚，高呼着："但是地在转动呀！"

这儿有一个女子，她有一颗孩子的心，但是这颗心充满了热情和信念。她在一个战斗的部队前面高举着旗帜；她为她的祖国带来胜利和解放。空中起了一片狂乐的声音，于是柴堆烧起来了：大家在烧死一个巫婆——冉·达克。是的，在接着的一个世纪中人们唾弃这朵纯洁的百合花，但智慧的鬼才伏尔泰却歌颂"拉·比塞尔"。

在微堡的宫殿里，丹麦的贵族烧毁了国王的法律。火焰升起来，把这个立法者和他的时代都照亮了，同时也向那个黑暗的囚楼送进一点彩霞。他的头发斑白，腰也弯了；他坐在那儿，用手指在石桌上刻出许多线条。他曾经统治过三个王国，他是一个深受民众爱戴的国王；他是市民和农民的朋友：克利斯仙二世。他是一个莽撞时代的一个有性格的莽撞人。敌人写下他的历史。我们一方面不忘记他血腥的罪过，一方面也要记住：他被囚禁了二十七年。

有一艘船从丹麦开出去了。船上有一个人倚着桅杆站着，向汶岛作最后的一瞥。他是杜却·布拉赫。他把丹麦的名字提升到星球上去，但他所得到的报酬是讥笑和伤害。他跑到国外去。他说："处处都有天，我还要求什么别的东西呢？"他走了；我们这位最有声望的人在国外得到了尊荣和自由。

"啊，解脱！只愿我身体中不可忍受的痛苦能够得到解脱！"好几个世纪以来我们就听到这个声音。这是一张什么图片呢？这是格里芬菲尔德——丹麦的普洛米修士（编者注：现译普罗米修斯）——被铁链锁在木克荷尔姆石岛上的一幅图画。

我们现在来到美洲，来到一条大河的旁边。有一大群人集拢来，据说有一艘船可以在坏天气中逆风行驶，因为它身上具有抗拒风雨的力量。那个相信能够做到这件事的人名叫罗伯特·富尔登。他的船开始航行，但是它忽然停下来了。观众大笑起来，并且还"嘘"起来——连他自己的父亲也跟大家一起"嘘"起来："自高自大！糊涂透顶！他现在得到了报应！就该把这个疯子关起来才对！"

一根小钉子摇断了——刚才机器不能动就是因了它的缘故。轮子转动起来了，轮翼在水中向前推进，船在开行！蒸汽机的杠杆把世界各国间的距离从钟头缩短成为分秒。

人类啊，当灵魂懂得了它的使命以后，你能体会到在这清醒的片刻中所感到的幸福吗？在这片刻中，你在光荣的荆棘路上所得到的一切创伤——即使是你自己所造成的——也会痊愈，恢复健康、力量和愉快；嘈音变成谐声；人们可以在一个人身上看到上帝的仁慈，而这仁慈通过一个人普及到大众。

光荣的荆棘路看起来像环绕着地球的一条灿烂的光带。只有幸运的人才被送到这条带上行走，才被指定为建筑那座连接上帝与人间的桥梁的、没有薪水的总工程师。

历史拍着它强大的翅膀，飞过许多世纪，同时在光荣的荆棘路这个黑暗背景上，映出许多明朗的图画，来鼓起我们的勇气，给予我们安慰，促进我们内心的平安。这条光荣的荆棘路，跟童话不同，并不在这个人世间走到一个辉煌和快乐的终点，但是它却超越时代，走向永恒。

智慧窗

　　人就这么一生，不要去过分地苛求，不要有太多的奢望。若我们苦苦追求却还是一无所获，我们不妨这样想：既然上帝不偏爱于我，不让我鹤立鸡群，不让我出类拔萃，我又何必要去强求呢？别人声名显赫，而自己却平平庸庸。我们不妨这样安慰自己：该是你的，躲也躲不过；不是你的，求也求不来。我又何必要费尽心思绞尽脑汁地去占有那些原本不属于我的东西呢？金钱、权力、名誉都不是最重要的，最重要的还是应该善待自己，就算拥有了全世界，随着死去也会烟消云散。若我们要是这样想，我们就不会再为自己平添那些无谓的烦恼了。

（周倩雯）

 阅览室

希　望

◇鲁　迅

　　我的心分外地寂寞。

　　然而我的心很平安：没有爱憎，没有哀乐，也没有颜色和声音。

　　我大概老了。我的头发已经苍白，不是很明白的事么？我的手颤抖着，不是很明白的事么？那么我的灵魂的手一定也颤抖着，头发也一定苍白了。

　　然而这是许多年前的事了。

　　这以前，我的心也曾充满过血腥的歌声：血和铁，火焰和毒，恢复和报仇。而忽然这些都空虚了，但有时故意地填以没奈何的自欺的希望。希望，希望，用这希望的盾，抗拒那空虚中的暗夜的袭来，虽然盾后面也依然是空虚中的暗夜。然而就是如此，陆续地耗尽了我的青春。

　　我早先岂不知我的青春已经逝去？但以为身外的青春固在：星，月光，僵坠的蝴蝶，暗中的花，猫头鹰的不祥之言，杜鹃的啼血，笑的渺茫，爱的翔舞。……虽然是悲凉漂渺的青春罢，然而究竟是青春。

　　然而现在何以如此寂寞？难道连身外的青春也都逝去，世上的青年也多衰老了么？

　　我只得由我来肉薄这空虚中的暗夜了。我放下了希望之盾，我听到 Petofi Sandor（1823－1849）（编者注：裴多菲，匈牙利爱国诗人）的"希望"之歌：

希望是什么？是娼妓：

她对谁都蛊惑，将一切都献给；

待你牺牲了极多的宝贝——

你的青春——她就抛弃你。

　　这伟大的抒情诗人，匈牙利的爱国者，为了祖国而死在可萨克兵的矛尖上，已经七十五年了。悲哉死也，然而更可悲的是他的诗至今没有死。

　　但是，可惨的人生！桀骜英勇如 Petofi，也终于对了暗夜止步，回顾茫茫的东方了。他说：绝望之为虚妄，正与希望相同。

倘使我还得偷生在不明不暗的这"虚妄"中，我就还要寻求那逝去的悲凉漂渺的青春，但不妨在我的身外。因为身外的青春倘一消灭，我身中的迟暮也即凋零了。

然而现在没有星和月光，没有僵坠的蝴蝶以至笑的渺茫，爱的翔舞。然而青年们很平安。

我只得由我来肉薄这空虚中的暗夜了，纵使寻不到身外的青春，也总得自己来一掷我身中的迟暮。但暗夜又在哪里呢？现在没有星，没有月光以至没有笑的渺茫和爱的翔舞；青年们很平安，而我的面前又竟至于并且没有真的暗夜。

绝望之为虚妄，正与希望相同！

智慧窗

其实幸福不在远方，也不在梦里，就在我身边，在我每一天的努力里，每一分钟的爱里，每一秒钟的期待里。能认识你，和你相爱是我最大的幸福，我的爱人啊。我思念着你。和爱人在一起，我很幸福；和朋友在一起，我很幸福；和亲人在一起，我很幸福；在每一天的时光的流逝里，我感受着生命的热情、温暖、期待、冷漠、悲伤、痛苦……我很幸福，因为我活着，感受着生命，感受着这个世界的一切，感受着你……

（章傅建）

 阅览室

感恩的心
◇王丽萍

记忆里清晰地浮现出这样的画面：早晨，姐姐光着脚在房间里跑来跑去，激动的嗓音响遍家中每寸空间："今天我发工资！今天是我第一次领工资！你们统统等我回来啊！"

姐姐长我7岁，初中一毕业就当了学徒工，工作的第一天已经打听得清清楚楚，学徒工资是15块钱。

那是20世纪70年代，15块钱，也是令人振奋的数目。

下午放学后，我跟小哥哥已经蹲在家门口了；到了黄昏，妈妈拉着我们的手两眼紧紧盯住公交站；晚上8点多，爸爸带着我，穿过南山路的一条小巷，姐姐工作的整流管厂就在那里。

传达室，姐姐闷头坐着，一声不吭，边上她的师傅说，她呀不知怎么地把工资给弄丢了……从厂里到家那三站路，她来来回回找了20多趟啊！说到这里，姐姐突然"哇"地哭了！

深夜，姐姐痛心疾首地对我说："我本来想得好好的！10块钱交给爸爸妈妈！5块钱给我们兄弟姐妹买东西！现在都没有啦！你一定要记住！将来拿了工资，第一个月的工资，一定要给父母的！一定一定！"

嗯，我狠狠点头："我一定！"

1981年冬天，我来到了皖南山区的部队当兵，小战士么，发的第一个月的钱，叫"津贴费"，是7块5角钱，这5角钱么，当然是女兵的卫生费哦……星期天的早晨，我请了假，去附近的县城邮局。

冬天的早晨，被冻了一夜的泥土，还未被阳光照得松软，踩上去，生脆生脆的；风，冷飕飕地往裤腿里、袖口里灌，一张嘴，吸进心口的凉气，钻进了骨子……在邮局，我在汇款单的右边的"耳朵"上写："爸爸妈妈，这是我发的第一个月的钱，我给你们寄5块，我自己留2块5角。"

多年后，爸爸常常是哈哈大笑地说起这个事："5块，小萍给我们寄的第一个月的钱是5块。"

妈妈"扑哧"地笑出了声："我们去邮局取的时候，笑了一路呢！"

爸爸伸出一掌："5块！"

现在的我，常常也对家中的小孩子们调侃这个事情，我说："钱多钱少不要紧，但是，等你们长大了工作了，第一个月的工资，一定要给父母啊！这是孝心！是礼仪！是道德！是传统！"

姐姐的孩子慷慷从澳门来上海读大学，很会接话："小姨，等我拿工资了，我一定给你寄5块钱的！"

那个9月的午后，一份包裹快递到家。哗！好大的礼盒，轰轰烈烈的样子，左一圈右一圈地打开，6只胖乎乎、圆润润的月饼，笑嘻嘻地"睡"在礼盒的中央，慷慷的卡片展开来，他这样写："小姨，我用工作后第一个月的工资给你买了澳门万豪轩的月饼，感谢你4年来对我的照顾！"

轻轻尝一口，甜糯的，酥软的，香醇的……从过去到现在，突然体会了，什么叫千滋百味。

我知道，给父母钱也好，买礼物表达情感也好……珍贵的是那一颗感恩的心。

智慧窗

有句旧联说得好："百善孝为先，论心不论迹，论迹贫家无孝子。"讲的道理是，传统美德里的孝更注重一个人是否有孝敬之心。我们的这个故事恰好能说明这个道理。姐姐因为第一个月的15块钱丢失没有交到父母的手里而痛心疾首。小妹的第一个月工资是7块5角钱，却寄给家里5块。也许，无论在什么样的年代，那微薄的一点钱都无法改变家里贫穷的面貌，但是，我们从中看到的却是一颗金子般的孝心。对我们每个人来说，我们都不必等到富有才去尽孝，因为孝心绝不等于金钱。相反，再多的金钱也无法替代一颗纯真的孝心。

(毛振文)

阅览室

转眼青春的散场
◇金柏芝

青春的字眼慢慢地觉得陌生，年轮总是很轻易地烙下苍老的印记。以为总是长久的东西，其实，就在转身与刹那间便不在身边了。曾经深爱、思念着的人便轻易地变成了曾经熟悉的陌生人。曾经纯真无邪，曾经美丽梦想，随着四季轮回慢慢地散尽……这就是青春，在岁月里的转身，从一个熟悉到另外一个陌生，再从陌生转变到熟悉，直至一场场的青春的帷幕渐渐地落幕。在青春的酸甜苦辣里，稚气里的幻想慢慢地褪去。

人就是这样一种奇怪的动物，拥有的时候厌倦，失去回首的时候才酸痛。得到了很多，失去的也不少，只是希望抵达安详的心灵。很喜欢小孩，因为他们有着人类心灵最纯正的东西，他们的人性是最美的。喜欢亲近老人，因为可以感触到他们心灵的平静，脸庞的安详，也许生活对于他们而言就是尽量地用最舒适的方式过完余生。喜欢猫，只因为他们的慵懒而自在，有一种踏实感。

生命里太多的东西太容易散去与破碎，所以，学会了习惯性的冷漠与淡然，也许，更多的时候我们更愿意相信自己，不愿随便的托付，因为生活里，没有永远的唯一，所有的东西终究有一天都会离我们而去。有时不是世界抛弃了我们，是我们自己先抛弃了世界，因为我们学会了习惯性的否定，习惯性的抵制而让许多的东西擦肩而过。太多的时候，我们自己更愿意相信是生活伤害了我们，而不愿去接受是自己的缺失伤了自己。

总是在很无力着，因为我们年轻，年轻的只有活力与时间。我们总想设法去改变自己的命运，设法让身边亲近的人过得更幸福一点，设想着哪一天可以抵达理想的彼岸，设想着让自己拥有幸福的感情，可是，发现很多东西是那么的难，所有的东西要实现不是一阵子而是一辈子的事，一辈子太长，很多的东西容易变质，谁也没有办法保证永远。所以，更多的时候沉默也许是自己回答所有的最好方式，既然承诺不了，何必多言，万事还需自己努力的经营。

转眼的青春留在心底太多的东西。生活，就像手心里的鸡蛋总是小心翼翼着，应该珍惜着每一份真诚与感动，好的东西最容易擦肩而过了。尽量原谅每一个谎言，生活中谁没有过谎言。适者安生，不忍心看到流泪的双眼，学会微笑，乐观的生活。

智慧窗

心中有某种幸福的感觉了，就要及时提笔写下它再说。普通人内心有了震动，口头感慨一下就算完了；可是热爱文学的人就要将其写下来。不过这种"写"不是发牢骚，搞评论，夸夸其谈；而是把想法尽量隐藏起来，而用文字展现一种别人感觉起来比较直观，较容易通过想象才能构造出的境界。《红楼梦》给出的是人物和故事，而不是封建社会走向衰落的长篇大论；王维的《山居秋暝》给出的是静谧而颇富世俗人间情韵的景象，却不是大道理。让我们把讲道理、发高论的事留给评论家、理论家去做，我们要做的事是如何把感触、情绪、冲动、体会用形象化的、逼真但非真实的情节、画面表现出来，也即用文学表现我们自己、我们这一代或我们的时代。

(章傅建)

欢乐吧

＊网络进入大观园
◇科 洛

"又掉线了!"宝玉恨恨地说道,心中暗想如果他日高中状元,网信一定是第一个被整治的腐败部门。没办法,再拨号吧!

自从贾雨村获得某品牌电脑总代理资格后,频频造访贾府,大吹网络新概念。在他的极力游说下,贾政欣然同意,贾府上下也终于进入了网络新时代。

好歹林妹妹终于学会了上网,也在"缘相随"聊天室和宝哥哥接上了暗号。林妹妹出上联:偷来梨蕊三分白。宝哥哥对下联:借得梅花一缕魂。刚才正和宝哥哥聊得起劲呢,不想宝哥哥却掉线了。

"宝哥哥,摔疼了吗?"林妹妹撒娇道。

"是呀,好疼哟,心疼吗?"奇怪,林妹妹平时不是这样的呀,唉,网络真是个奇怪的东西,网上网下的表现居然完全不一样。

"对了,宝哥哥,我又写了一首诗给你,发到你邮箱里吧!"

"NO!昨天我请BBS管理员贾瑞吃了顿便饭,他答应我让我当'想对你说'版块的斑竹,发到那儿吧,没事的时候也来捧捧场,灌灌水!你看人家靠对诗都获得了好多点击率哟!以后我们海棠诗社也转到BBS上来进行好了。"

"OK,no problem!"

这时宝玉的手机不合时宜地响了起来!"关键时刻,怎能放松!晴雯,去看看谁打的!"

"二爷,是薛蟠打的!"

"一定是上次打星际争霸被我菜了,不服气,这次找了一高手来单挑!切,谁怕谁呀!可是现

在回不了呀，我在上网！"

"早就叫你办网信的一线通了，你就舍不得那几个小钱。"突然，晴雯面对观众，露出了广告上常见的笑容，说"办了我们网信的一线通，上网，电话，传真同时进行！中国网信！"

哦，晴雯是中国网信的形象小姐。

"不理你了。袭人，把我的手机拿过来！"

"来了，几亚，科技以人为本！"

"你们在外面做了多少兼职，天天打广告。下次谁再说恶心话，三天不准上网！"

姐妹们闻言，纷纷求饶。其实，这也不能怪她们。众商家是知道十二金钗的，她们个个美若天仙，知名度极高。

继续上网！

话说宝玉自从发表了自传体小说《我和十二金钗不得不说的故事》后，名声大噪。什么全国十大杰出青年作家，跨世纪后备人才，最有价值新人奖项等，不一而足。

宝玉深谙网络生存的技巧，不时卖弄自己的文才，但单单有文才又是不够的。网络中的宝玉潇洒中略带忧郁，忧郁中似乎狂放不羁，狂放不羁中又常常闪现幽默，所以每次宝玉一上网，狂蜂乱蝶就扑面而来，但宝二爷不负众望，唐诗宋词应对自如，《牡丹亭》《西厢记》更是信手拈来，好不潇洒！好事的网友给宝玉取了个外号：聊天室金牌美女杀手。更有诗为证：小李飞刀，刀刀见血。伤心小箭，箭箭伤心。帅哥宝玉，号令网聊。黛玉不出，谁与争锋？

悦客群 ▢▢✕

我要飞

对于中国文学代表作《红楼梦》的研究真可以说已经是面面俱到了，就是因为它经典，几乎所有的方面都被认真地考证研究，不知道这种用网络故事来演绎经典的方法是不是也能在今后成为一门学问？

红袖添乱

我倒是觉得我们现在对《红楼梦》的认识明显有问题。为什么一提到文学就是《红楼梦》，一研究文学也总是拿《红楼梦》说事，仿佛中国五千年的历史里只有这一部《红楼梦》似的。并不是说《红楼梦》不好，只是因为我们把这部作品捧得太高，弄得很多不了解甚至根本没看过这部作品的人也人云亦云了。

不可否认这个选秀实在是和严肃的文学有差距，但应该看到我们生活的这个社会本来就是如此地浮躁，能静下心来品味经典的人确实也不多了，据说因为这个活动的举办，很多参赛选手为了能有好的表现而开始认真研读《红楼梦》，这未尝不是一件好事。

阅览室

叶 的 选 择

◇张旋屏

叶子的离开，到底是风的追求，还是，树的不挽留？或者，树与叶子都是彼此相爱的，然，叶子不得不离开，因为她希望看到多的世界，不只是树给她的空间。正好有风来，于是，相依相伴的，就必须分开。不存在是否挽留，因为这是叶子与树的决定。虽然，风的追求很猛烈，撕裂着两人的心，然，叶子还是在风猛烈的追求中，依依不舍地离开了树，随着风在更广博的世界中畅游！风给叶子的是无限的自由和永远的束缚。叶子在风的带领下，她领略了无穷的美好，然，这也是叶子对风无法摆脱的依赖。

终于叶子累了。因为，得到美好世界的同时，叶子老了，她不再青春可爱，不再翠绿娇嫩，她枯黄的脸，紧皱的皮肤，她需要水的滋润，这是风不能给的。这也许就是离开的代价……

叶子的归来，于是，叶子告诉风，放下我吧，我累了！风带着疲惫的叶子回到了她最初的地方，轻轻地，缓缓地，放下她，离开了。叶子看到了，树的枝头又有了和他相依相偎的新的叶子，风又找了新的爱人在追求着，自己却一天天的枯萎，身体开始卷曲，皮开始脱落，然，她始终在树的周围……

终于，叶子看到了自己的死去，靠着树，她知道自己最终会回到树的身边，最终会永远的跟树在一起，只是没想到是这样的方式。叶子含泪望着风说："当初我随你远去，天真地以为你会带我到天涯海角，可以终生在你的怀抱中浪漫起舞，为何你却在中途将我抛弃？"

风在空中轻轻地说："我本身的性格就是狂放不羁，当初的激情早已化作尘封的记忆，在抛下你的同时，当初的我也已不复存在了。"

叶子又委屈地望着树说："为什么你当初如此木讷，丝毫不知挽留？"树无奈地说："我有什么办法，当秋天到来的时候我就发现自己已经无法为你提供养料，咱们之间好像再也无法沟通，我只能忍住心中的痛苦任你随风而去。"叶子愤怒地望着天空说："为什么要有四季？为什么不能让生活只有春夏，没有秋冬？"天空平静地说："一年四季是大自然的规律，既然能够享受春的喜悦和夏的温馨，就要准备迎接秋的平淡和冬的寒冷。"

秋天，当叶子们发现无法再从树中汲取养料，生活变得平淡乏味时，有的选择了随风而去，而另一些则笔直地落到地上，化为养料，与树永远地生活在一起。

正是由于树的木讷、风的无情和叶子的摇摆不定才造成了最后的结局。每一个选择都有它的理由，但任何人都必须为自己当初的选择承担后果。

智慧窗

青春是幸福的，这构成了我们的幸福之源。从树叶的意向生发出多重的比喻。技法的运用不仅仅是表达感情，除了表达感情之外，还涉及观点、思想、意境等。这个过程是用描写、比喻、情节设置等文学技巧手段来进行的。文学是心灵的东西，想象是文学技巧之母。应视文学技巧为人类的一种禀赋或技艺。它是与生俱来的，人人都可以在内心唤起文学技巧的记忆。从心灵层面讲，文学技巧是作者在创作中表现内心的方式方法，其基本方式就是想象，无想象即无文学。

（章傅建）

阅览室

幸福的悖论（节选）
◇周国平

把幸福作为研究课题是一件冒险的事。"幸福"一词的意义过于含混，几乎所有人都把自己向往而不可得的境界称作"幸福"，但不同的人所向往的境界又是多么的不同。哲学家们提出过种种幸福论，可以担保的是，没有一种能够为多数人所接受。至于形形色色所谓幸福的"秘诀"，如果不是江湖偏方，也至多是一些老生常谈罢了。

幸福是一种不太确定的东西。一般人把愿望的实现视为幸福，可是，一旦愿望实现了，就真的能感到幸福么？萨特一生可谓功成愿遂，常人最企望的两件事，爱情的美满和事业的成功，他几乎都毫无瑕疵的得到了，但他在垂暮之年却说："生活给了我想要的东西，同时它又让我认识到这没多大意思。不过你有什么办法？"所以，我对一切关于幸福的抽象议论都不屑一顾，而对一切许诺幸福的翔实方案则嗤之以鼻了。

最近读莫洛亚的《人生五大问题》，最后一题也是"论幸福"。但在前四题中，他对与人生幸福密切相关的问题，包括爱情和婚姻，家庭，友谊，社会生活，都作了生动透辟的论述，令人读而不倦。幸福问题的讨论历来包括两个方面，一是社会方面，关系到幸福的客观条件，另一是心理方面，关系到幸福的主观体验。作为一位优秀的传记和小说作家，莫洛亚的精彩之处是在后一方面。就社会方面而言，他的见解大体是肯定传统的，但由于他体察人类心理，所以并不失之武断，给人留下了思索和选择的余地。

自古以来，无论在文学作品中，还是在现实生活中，爱情和婚姻始终被视为个人幸福之命脉所系。多少幸福或不幸的喟叹，都缘此而起。按照孔德的说法，女人是感情动物，爱情和婚姻对于女人的重要性自不待言。但即使是行动动物的男人，在事业上获得了辉煌的成功，倘若在爱情和婚姻上失败了，他仍然会觉得自己非常不幸。可是，就在这个人们最期望得到幸福的领域里，却很少有人敢于宣称自己是真正幸福的。诚然，热恋中的情人个个都觉得自己是幸福女神的宠儿，但并非人人都能得到热恋的机遇，有许多人一辈子也没品尝过个中滋味。况且热恋未必导致美满的婚姻，婚后的失望、争吵、厌倦、平淡、麻木几乎是常规，终身如恋人一样缱绻的夫妻毕竟只是幸运的例外。

也许是的。这并非说，他们之间有一种宿命，注定不可能爱上任何人。不，如果他们不相遇，他们仍然可能在另一个人身上发现自己的"唯一者"。然而，强烈的感情经验已经改变了他们的心理结构，从而改变了他们与其他可能的对象之间的关系。犹如经过一次化合反应，他们都已经不是原来的元素，因而不可能再与别的元素发生相似的反应了。在这个意义上，一个人一生只能有一次震撼心灵的爱情，而且只有少数人得此幸遇。

无幻想的爱情太平庸，基于幻想的爱情太脆弱，幸福的爱情究竟可能吗？我知道有一种真实，它能不断地激起幻想，有一种幻想，它能不断地化为真实。我相信，幸福的爱情是一种能不断地激起幻想、又不断地被自身所激起的幻想改造的真实。在经过种种有趣的讨论之后，莫洛亚得出一个似乎很平凡的结论：幸福在于爱，在于自我的遗忘。

一切爱都基于生命的欲望，而欲望不免造成痛苦。所以，许多哲学家主张节欲或禁欲，视宁静、无纷扰的心境为幸福。但另一些哲学家却认为拼命感受生命的欢乐和痛苦才是幸福，对于一个生命力旺盛的人，爱和孤独都是享受。如果说幸福是一个悖论，那么，这个悖论的解决正存在于争取幸福的过程中。其中有斗争，有苦恼，但只要希望尚存，就有幸福。所以，我认为莫洛亚这本书的结尾句是说得很精彩的："若将幸福分析成基本原子时，亦可见它是由斗争和苦恼形成的，唯此斗争与苦恼永远被希望所挽救而已。"

智慧窗

　　人生面临种种矛盾，如果不能正确处理这些矛盾，幸福何来？爱与孤独便是其中之一。个人要通过爱获得认同，但又不愿完全陷入爱的漩涡之中而丧失自身。绝对的自我遗忘和自我封闭都不是幸福，并且也是不可能的。在爱之中有许多烦恼，在孤独之中又有许多悲凉。另一方面呢，爱诚然使人陶醉，孤独也未必不使人陶醉。当最热烈的爱受到创伤而反诸自身时，人在孤独中学会了爱自己，也学会了理解别的孤独的心灵和深藏在那些心灵中的深邃的爱，从而体味到一种超越的幸福。

（刘求雨）

 阅览室

黛玉葬花

◇诗 飏

春风拂面，满地残红，望着这一片狼藉，痴想。泪，这不争气的泪水又挂满脸庞。抬玉手，掩红泪，阻不断。算了，就让它再放肆一回吧！

那柔软的柳丝如此妖娆，任风拂动，弄得满天飞雪。柳絮扑面，沾满绣帘，又是一年春暮。什么？春天又要挥手告别？

支起柔弱的身体，挂起香囊，拿起那封尘一年的花锄。你生来如此纯美，我怎忍见你污淖死去？就让我为你——与我同病相怜的落红埋葬吧！

手把花锄，步履轻盈，不忍踏花，欲行又停。看到你满地遗体，魂消黯。

又是一阵春风，未觉柔和。浓云惨淡，遮着日光，吹不散，敛眉不展。望着满天随风而起的飞红，泪，跟着飞扬。你要飞向何方？可恨的东风，你知否，她将因你红消香断？罢了罢了，你怎会知晓？除了我，黛玉，还有谁会傻傻地为这残红落泪。哎～或许亦是为我自己吧，因为我与你一般无人爱怜……

既然如此，就让我歇斯底里地向你倾吐一回吧。满腹的愁绪，一生的孤独，只能向你吐露，亦或只有你愿听我倾诉。

语满腹，涌心头，却不知话从何处，惟痴泪两行。轻轻将你捧起，缓缓装进香囊，看那柳丝舞动，尽扬妩媚飘逸之姿；榆叶火红，尽显火辣艳丽之态。他们哪会注意你的飘落？听远处那群人的嬉笑，他们玩得很欢吧！或许，他……他应该也在她们之间追逐着，留我在这独自神伤，无人心牵！

哦，不！有你陪伴，满地残红！

唉……可是明年桃李再发，依旧笑迎春风，我呢？这潇湘馆又会住着谁呢？无情的梁间燕子，不愿再留住春天，早已弃巢而去。想想经年之日，倘若我亦已离去，馆空巢倾，花为谁开？好景虚设！

也罢，那时就再不用理会这些个腐朽思想，再不需在意这些人的巧言令色，再不用钩心斗角，再不必担忧……

时光易逝，韶华难留。想想你我还能明媚鲜艳几时呢？有朝一日，随风而散，何处寻觅？又是否会有人找寻？花开之时，美艳亮丽，可花落之时，是否还会有人注意？是否还会有人怜惜？就像此时他虽对我情深意重，可当我双鬓灰白，他还会如此青睐于我吗？或当我红消香断之时，他是否会感觉到我的缺失？恍惚的思绪里是否还会出现我的身影？只怕那时有关我的一切在难激起他心中的涟漪！即使现在他是在她们中间嬉笑追闹，哪会想起我正孤单与你——残红相诉凄伤。

咳，咳，咳……身虚若飘，喘息未定，这不争气的身子！独倚花锄，痴痴凝视这满地残红。怨恨，情爱，无奈，化作泪水，默默轻洒。转身拭泪，眼角的泪水盘旋于花叶凋尽的枯枝上，血红的液痕！未害怕，无惊慌，只因心已木，血泪于心头常流淌！

哎！从来都是如此，念他之时，怨恨随生。他，这偌大贾府的骄子，万人宠爱，我的痴情算得上唯一吗？虚弱，孤苦的我和他之间存有可能吗？只怕他们眼中的我……什么门当户对，什么金玉良缘，他们知否，惟真爱永恒，惟真情才能让彼此心心相印？哼哼，我真是异想天开，想见他们早已为他……这是为什么？为什么？孤苦一人，无人爱怜，满腹愁绪，更与何人说？惟消黯一场！就让他和她们尽情地欢闹吧！哪怕他亦钟情于她。就让他们继续他们的金玉良缘之"美谈"吧！

掩泪，沉恨细思。他亦厌恶这尘世间的繁杂腐朽，亦不愿苟同流俗，可显贵之族怎容他自由追求神往生活？怎容他不屑那些个凡夫俗教。或许，他的思想在被捆绑，内心受着煎熬。怨恨顿消，爱怜难抑。

恨不得恨，爱不得爱。乱，乱，乱……心结难解，郁闷难消，梦魂无据，永日无言！心力交瘁！多么希望生出一双洁白的翅膀，和这飘落的花瓣一起飞到天的尽头，再不理会这繁杂的一切，不让浊物落入心房。可天的那一头，是否就会有一抔洁净之土供我停歇？

想你受雨润露滋，风浴光沐，短暂一生，却孕至洁之质。凌空鄙夷这地面上的污浊之物，不曾触碰，可那世人青睐的东风，无情！硬是将你吹落，待浊流将你冲向污秽的渠沟，陷入肮脏的泥淖！我知你倔强，可顷刻的飘荡终摆脱不了他们的纠缠。

落，停止呼吸，无人在意。不，有我知你，因我与你同命。至洁一生，奈何生死？将你装入香囊，不再让浊物啮噬。然后一抔净土掩埋你所有的风流，不允受污。纯洁地来，干净地去！

如今你已红消香断，凄楚为你保洁，痛楚将你收葬，任庸俗之人笑我痴颠。却不知哪日是我魂飞之期，那时又会有谁来为我掩埋资金额空虚洁体？若被弃置于……哎，思来结愁缠闷，亦已焉哉！

试看这花儿飘零，清香散尽，再待这艳丽之春残败之时，恐怕便是我容惨颜淡，魂飞神散之日，那时泪已还尽，再无心牵，怨消闷碎，恨灭愁飞！

空待"一朝春尽红颜老，花落人亡两不知"！

智慧窗

　　幸福的反面是痛苦，在痛苦中思考幸福的意义和美丽构成了中国人的美学。黛玉葬花不仅是对花的怜惜，更是对自己处境的无奈，她是向往爱情的，宝玉与他的相恋让她幸福，但贾母的反对以及众人各自不一的态度，让她深深的失望，但是为了宝玉，她努力的想去适应这个复杂的大家庭，但是后来宝玉的迷糊以及众人的态度让她深深的生出一种无力感，她伤心，也恨，恨着大家的冷酷，恨着自己不争气的身体，连带的也有对宝玉的失望，种种情感以及宝玉与宝钗的喜结连理导致了黛玉的香消玉殒。

(李墨离)

 阅览室

海

◇吴 崖

　　我终于见到海了，虽然我无数次地揣想过它，可当我真正面对的时候，我还是那么的震撼，那么的激动。我才明白自己的种种猜测都是那么的无力，那么的苍白。原来任何东西在没有面对的时候，对它的想象都是片面的。

　　站在海边，看着那蓝蓝的海，极目望去，波光粼粼，在那很远很远的地方，它仿佛和天接在了一起。就这样看去，天的蓝与海的蓝原来是不一样的。如果说天的蓝是悠远和宁静的，那么海的蓝就是深邃和沉着的。它们交融在一起，没有强弱，没有距离，更显现出各自的辽阔，各自的美。

　　浪涛舒缓地拍着岸，一波退了又起来一波，不紧也不慢，仿佛陶醉在风的歌里，又好像在抚着岸的胸膛，轻轻地和它诉说着海里那些美妙的爱情故事。在这样的涛声里，我的心也渐渐地静下来了，因为我也想听听那些好听的故事。

　　那卷起的浪花像极了盛开的莲，就那样一朵接一朵重叠地开着，在蓝蓝的海的世界里吐着芬

芳。虽然转眼就谢了，可那份洁白、那份优雅也是一种美。我真的没有想到，原来浪花也是这么美的呀。

风也许知道自己不能把海的心事都翻阅，于是唱着悠扬的小调，轻轻地拉扯着海的衣服，在那些迭起和落去里，让自己的呼应更加美丽些。

或是在海的身上做千万次的游说，让海把内心里翻滚的情思说出来，可海就是那么深沉地不予回答。它的衣服就那样轻轻地荡着，蓝蓝的，亮亮的，既优雅又富有诗意。望着笑意浓浓、光影重叠的海，我的心不知道又飞到哪里去了，只有赞叹，只有感谢，因为这样的美是想象不出来的啊！

那飞着的鸥鸟好像也读懂了海在阳光里写给天空的七彩的诗。它们高兴地在海的上空盘旋着，有灰的有白的，还有别的说不出颜色的。它们或起或落，或整齐或杂乱，都是那么的好看。尤其那些从高高的地方慢慢地滑下来的最让人心惊，它们翅膀是不动的，就那么自信地向着海滑来，轻轻地，慢慢地，一直地滑着，那份飘逸的美真是无与伦比。我的心在那时是极为震撼的，很是羡慕它们的那份自信和飞行技艺的纯熟。

脚下的沙滩，在海水的冲刷下更显出它的细腻，就那么松松懒懒地睡在海的身边，沐浴着轻轻的海风和灿烂的阳光，任欢快的孩子和情侣在身上玩耍和追逐。还有不知道什么时候爬来的蟹，在那里歪歪扭扭地写着一行又一行给海的诗，意思单纯而又悠远。我如果也有蟹的激情，那么生活的沙滩不也是可以写诗的吗？呵呵！也许我真的不如这小小的蟹了。

那嵌在沙滩里的贝壳，或红或紫，或白或蓝，或大或小，或长或圆，都好像是一个个故事，被那鞠着背的捡贝人收集在了一起。我也开始在沙滩里找起来，因为这样的时候，应该有点什么要留给自己的。

就这么一片一片地拾着海的故事，也拾着自己向往美好的心。自己过去对海的猜测都像这拾起的贝壳，只是那么小小的一片。

看海的人很多，有老人，有孩子，有夫妻，有情侣，大家都很愉快，每一个人脸上都洋溢着笑，我想他们该是有所收获的吧，这样的景色，是可以舒缓那生活里的紧张的。

其实我们为什么要去很远的地方看某一处美景呢？不就是要这份发现美享受美的心境吗？不就是让生活更为充实更为快乐吗？

我想在生活的海洋里，我们或是浪花，或是岸，或是风，或是鸟，只要我们都快乐地展示自己的美，去努力装点着生活，那么这个世界不就更加丰富、更加美好了吗？

就让我们每一个人都是一片海吧！美丽的海。

智慧窗

大海果真是可以带走哀愁的。当你走在海边，你的心就如这柔软的沙滩，幻想每一个脚印踩在上面，暖暖的，痒痒的；海浪不时温柔地舔舐你的脚，蹲下来数数浪花，或是看看地上爬动的小蟹，应该忘记哀愁了吧？

(辛颖)

六十劫语

◇钱理群

春节一过，我就进入人生旅途的第六十个年头了。

好像应该想一想，并且写点什么。

已经过去的生命，恰好分为三段。毛泽东诗云："倚天抽宝剑，把汝裁为三截"。这联想或许有些不伦不类。

第一截，从重庆出生，到南京，再进北京，二十一岁大学毕业出京，算是入世前的准备。中间十八年，是在远离北京的中国边远地区的贵州度过的，其间经历了十年浩劫，是靠着年轻人的友情而支撑过去的。1978年重返北京，生命算是得到了一次爆发，又与北京大学的青年学生、同代友人一起，风风雨雨中一晃二十春秋。我的生命就这样与两个空间——贵州与北京大学，一个群体——中国的年轻人，建立了血肉般的联系，而与后者联系的主要纽带则是鲁迅。由此构成了我的生命中的"四大情结"：人生道路的支点，精神的后援，思想、灵感和想象力的源泉，学术的出发点与归宿都在里面了。

似乎就这几句话，可以把这"六十年"交代过去了。

中国传统有"六十一甲子"之说，也是把"六十"看作人生的一大段落。而在我的感受中，则是一大劫难，一个大坎儿。经过这一大劫，人应有所悟。

我悟到了什么呢？

去年，也就是"六十年"之末，我写了几篇文章，谈鲁迅的思想有一个原点，一个中心，即他的"立人"思想。这当然不是我的发现，得后兄早在1981年就提出了这一命题。但对于我，此番重提，却意味着，经过十数年的苦苦探索与体验，鲁迅的"立人"思想已经由外在的理性认识内化为自己的生命追求，因此这是一次自我的安身立命。把"个体精神自由"确定为彼岸性的终极追求，这也就确立了在中国现实变革运动中思想文化上的彻底的批判立场：坚持对一切形态的奴役体制、奴役现象的揭示与批判，坚持对一切人（特别是知识分子）各种形态的奴性的揭示与批判，坚持对自我已经（或可能）出现的奴性与压抑他者的倾向的揭示与批判。我不想否认这一选择所具有的启蒙主义、理想主义色彩，但它同时包含了对启蒙主义与理想主义可能导致的专制主义的警惕与批判。另一方面，则是对自我这一选择的个人性与有限性、局限性的一种清醒与自觉："个体精神自由"是我自己所能体认的终极追求，对于他人（包括我的读者、学生）仅是提供当代社会众声喧哗中的一种"声音"。真正的意义在自己：不仅是对青年时代的"消灭一切人压迫人、人剥削人现象"的理想的更高层面的确认与升华，同时奠定了今后岁月生命的新基础。

因此，有所悟，还要有所解脱：这也是"六十大劫"应有之义。不可否认，原有的"四大情结"多少含有某种赎罪、还债的意味，因而时有不堪重负的感叹。现在算个总账，具体的"债务"大概已经还清，"罪"也一一赎过，真可以松一口气了。本来此时已经能够大体无愧地去见"上帝"，以后的年月是多余的。这新赐予的日子，应该属于自己与老伴了。如果还要继续写作，动力就更来自内心的欲求，更要为自己说话，说自己心里想说的话了。人是这样的人，说的自然也还是"个体精神自由"这类时代的中心话题，但心态或许会更自由，更少顾忌，更少束缚了吧。至于是否会减少点火气，显示一种"成熟"——这正是许多师友与学生期待于我的，我则不敢保证，因为我相信本性难移这句话。人最终总是带着某种遗憾，留下供后人非议的某些话柄，离开这个世界的，尽善尽美反而失去了个性；老了老了，有些毛病就不要改了吧。

面对自我生命的这一大段落，想说、要说的话都说了，最后加上一个标题："六十劫语"。

智慧窗

　　完整的人生总不免会经历各种各样的坎坷。从这个意义上讲，人生何尝不是一场劫难。然而，不同的人生态度造就不同的理解。乐观的人会讲，这生活中的种种劫难是对人生一次又一次的历练，雨过天晴后，更能体味彩虹的美丽。而悲观的人，会认为人生有太多的苦涩，甚至到了难以为生的地步。看来，人生的苦乐，不仅是现实的经历，也是心态的参与。正所谓"境由心生"。境遇不是我们可以左右的，但心态我们多少总可以把握。最好的心境当然是"平常心"。

（毛振文）

阅览室

秋风的心事
◇天　声

　　闻够了夏荷的清香，听腻了蝉的歌声，也厌倦了那燥热的天气。在一个不知道是什么样心情的傍晚，迈着漫不经心的步子，和着雨的凉意，慢慢地来到了秋天里。

　　感觉时光的节奏开始慢了，所有的事物开始了另一种生活。它们或弃或离，或歌或舞，或悲或喜……仿佛所有的事物都深刻了。

　　没有必须要去的地方，还是在四野里漂游着，或是在城市的高楼丛林里穿行。真希望找到一点可以给自己安慰的词句，却不知不觉地，在夕阳西下的时候，在路人的疲倦里读懂了自己的生活。

　　一遍又一遍地梦着狂放的日子，在那渐渐黄了的叶里，在那夜与昼的交替里，开始明白原来自己也要对那秋有所承诺、有所割舍的。既然是成长着的，那么就在这样的季节，让自己的歌声来得柔婉些，来得厚重些，让自己把擅长的水墨画的色彩调得更加的欢快、更加的丰富。

　　即使有时觉得自己好像需要什么，好像思念什么，也只有告诫自己，可以绅士些，可以在那高高的山的顶端，向云和蓝天诉说。或是在那流淌的河里，对着那东去的水诉说。

　　经过了那么多百转千回的光阴故事，还是不明白人们为什么如此地喜爱着某种成熟，本是明了简单，却总是掩饰着弱点，把复杂当成了面具。

　　于是告诉自己，看不明白的就不去看，也不去想。还是那丰富的色彩是真实的。于是和自己较劲，看看那黄有多少种，看看那绿有多少种。看看那光和影的配合，看看那天对地的承诺。还可以看看那果实和母体的割舍，那叶与枝的离别。既然是属于自然的，就还是在自然里放歌吧！

　　知道自己只要愿意，可以把所有抚摩。知道自己真的抚摩了，那来自不同事物的震颤，又是那么的让自己回味。也才知道不同的事物是那样的千差万别，相同的事物在不同的时间是那样的不同。方才明白，原来这个世界里的故事，是可以用不同的方式来诠释和描绘的呀！

　　日子慢慢地走，天蓝了后又黑了，云淡了后又浓了。可天下里的色彩却越来越重。

　　开始喜欢在晚上，看着好友霜在轻轻地向那生长在天下里的生物道歉，它那样的不舍，那样的无奈，它走得很轻，可白白的脚印却是那样的清晰。

开始喜欢在暖暖的阳光里，看人来人往，高兴的时候，可以在他们的脸上拂一下，看看他们的脸为什么那样润滑。也可以在街道上和撒落的纸片玩耍，可以撩女人的发，可以轻轻地跟着孩子，听他们童稚的话。

有时候，就这样轻快地飞着，让所有的朋友都可以听见自己的歌声，也可以看见所有的朋友都在向自己挥手，于是想，那人世间的离别该不是这样的吧！因为那种挥手里有着千斤的重量。

有时候，觉得自己很忧郁。冷冷地，对一切不理不睬，在那天下里游走，虽然可以看见人们被冷冷地袭击，显得很意外。也知道应该和人们好好地相处，可自己真的不是故意，因为自己无法抵挡那来自内在的寒冷。也希望自己可以和知心的朋友聊几句，也许注定了孤单，所有的朋友都是笑着早早地挥手。所以只有走，就这样到处地走，管它雨多大，夜多黑。

知道自己来这个季节不会后悔，因为在这里才可以安静地想很多的东西，记住很多的东西。虽然自己很寂寞，但是可以在天底下尽情地挥洒，作所有朋友和自己都喜欢的画，可以追逐月的脚步，听听它没有说完的故事。

智慧窗

秋心是愁，中国文化真是让人不得不佩服，只短短四个字就把那么复杂的心事概括得如此贴切，真是精辟。因为愁，所以万物在眼中也便有了自己的感情。

或许只有站在城市的寂静处，才能让自己静下来思考，然而却始终无法走出喧嚣。在这静静的思考里，如果有风吹过，你可以向它托付你的心，放飞哀愁，回归快乐。

(马杰)

你的生命如此多情

　　辗转的故事一遍遍演绎，没有止境，像是一个在被不断充气的气球，等到有一天穿肠破肚，爆炸并失去自己所有的身家。走一段路，回首望，似乎那个地平线永远都坐落在视线的底端上下，喜欢仰起头去眺望，让眼神变得迷茫空洞，像是一个被掏空的生命，所有的内在都给甩干抽去，干净的像张白纸。渐渐的对于异乡这个词语产生生疏，很长时间都是无所事事，觉得生活不够激荡，所以内心全是别样的安逸感觉。这样很好，是一种可贵的享受。有人爱怜，有人疼惜，有人惦念，以前一直以为这是一种负重，渐渐地才明白，原来你的生命如此多情。

捉迷藏

◇乔克·邦德

每天中午吃过午饭，总有孩子的嬉闹欢笑声在隔壁院子里响起。那是我的新邻居索尼亚在同她的三个孩子玩着捉迷藏的游戏。我有午休的习惯，他们欢呼的声音，每每将我从美梦中惊醒。有时，我也会好奇地将头伸出院墙观看。

索尼亚正在给其中大一点的女孩蒙眼睛，她一边系纱巾，一边喊："杰瑞、迈克，你们都藏好了没有？"两个小男孩的声音就从院子的另一头传来："我们都准备好了。"索尼亚又小声地叮嘱身边这个女孩："琳达，你可不准偷看哦！"琳达脆生生地回答："妈妈，我没有偷看。"

索尼亚将琳达轻轻地往前一推，说："好啦，你现在就去抓住那两个小家伙吧！"琳达小心地迈开步子，抬起双手，摸索着一步一步地往前走。索尼亚则远远地站在后面进行指挥："琳达，小心！那里是台阶。注意！你的左边是公路，右边是商场，再过去就是电影院了，前边左转，很好，你已经到学校了。现在，杰瑞站在公路边上，迈克蹲在商场附近。琳达，你只要往后一点就可以捉住他们了。"琳达转身，果然就捉住了迈克，很快又捉住了杰瑞。这时，院子里就会爆发出巨大的欢笑声。然后，索尼亚又将纱巾蒙住杰瑞，让他去抓琳达和迈克。

我看得吃惊，这样捉迷藏我还是头一次见到。要知道，那宽敞的院子里其实空无一物，而索尼亚所说的商场、公路、电影院和学校究竟是从哪里来的呢？

出于好奇，也因为他们这样的玩闹，实在是打搅了我的睡眠，我决定去拜访一下这位新邻居。我心里盘算着，如果她能答应每天中午都带孩子们去电影院，我很乐意为他们支付电影门票钱。

我敲开了索尼亚的院门，表达了想请孩子们去看电影的意愿。我的眼睛不经意间穿过了索尼亚的肩膀，我看到她身后院子里横七竖八画满了线条，三个孩子在线条构成的奇怪图形里玩得正起劲。

"哦，看电影？孩子们，你们知道吗，这是乔克叔叔，他说要请你们去看电影。"索尼亚向孩子们介绍我。尽管看上去索尼亚很热情，但她好像对我的邀请并不感兴趣。趁着孩子们玩得入迷的当儿，她向我眨眼睛，示意我随她走到一边说话。

她告诉我，这三个孩子是她从孤儿院里领出来的。由于担心邻居的孩子对他们不友好，也怕人们知道孩子的身世后对他们有偏见，她跟先生才决定迁居于此。喏，在这里我们就你一个安静的邻居。她对我笑得友善。她说最近她正在以捉迷藏的方式，教孩子们如何在这个小区里生活，如何独自去上学。

这时我才恍然大悟，院子里画的原来就是这个小区的地图，而索尼亚所说的那些公路、商场和学校，其实是图画里建筑的称呼。

"不瞒您说，现在，琳达已经能够独自一人往返于海德学校了。"索尼亚说起来十分骄傲。

"海德？你的意思是……琳达——她是盲童？"我非常吃惊，因为海德是附近一所有名的盲人学校。

索尼亚点了点头，补充说："不仅是她，杰瑞与迈克也快要入学了。"她招呼着孩子们过来。三个孩子摸索着慢慢走到她身边，拽着她的手唧唧喳喳地问："妈妈，妈妈，看电影有捉迷藏好玩吗？"索尼亚对我一笑，说："这个我们还是请你们的乔克叔叔来回答吧。"

我突然被一种不知所措的情绪感染，觉得自己很对不起这些孩子。我抚摩着他们的头，看着他们眼神里的无忧无虑，高声说："当然没有，有什么能比捉迷藏更好玩的呢？"

当我走出索尼亚家的院门时，我轻声向索尼亚说："对不起，我不知道情况是这样的。但我还是想问一个问题：既然孩子们什么也看不见，在捉迷藏的时候，为什么你还要给他们用纱巾蒙上眼睛呢？"

索尼亚认真地说："因为他们的心灵永远是明亮的。在母亲的眼里，他们跟常人一样，什么都看得见！"

智慧窗

　　其实并不是没有什么比捉迷藏更好玩，而是没有什么比爱更伟大，更能驱走人生的痛苦，带来生命的快乐。爱是那轻抚心灵的温暖之手，可以抚平创伤，抚慰心痛。索尼亚的故事可以让人思索很久——一颗温柔的爱心，竟能赢得几个天真孩子的快乐。当我们面对苦难时，我们是否该少一些感叹，多一些行动？乔克叔叔的举动也同样能让人一次次扪心自问——为什么小小的自私那样轻易地就赶走了心底的博爱？不知你我是否也曾有过这样的经历，是否也曾心底忽生惭愧？

(毛振文)

阅览室

伤逝
◇台静农

今年四月二日是大千居士逝世三周年祭，虽然三年了，而昔日言谈，依稀还在目前。当他最后一次入院的前几天的下午，我去摩耶精舍，门者告诉我他在楼上，我就直接上了楼，他看见我，非常高兴，放下笔来，我即刻阻止他说："不要起身，我看你作画。"随着我就在画案前坐下。

案上有十来幅都只画了一半，等待"加工"，眼前是一小幅石榴，枝叶果实，或点或染，竟费了一小时的时间才完成。第二张画什么呢？有一幅未完成的梅花，我说就是这一幅罢，我看你如何下笔，也好学呢。他笑了笑说："你画的梅花好啊。"其实我学写梅，是早年的事，不过以此消磨时光而已，近些年来已不再有兴趣了。但每当他的生日，不论好坏，总画一小幅送他，这不是不自量，而是藉此表达一点心意，他也欣然。最后的一次生日，画了一幅繁枝，求简不得，只有多打圈圈了。他说："这是冬心啊。"他总是这样鼓励我。

话又说回来了，这天整个下午没有其他客人，他将那幅梅花完成后也就停下来了。相对谈天，直到下楼吃晚饭。平常吃饭，是不招待酒的，今天意外，不仅特要八嫂拿白兰地给我喝，并且还要八嫂调制的果子酒，他也要喝，他甚赞美那果子酒好吃，于是我同他对饮了一杯。当时显得十分高兴，作画的疲劳也没有了，不觉地话也多起来了。

回家的路上我在想，他毕竟老了，看他作画的情形，更令人伤感。犹忆1948年，大概在春夏之交，我陪他去故宫博物院，博物院的同人对这位大师来临，皆大欢喜，庄慕陵兄更加高兴与忙碌。而大千看画的神速，也使我吃惊，每一幅作品刚一解开，随即卷起，只一过目而已，事后我问他何以如此之快，他说这些名迹，原是熟悉的，这次来看，如同访问老友一样，当然也有在我心目中某一幅某些地方有些模糊了，再来证实一下。

晚饭后，他对故宫朋友说，每人送一幅画。当场挥洒，不到子夜，一气画了近二十幅，虽皆是小幅，而不暇构思，着墨成趣，且边运笔边说话，时又杂以诙谐，当时的豪情，已非今日所能想象。所幸他兴致好并不颓唐，今晚看我吃酒，他也要吃酒，犹是少年人的心情，没想到这样不同寻常的兴致，竟是我们最后一次的晚餐。数日后，我去医院，仅能在加护病房见了一面。虽然一息尚存，相对已成隔世，生命便是这样的无情。

摩耶精舍与庄慕陵兄的洞天山堂，相距不过一华里，若没有小山坡及树木遮掩，两家的屋顶都可以看见的。慕陵初闻大千要卜居于外双溪，异常高兴，多年友好，难得结邻，如陶公与素心友"乐与数晨夕"，也是晚年快事。大千住进了摩耶精舍，慕陵送给大千一尊大石，不是案头清供，而是放在庭园里的，好像是"反经石"之类，重有两百来斤呢。

可悲的，他们两人相聚时间并不多，因为慕陵精神开始衰惫，终至一病不起。他们最后的相晤，还是在荣民医院里，大千原是常出入于医院的，慕陵却一去不返了。

我去外双溪时，若是先到慕陵家，那一定在摩耶精舍吃晚饭。若是由摩耶精舍到洞天山堂，慕陵一定要我留下同他吃酒。其实酒甚不利他的病体，而且他也不能饮了，可是饭桌前还得饮一杯掺白开水的酒，他这杯淡酒，也不是为了我，却因旧习难除，表示一点酒人的倔强，听他家人说，日常吃饭就是这样的。

后来病情加重，已不能起床，我到楼上卧房看他时，他还要若侠夫人下楼拿杯酒来，有时若侠夫人不在，他要我下楼自己找酒。我们平常都没有饭前酒的习惯，而慕陵要我这样的，或许以为他既没有精神谈话，让我一人枯坐着，不如喝杯酒。当我一杯在手，对着卧榻上的老友，分明死生之间，却也没有生命奄忽之感。或者人当无可奈何之时，感情会一时麻木的。

1986 年 3 月

智慧窗

世事沧桑，人生易老，当岁月的河水渐渐漫过腰际，生死奄忽之间，不管是凡夫俗子，还是处世超脱的艺术家，都不免有无可奈何的感伤。

佛教里有"八苦"，生老病死各居其一，其余"四苦"分别为五阴炽盛苦、怨憎会苦、爱别离苦和求不得苦。而生命的老病死又让人忧悲，或者恐惧着永世的诀别。把人世最苍凉的境况付与酒画，超逸固然值得钦慕，所起的伤感又如何能够言传？

少年相逢逞意气，那是风华正茂的时候；及至岁月的暮途，相携相庆，问的也多是健康和食欲。落叶飞花是对年轻生命脆弱的痛惜，而人无法跨越生命的局限，最终的常情竟至木讷无言，谁知道到底是悟，还是未悟呢？

（郑荣健）

欢乐吧

＊校园幽默记忆

◇白亚菲

初中是我过"当官"瘾最狠的时候。那时每天都有班干部负责自习的纪律，我新官上任，那节自习课上大家都在自习，就见我围着教室走了一圈又一圈，整整走了 45 分钟没停。

我们高中宿舍一同学某次考试，20 个选择题他竟然全错了，这种一个都蒙不对的事之前之后我都再没见过。

上高中的时候，有一位 MM（即美眉，网络用语）竟然把 15 道判断题都给答错了，那才让人郁闷。

那时候英语测验基本都是选择题，老师判卷的方法是也找一张卷子，把正确答案的地方用香头烫一个洞，然后盖在同学的答卷上，如果有洞的地方被打钩或者画圈了，就认为这道题答对了。有个同学就把所有的选项都画了钩，后来老师判卷，他就得了 100 分，老师还表扬他，说他成绩提高了。一直到毕业这件事情也没有被发现。

高中时有一个同学高度近视，第一次查视力时，医生用棍指着字母 E 的开口方向，这位老兄睁着两只大眼看了老半天，问医生：你问的是哪个棍子指的呀？医生很奇怪：你看到几个棍？他答：四个。众人立即晕倒，此后这个同学就得了个绰号：四棍儿。

上高中的时候，每年都会有一些体育学院的实习老师给我们代几节实习课。有次来了个女老师，给人感觉是刚走出校门意气风发的样子。第一节上室内课，她给我们大谈有关她的事情，说她的名字叫范小红，是她自己起的，来源于她喜欢的一种植物的花等。最后又给我们每人发了一张调查问卷，问我们最喜欢的体育明星之类的问题，最后一个问题是："如何让我一次就记住你的名字？"我们班的著名幽默大师答曰："改名叫范小红。"

中学语文老师讲昭君，说是匈奴左贤王正在看书，昭君进了帐篷，王爷一抬头，大喝一声：beauty。班里睡觉的全醒了。

又想起考试的时候有两人抄答案，本来是 |x|，结果第一个人抄成了 1×1，第二个人加了个等号，最后得 1！还有一个答案是 b/q，第一个抄成 6/q，后一位是 6/9，最后一位还给化简了，成了 2/3！

我们高中组织过一次女子篮球赛，有一女孩子，在乙方后场抢到篮板球起身就往自己篮里投。未果，又抢篮板，又投，仍未果，又抢篮板，终于投中！此时全场另外 9 个队员加 2 个裁判加场外所有观众全笑翻在地，最后比分 4：2。

上自习的时候，教室里很安静，老师在上面改作业。下面一个同学放了一个屁，老师把头抬起来说："谁要是再说话就滚出去。"

上初中时，我们隔壁班的政治老师是一个老得有点糊涂的女老师。她有句比较经典的话：同学们，这道题选 B，下一道还是 A。

刘俞江

校园生活永远都不缺少快乐，即使是在准备高考的那些紧张日子里，也能不断听到爽朗的笑声，这就是年轻人，永远不会在困难面前皱起眉头。

那些自以为经历风雨的大人们，是否也能有这样一份笑看人生的心态呢？

 阅览室

世间最美的坟墓
◇茨威格

　　我在俄国所见到的景物再没有比托尔斯泰墓更宏伟、更感人的了。这将被后代永远怀着敬畏之情朝拜的圣地，远离尘嚣，孤零零地躺在林荫里。顺着一条羊肠小路信步走去，穿过林间空地和灌木丛，便到了墓冢前；这只是一个长方形的土堆而已。无人守护，无人管理，只有几株大树荫庇。他的外孙女跟我讲，这些高大挺拔、在初秋的风中微微摇动的树木是托尔斯泰亲手栽种的。小的时候，他的哥哥尼古莱和他听保姆或村妇讲过一个古老传说，提到亲手种树的地方会变成幸福的所在。于是他们俩就在自己庄园的某块地上栽了几株树苗，这个儿童游戏不久也就忘了。托尔斯泰晚年才想起这桩儿时往事和关于幸福的奇妙许诺，饱经忧患的老人突然从中获得了一个新的、更美好的启示。他当即表示愿意将来埋骨于那些亲手栽种的树木之下。

　　后来就这样办了，完全按照托尔斯泰的愿望；他的墓成了世间最美的、给人印象最深刻的、最感人的坟墓。它只是树林中的一个小小长方形土丘，上面开满鲜花，没有十字架没有墓碑，没有墓志铭，连托尔斯泰这个名字也没有。这个谁都感到受自己的声名所累的伟人，就像偶尔被发现的流浪汉、不为人知的士兵那样不留名姓地被人埋葬了。谁都可以踏进他最后的安息地，围在四周的稀疏的木栅栏是不关闭的——保护列夫·托尔斯泰得以安息的没有任何别的东西，唯有人们的敬意；而通常，人们却总是怀着好奇，去破坏伟人墓地的宁静。这里，逼人的朴素禁锢住任何一种观赏的闲情，并且不容许你大声说话。风儿在俯临这座无名者之墓的树木之间飒飒响着，和暖的阳光在坟头嬉戏；冬天，白雪温柔地覆盖这片幽暗的土地。无论你在夏天还是冬天经过这儿，你都想象不到，这个小小的、隆起的长方形包容着当代最伟大的人物当中的一个。然而，恰恰是不留姓名，比所有挖空心思置办的大理石和奢华装饰更扣人心弦：今天，在这个特殊的日子里，成百上千到他的安息地来的人中间没有一个有勇气，哪怕仅仅从这幽暗的土丘上摘下一朵花留作纪念。人们重新感到，这个世界上再也没有比这最后留下的、纪念碑式的朴素更打动人心的了。老残军人退休院大理石穹隆底下拿破仑的墓穴，魏玛公侯之墓中歌德的灵寝，西敏司寺里莎士比亚的石棺，看上去都不像树林中的这个只有风儿低吟，甚至全无人语声，庄严肃穆，感人至深的无名墓冢那样能剧烈震撼每一个人内心深藏着的感情。

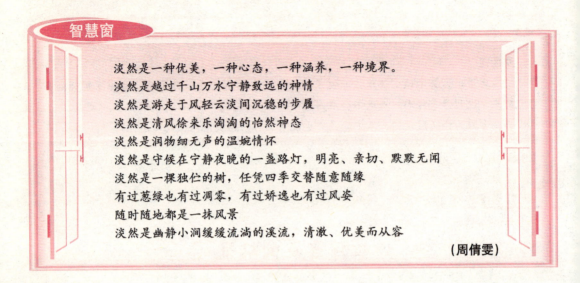

智慧窗

淡然是一种优美，一种心态，一种涵养，一种境界。

淡然是越过千山万水宁静致远的神情

淡然是游走于风轻云淡间沉稳的步履

淡然是清风徐来乐淘淘的怡然神态

淡然是润物细无声的温婉情怀

淡然是守候在宁静夜晚的一盏路灯，明亮、亲切、默默无闻

淡然是一棵独仁的树，任凭四季交替随意随缘

有过葱绿也有过凋零，有过娇逸也有过风姿

随时随地都是一抹风景

淡然是幽静小涧缓缓流淌的溪流，清澈、优美而从容

（周倩雯）

阅览室

吉檀迦利

◇泰戈尔

你已经使我永生，这样做是你的欢乐。这脆薄的杯儿，你不断地把它倒空，又不断地以新生命来充满。

这小小的苇笛，你携带着它逾山越谷，从笛管里吹出永新的音乐。

在你双手的不朽的安抚下，我小小的心，消融在无边快乐之中，发出不可言说的词调。

你的无穷的赐予只倾入我小小的手里。时代过去了，你还在倾注，而我的手里还有余量待充满。

当你命令我歌唱的时候，我的心似乎要因着骄傲而炸裂，我仰望着你的脸，眼泪涌上我的眶里。

我生命中一切的凝涩与矛盾融化成一片甜柔的谐音——

我的赞颂像一只欢乐的鸟，振翼飞越海洋。

我知道你欢喜我的歌唱。我知道只因为我是个歌者，才能走到你的面前。

我用我歌曲远伸的翅梢，触到了你的双脚，那是我从来不敢向往触到的。

在歌唱中的陶醉，我忘了自己，你本是我的主人，我却称你为朋友。

我不知道你怎样地唱，我的主人！我总在惊奇地静听。

你的音乐的光辉照亮了世界。你的音乐的气息透彻诸天。

你的音乐的圣泉冲过一切阻挡的岩石，向前奔涌。

我的心渴望和你合唱，但却挣扎不出一点声音。我想说话，但是言语不成歌曲，我叫不出来。

呵，你使我的心变成了你的音乐的漫天大网中的俘虏，我的主人！

我生命的生命，我要保持我的躯体永远纯洁，因为我知道你的生命的摩抚，接触着我的四肢。

我要永远从我的思想中屏除虚伪，因为我知道你就是那在我心中燃起理智之火的真理。

我要从我心中驱走一切的丑恶，使我的爱开花，因为我知道你在我的心宫深处安设了座位。

我要努力在我的行为上表现你，因为我知道是你的威力，给我力量来行动。

请容我懈怠一会儿，来坐在你的身旁。我手边的工作等一下子再去完成。

不在你的面前，我的心就不知道什么是安逸和休息，我的工作变成了无边的劳役海中的无尽的劳役。

今天，炎暑来到我的窗前，轻嘘微语：群蜂在花树的宫廷中尽情弹唱。

这正是应该静坐的时光，和你相对，在这静寂和无边的闲暇里唱出生命的献歌。

摘下这朵花来，拿了去罢，不要迟延！我怕它会萎谢了，掉在尘土里。

它也许配不上你的花冠，但请你采折它，以你手采折的痛苦来给它光宠。我怕在我警觉之先，日光已逝，供献的时间过了。

虽然它颜色不深，香气很淡，请仍用这花来礼拜，趁着还有时间，就采折罢。

我的歌曲把她的妆饰卸掉。她没有了衣饰的骄奢。妆饰会成为我们合一之玷：它们会横阻在我们之间，它们丁当的声音会掩没了你的细语。

我的诗人的虚荣心，在你的容光中羞死。呵，诗圣，我已经拜倒在你的脚前。只让我的生命简单正直像一枝苇笛，让你来吹出音乐。

那穿起王子的衣袍和挂起珠宝项链的孩子，在游戏中他失去了一切的快乐；他的衣服绊着他的步履。

为怕衣饰的破裂和污损，他不敢走进世界，甚至于不敢挪动。

母亲，这是毫无好处的，如你的华美的约束，使人和大地健康的尘土隔断，把人进入日常生活的盛大集会的权利剥夺去了。

呵，傻子，想把自己背在肩上！呵，乞人，来到你自己门口求乞！

把你的负担卸在那双能担当一切的手中罢，永远不要惋惜地回顾。

你欲望的气息，会立刻把它接触到的灯火吹灭。它是不圣洁的——不要从它不洁的手中接受礼物。只领受神圣的爱所付予的东西。

这是你的脚凳，你在最贫最贱最失所的人群中歇足。

我想向你鞠躬，我的敬礼不能达到你歇足地方的深处——那最贫最贱最失所的人群中。

你穿着破敝的衣服，在最贫最贱最失所的人群中行走，骄傲永远不能走近这个地方。

你和那最没有朋友的最贫最贱最失所的人们作伴，我的心永远找不到那个地方。

把礼赞和数珠撇在一边罢！你在门窗紧闭幽暗孤寂的殿角里，向谁礼拜呢？睁开眼你看，上帝不在你的面前！

他在锄着枯地的农夫那里，在敲石的造路工人那里。太阳下，阴雨里，他和他们同在，衣袍上蒙着尘土。脱掉你的圣袍，甚至像他一样地下到泥土里去罢！

超脱吗？从哪里找超脱呢？我们的主已经高高兴兴地把创造的锁链带起：他和我们大家永远连系在一起。

从静坐里走出来罢，丢开供养的香花！你的衣服污损了又何妨呢？去迎接他，在劳动里，流汗里，和他站在一起罢。

我旅行的时间很长，旅途也是很长的。

天刚破晓，我就驱车起行，穿遍广漠的世界，在许多星球之上，留下辙痕。

离你最近的地方，路途最远，最简单的音调，需要最艰苦的练习。

旅客要在每个生人门口敲叩，才能敲到自己的家门，人要在外面到处漂流，最后才能走到最深的内殿。

我的眼睛向空阔处四望，最后才合上眼说："你原来在这里！"

这句问话和呼唤"呵，在哪儿呢？"融化在千股的泪泉里，和你保证的回答"我在这里！"的洪流，一同泛滥了全世界。

我要唱的歌，直到今天还没有唱出。

每天我总在乐器上调理弦索。

时间还没有到来，歌词也未曾填好：只有愿望的痛苦在我心中。

花蕊还未开放：只有风从旁叹息走过。

我没有看见过他的脸，也没有听见过他的声音：我只听见他轻蹑的足音，从我房前路上走过。

悠长的一天消磨在为他在地上铺设座位；但是灯火还未点上，我不能请他进来。

智慧窗

正如"一百个人心中，有一百个哈姆雷特"。一百个人的心中，也有一百个对幸福的定义。唯有懂得欣赏，才有对幸福的深深领悟。而仅仅只是万分之一，乃至千万分之一的智者，最终能成为具有慧眼的圣人。泛泛之辈，就必须离家出行，历尽千险，四处寻觅着幸福，却可能永生不得见其尾巴吗？亦或，穿越时空，去古罗马的角斗场中转一圈，体验英雄艰难获胜后的受到万千宠爱的喜悦。总之，是人类就必须经历一段刻骨铭心的生命，付出一切，攀上"珠峰"，成为圣人，才能拥有幸福吗？

（章傅建）

阅览室

我家的财富
◇德富芦花

一

房子不过三十三平方，庭院也只有十平方。人说，这里既褊狭，又简陋。屋陋，尚得容膝；院落小，亦能仰望碧空，信步遐想，可以想得很远，很远。

日月之神长照。一年四季，风雨霜雪，轮番光顾，兴味不浅。蝶儿来这里欢舞，蝉儿来这里鸣叫，小鸟来这里玩耍，秋蚤来这里低吟。静观宇宙之大，其财富大多包容在这座十平方的院子里。

二

院里有一棵老李，到了春四月，树上开满了青白的花朵。碰到有风的日子，李花从迷离的碧空飘舞下来，须臾之间，满院飞雪。

邻家多花树，飞花随风飘到我的院子里，红雨霏霏，白雪纷纷，眼见满院披上花的衣衫。仔细看有桃花，有樱花，有山茶花，有棠棣花，有李花。

三

院角上长着一棵栀子。五月黄昏，春阴不晴，白花盛开，清香阵阵。主人沉默寡言，妻子也很少开口。这样的花生在我家，最为相宜。

老李背后有棵梧桐，绿干亭亭，绝无斜出，似乎告诉人们："要像我一般正直。"

梧叶和水盆旁边的八角金盘，叶片宽阔，有了它，我家的雨声也多了起来。

李子熟了，每当沾满了白粉的琥珀般的玉球骨碌碌滚到地面的时候，我就想，要是有个孩子，我拾起一个给他，那该多高兴啊！

四

蝉声凄切之后，世界进入冬季。山茶花开了，三尺高的红枫像燃着的一团火。房东留下的一株黄菊也开了。名苑之花固然娇美，然而，秋天里优雅闲寂的情趣，却荟萃在我家的庭树上了。假若我是诗翁蜕岩，我将吟咏"独怜细菊近荆扉"，使我惭愧的是我不能唱出"海内文章落布衣"的诗句来。

屋后有一株银杏，每逢深秋，一树金黄，朔风乍起，落叶翩翩，恰如仙女玉扇坠地。夜半梦醒，疑为雨声；早起开门一看，一夜过后，满庭灿烂。屋顶房檐，无处不是落叶，片片红枫相间其中。我把黄金翠锦都铺到院子里了。

五

树叶落尽，顿生凄凉之感。然而，日光月影渐渐增多，仰望星空，很少遮障，令人欣喜。

智慧窗

在神话世界里，都存在着幸福，一种渴望平淡生活的幸福。人生匆匆百年，亦是如此。母亲怀胎十月，一个新生命的诞生，是一种幸福；蹒跚学步时，被呵护着，是一种幸福；夜深温书，母亲送上一瓶牛奶，是一种幸福；在考场上有淋漓尽致的表现，是一种幸福；失魂落魄时有人安慰宽解，是一种幸福；约上三五好友，在篮球场上进行一场厮杀，是一种幸福；受到上司赏识，得到提拔是一种幸福；事业失落时，却遇上"柳暗花明又一村"的转机，是一种幸福；与相爱的他走上红地毯，执子之手，与子偕老，是一种幸福；听见自己的血脉呱呱坠地之声，初尝为人父母的滋味，是一种幸福。

(周倩雯)

累赘的东西

◇罗　兰

　　时常觉得身体是一个累赘的东西。一年到头，为这无用的身体，不知要消耗掉多少宝贵的时间和精力。

　　第一样，它要吃喝，而且要种种花样的吃喝。每天开门七件事，柴米油盐酱醋茶，竟无一件不是为了吃喝而设。自燧人氏钻木取火，发明了熟食之后，人们就让自己做了吃喝的奴隶。天天一大早就开始忙升火、烧茶、煮稀饭或烤面包；忙买菜、摘菜、洗菜、炒菜吃饭，吃完了，还得洗碗。然后，好容易把这贪婪的身体打发去午睡，一瞬间，就又到了4点。于是茶茶点点，它的要求又重新开始。跟着就又到了晚饭的时间。桌上各种各样的菜式，并不能使这身体真正的满足，它总在批评、在抱怨、在希望下一顿有较为新颖可口出色的菜肴，希望书摊上多有几本食谱，好使你更多花点时间和精神去满足它的贪婪。

　　更不要说隔邻烤箱中烤蛋糕的香味对它是多么大的诱惑，它成天在对你下令——去看看！去学学！至少你也该买本点心谱，用量杯、茶匙之类的工具，做出世界另一角的人们所享受的东西。

　　人从有生以来，就是这贪得无厌的身体的奴隶。而且，你越是忠心，它越是不满足。它可以从一个便当盒的要求，慢慢增长到燕窝鱼翅。它可以从家乡小炒的口味，进步到美式西餐或法国大菜。它可以从一日三餐的食量，进步到一日五餐。

　　而且当它在吃的方面变够了花样之后，它会在喝的方面去麻烦你。从香片、龙井、铁观音，到咖啡、可可、巧克力；从柠檬水、桔子汁各式冷饮，到饭前饭后的种种样样的酒类。

　　自从人们发现了维他命以来，身体就更有了充足的理由来奴役你。尽管它吃饱了饭，喝足了汤，也吃了各色的水果，但是除了饭菜和水果中的维他命ABC之外，它们还听说有维他命D、维他命H之类的东西，所以他们要吃钙片，要打肝精和"乐补宝"。如果你偶尔省略了一样，它们就立刻现出一副懒洋洋的神色。无精打采，脚步沉重，毫无生气，那拖不动拉不起的样子，可就够你负担！

　　即使你这样曲意逢迎，它也还免不了种种病痛：头痛、眼痛、牙齿痛、腹泻、胃痛、伤风、咳嗽……搅得你六神无主，害得你为它找医生吃药打针；否则，你就休想摆脱它的唠叨与纠缠。

　　而这还都是小事。令你不胜其烦的事还多得很，多得很。

　　比如说，你要为赤裸裸的它穿戴。假如它是男人，它要背心、短裤、衬衫、长裤、领带或领结，再加上外衣、袜子、皮鞋；冬天的大衣、围巾、帽子，夏天的太阳镜；此外还有香烟、打火机、钢笔、戒指、手表等道具。然后，它要去理发刮脸，要洗澡捶背，要去健身房、羽毛球馆锻炼身体，以保持它的健壮。

　　假如它是女人，那就更够你麻烦！花样翻新的松松紧紧的内衣，各色各样土产或来路货的时装，高高矮矮尖尖圆圆的皮鞋，奇形怪状的手袋，里面装着许多莫名其妙的东西。它们总是要你把一些玻璃片、金属串、动物的骨骸或牙齿之类的种种叫做"首饰"的东西，套在它们的脖子上、手臂上、手指上、脚踝上、耳朵上、头顶上。而且，它们从生下就让你为它的头发忙碌，从"立天椎"到小发辫，到学生头、少女头；什么赫本式、乐蒂式、贵妃式、鸟巢式、鸡窝式、马尾式……跑到美容院去电、去烤、去扭、去束。它又让你一天到晚为它外面那层皮肤奔忙，一会儿按摩，一会儿漂白，一会儿涂一层粉，一会儿抹一层红，再刷上一些蓝或绿。

它还不放心那 20 个指甲和趾甲，把它们剪得怪模怪样，然后涂上红红绿绿金金银银。

它们又要为保持身段，去做种种体操或接受电疗；它们总也不满意上天赋给它们的这个体型，一会儿去隆隆鼻，一会儿去改改眼，一会儿去隆隆乳，一会儿去束束腰。它们又为了所谓的仪态，千方百计地去折磨自己，使自己坐立不安。

无论是男人还是女人，它们总要为设计、购置、洗烫，整理它们用来蔽体的那些植物动物或人工纤维的布，费上许许多多的精神。为了所谓的"流行"或"时尚"，它们把那些布块或布条，缝成各种奇怪的样式，套在身上，注意着宽窄长短的变化。为了追求"时尚"，它们都在标新立异，又都在互相模仿。

当然，它们还要有个房子。不但为了要遮风蔽日，而且它们还要挖空心思，费尽精神，去把地球上所有可以搬到它们房子中的东西，都尽量搬进来。它们似乎什么都喜欢，却又不懂得欣赏那些东西的天然姿态。它们千方百计、钩心斗角地把地球上奇奇怪怪的东西搬进自己的房子，这些东西包括花枝、草茎、树干、石头、铁块之类，而它们把这些东西叫做家具、古董，或珠宝金银。它们永远也不明白，它们和这些东西都是地球的产物，并没有什么价值上的差等，而且事实上，它们谁也不能真正把谁掠夺，谁也不能真正把谁据为己有。

人们这样忙着，只因为它们有一个叫做"自己"的身体。它们想要操纵世界，傲视同侪，而且想要长生不死。所以，它们一刻不停地驱使你为它们奔走营求，而你就成了它们的永远不能获释的奴隶。

不知有没有那么一天，你能说服这贪婪的身体，让它明白一下自己在这地球上所占的渺小的位置，让它允许你把忙那些无益的事情的时间，拿来看看真正的世界。希望到了那天，你能告诉我，你是多么的自由自在，海阔天空！

智慧窗

对我们的"幸福"状态进行反思，导致了我们对肉身进行否定，这是现代文学的一个现象。"世界的问题，可以从身体的问题开始"，文学的问题也可以。文学的力量逐渐地在文学自身的革命上转移，它更多地走向了作家这个主体，均与作家本人的身体叙事有关。或者说，身体成了这个时代新的文学动力。这里面存在巨大的进步因素。

当"身体写作"成了一种文学时尚时，我会追问他（她）笔下的"身体"究竟是哪一个身体，政治的？社会的？还是物质和生理意义上的？中国文化中一直有一种蔑视身体的传统，今天要想突破这个传统，并让身体在文学中有所作为，绝非易事。孔子说"夫仁者，己欲立而立人，己欲达而达人"时，承认人是一个有"欲"的身体性的人，即是此篇最大的意义。

(章傅建)

蛛丝与梅花

◇林徽因

真真地就是那么两根蛛丝，由门框边轻轻地牵到一枝梅花上。就是那么两根细丝，迎着太阳光发亮……再多了，那还像样么。一个摩登家庭如何能容蛛网在光天白日里作怪，管它有多美丽，多玄妙，多细致，够你对着它联想到一切自然造物的神工和不可思议处；这两根丝本来就该使人脸红，且在冬天够多特别！可是亮亮的，细细的，倒有点像银，也有点像玻璃制的细丝，委实不算讨厌，尤其是它们那么洒脱风雅，偏偏那样有意无意地斜着搭在梅花的枝梢上。

你向着那丝看，冬天的太阳照满了屋内，窗明几净，每朵含苞的，开透的，半开的梅花在那里挺秀吐香，情绪不禁迷茫缥缈地充溢心胸，在那刹那的时间中振荡。同蛛丝一样的细弱，和不必需，思想开始抛引出去；由过去牵到将来，意识的，非意识的，由门框梅花牵出宇宙，浮云沧波踪迹不定。是人性，艺术，还是哲学，你也无暇计较，你不能制止你情绪的充溢，思想的驰骋，蛛丝梅花竟然是瞬息可以千里！

好比你是蜘蛛，你的周围也有你自织的蛛网，细致地牵引着天地，不怕多少次风雨来吹断它，你不会停止了这生命上基本的活动。此刻……"一枝斜好，幽香不知甚处"……

拿梅花来说吧，一串串丹红的结蕊缀在秀劲的傲骨上，最可爱，最可赏，等半绽将开地错落在老枝上时，你便会心跳！梅花最怕开，开了便没话说。索性残了，沁香拂散，同夜里炉火都能成了一种温存的凄清。

记起了，也就是说到梅花，玉兰。初是有个朋友说起初恋时玉兰刚开完，天气每天的暖，住在湖旁，每夜跑到湖边林子里走路，又静坐幽僻石上看隔岸灯火，感到好像仅有如此虔诚的孤对一片泓碧寒星远市，才能把心里情绪抓紧了，放在最可靠最纯净的一撮思想里，始不至亵渎了或是惊着那"瘵寐思服"的人儿。那是极年轻的男子初恋的情景，——对象渺茫高远，反而近求"自我的"郁结深浅——他问起少女的情绪。

就在这里，忽记起梅花。一枝两枝，老枝细枝，横着，虬着，描着影子，喷着细香；太阳淡淡金色地铺在地板上；四壁琳琅，书架上的书和书签都像在发出言语；墙上小对联记不得是谁的集句；中条是东坡的诗。你敛住气，简直不敢喘息，踮起脚，细小的身形嵌在书房中间，看残照当窗，花影摇曳，你像失落了什么，有点迷惘。又像"怪东风着意相寻"，有点儿没主意！浪漫，极端的浪漫。"飞花满地谁为扫？"你问，情绪风似地吹动，卷过，停留在惜花上面。再回头看看，花依旧嫣然不语。"如此娉婷，谁人解看花意？"你更沉默，几乎热情地感到花的寂寞，开始怜花，把同情统统诗意地交给了花心！

这不是初恋，是未恋，正自觉"解看花意"的时代。情绪的不同，不止是男子和女子有分别，东方和西方也甚有差异。情绪即使根本相同，情绪的象征，情绪所寄托，所栖止的事物却常常不同。水和星子同西方情绪的联系，早就成了习惯。一颗星子在蓝天里闪，一流冷涧倾泻一片幽愁的平静，便激起他们诗情的波涌，心里甜蜜地、热情地便唱着由那些鹅羽的笔锋散下来的"她的眼如同星子在暮天里闪"，或是"明丽如同单独的那颗星，照着晚来的天"，或"多少次了，在一流碧水旁边，忧愁倚下她低垂的脸"。惜花，解花太东方，亲昵自然，含着人性的细致是东方传统的情绪。

此外年龄还有尺寸，一样是愁，却跃跃似喜，十六岁时的，微风零乱，不颓废，不空虚，巅着理想的脚充满希望，东方和西方却一样。人老了，脉脉烟雨，愁吟或牢骚多折损诗的活泼。大家如香山，稼轩，东坡，放翁的白发华发，很少不梗在诗里，至少是令人不快。话说远了，刚说是惜花，东方老少都免不了这嗜好，这倒不论老的雪鬓曳杖，深闺里也就攒眉千度。

最叫人惜的花是海棠一类的"春红"，那样娇嫩明艳，开过了残红满地，太招惹同情和伤感。但在西方即使也有我们同样的花，也还缺乏我们的廊庑庭院。有了"庭院深深深几许"才有一种庭院里特有的情绪。如果李易安的"斜风细雨"底下不是"重门须闭"也就不"萧条"得那样深沉可爱；李后主的"终日谁来"也一样的别有寂寞滋味。看花更须庭院，深深锁在里面认识，不时还得有轩窗栏杆，给你一点凭藉，虽然用不着十二栏杆倚遍，那么懦弱无聊。

当然旧诗里伤愁太多：一首诗竟像一张美的证券，可以照着市价去兑现！所以庭花，乱红，黄昏，寂寞太滥，时常失却诚实。西洋诗，恋爱总站在前头，或是"忘掉"，或是"记起"，月是为爱，花也是为爱，只使全是真情，也未尝不太腻味。就以两边好的来讲，拿他们的月光同我们的月色比，似乎是月色滋味深长得多。花更不用说了；我们的花"不是预备采下缀成花球或花冠献给恋人的"，却是一树一树绰约的，个性的，自己立在情人的地位上接受恋歌的。

所以未恋时的对象最自然的是花，不是因为花而起的感慨，——十六岁时无所谓感慨，——仅是刚说过的自觉解花的情绪。寄托在那清丽无语的上边，你心折它绝韵孤高，你为花动了感情，实说你同花恋爱，也未尝不可，——那惊讶狂喜也不减于初恋。还有那凝望，那沉思……

一根蛛丝！记忆也同一根蛛丝，搭在梅花上就由梅花枝上牵引出去，虽未织成密网，这诗意的前后，也就是相隔十几年的情绪的联络。

午后的阳光仍然斜照，庭院阒然，离离疏影，房里窗棂和梅花依然伴和成为图案，两根蛛丝在冬天还可以算为奇迹，你望着它看，真有点像银，也有点像玻璃，偏偏那么斜挂在梅花的枝梢上。

智慧窗

这样的蛛丝梅花图，牵引着思绪，让她想起豆蔻年华的初恋。十六岁时无所谓感慨，仅是刚说过的自觉解花的情绪，寄托在那清丽无语的上边，你心折它绝韵孤高，你为花动了感情，实说你同花恋爱，也未尝不可，那惊讶狂喜也不亚于初恋。他们热情地感到花的寂寞，开始怜花，把同情统统诗意地交给了花心。

在我们的生命里，总会有蛛丝一般的幸福往事。

（章傅建）

阅览室

母爱的种子
◇蒋光宇

前不久，在北京市怀柔区进行了一次关于亲子教育的试验。试验是这样进行的：在正式开始之前，主持人让所有的孩子和妈妈都戴上了眼罩。然后，让所有的孩子在黑暗中通过触摸每位妈妈的手来找出自己的妈妈。结果，有5个孩子没有找到自己的妈妈。当他们把眼罩摘掉后，这些妈妈和孩子情不自禁地哭了。

后来，经过深入了解得知，就是那些找到自己妈妈的孩子，几乎都是妈妈首先感觉到是自己孩子的手，然后通过暗示帮助他们做到的。严格地说，没有一个孩子能通过触摸找到自己的妈妈。

试验并没有到此为止，而是继续进行。主持人让孩子和妈妈又都戴上了眼罩，然后，让所有的妈妈在黑暗中通过触摸每个孩子的手找出自己的孩子。结果，所有的妈妈都认出了自己的孩子。

大家不禁要问：为什么孩子不能顺利地找到自己的妈妈，而妈妈却都能顺利地找到自己的孩子呢？

亲子教育试验结果公布后，媒体就这个问题展开了讨论。不少人踊跃参加，畅所欲言，各抒己见。

亲子训练营的首席导师孙女士指出："这个试验暴露出家庭教育中爱的失衡，孩子只知道接受爱，不知道感受爱，也不会付出爱，从而成了无法感受爱的精神残疾，这样的家庭教育是有缺憾的。"

一位参与试验的白领母亲承认："尽管母爱是人间最神圣的感情，是既纯洁又美丽的感情，是不求索取和报答的爱，但非常遗憾，我们这些人的母爱，就像播种在孩子心田里没有发芽的种子。"

一位农民母亲说："母爱的种子不怕埋没，就怕腐烂。长期被埋没的种子，不仅不能发芽，而且最后势必腐烂。"

一位下了岗的工人母亲十分悲痛地说："孩子小还情有可原，要是大了之后还不懂得爱和尽孝，那就太可怕了。邻居家的一位父亲为了给上大学的孩子交学费，每年都卖血。可孩子却不好好学习，拿父亲卖血的钱去网吧。"

一位教育专家说："谁不会爱，谁就不能理解生活。母亲是孩子未来命运的创造者，要让孩子长大以后爱祖国、爱人民、爱人类，就必须让孩子爱的种子早日发芽、成长、开花、结果。"

智慧窗

　　爱是一颗种子，不但要种植，也需要浇灌、培养。现实的教育中，为人父母者，不乏这样的人：以为只要不缺孩子的衣食便是对孩子的负责，以为能满足孩子的要求就是对孩子的关爱。殊不知，爱往往不是一种满足，而是一种发自内心的挂念，对父母来说是人类亲情的一种体现，对子女来说是感恩之心的流露。

（毛振文）

母爱无类

◇夫子于

母爱是人类最伟大的情感，母亲可以为子女付出任何牺牲而不求回报。

母亲可以为子女奉献一切，甚至生命，而义无反顾，在所不惜。母爱是天地间最无私最伟大最纯洁的爱，是任何爱都无与伦比、无法取代的人间真情。有一位在唐山地震中首先逃到屋外的父亲在30年后的今天回忆那段惊心动魄的经历时说，男人遇到危险的第一反应是自己逃命，而女人的第一反应是保护孩子。这位父亲在地震中先逃了出来，而他的夫人却为了救女儿被埋在废墟之下，虽然后来在他的努力下一家人总算都幸运地活了下来，但只要回忆起这段往事，他就会深深地愧责自己的自私和卑怯。

我记得小时候奶奶、姥姥和母亲都曾经常对我们兄弟姐妹唠叨，"宁要要饭的妈，不要做官的爹"。当时我们还无从体会、理解其中的含义。现在我已为人父，才真正理解了姥姥、奶奶、母亲和那位经历了地震的父亲的话的内涵，这些话的确是千古不变的真理。但我想这并非否认了父爱的伟大。父爱与母爱相比，母爱可能更直接更本能更温暖，而父爱可能更间接更理性更长远。

母爱不仅表现在母亲对子女的护犊之情上，还泛化在母亲对待任何生命的关爱上。

入夏以来，每天吃过晚饭与家人在小区遛弯儿路过小区西边大路时，总会与一位拄拐杖的跛脚老太太不期而遇。如果老太太后到这里，必定有一只白猫和一只黑猫蹲在小区护栏下的墙垛上，安详地等候着。如果是猫迟到了，老太太就会大声呼唤"猫猫！猫猫！……"两只猫就如同士兵听到将令一样，"咪，咪"叫着，幽灵一般不知从什么地方蹿到老太太跟前，仰着头，眯着眼睛，摇晃着竖直了的尾巴，等待一顿盛宴。后来这就成了惯例，只要我们走到了这里，我就不由自主地寻觅喂猫的老太太和那两只被遗弃的可爱猫咪，如果见不到我就会说，可能是今天已经喂过了，或者是我们来得早了些。就这样，在老太太、猫和我们一家之间，就形成了一种期待，一旦这种期待落空，我们就会感到怅然若失。这是对母爱的向往，是一种对温情母爱的期待。

这段时间，市电视台的"新闻直通车"栏目，连续报道了两则本市市民收养流浪猫的新闻。其中的一则说的是一位70多岁的孤老太太，3年来在室外定时定点地喂养了100多只流浪猫，一年花费几千元。另一则说的是一个住宅面积仅有30平方米，经济也并不宽裕的人家，女主人在家中收养了50多只猫，每天仅玉米饼子就要吃掉20多个。他们家地上床上椅子上全是猫，地道一个猫的王国。记者就此事对市民进行了调查，市民的态度反应不一。有人说应该收养，猫狗也是条生命啊，应该关爱。有人说收养这些猫不卫生，还影响市容，妨碍市民生活。还有人说不应该收养，应实行自然淘汰。有的人还说，与其花钱喂猫，还不如把钱拿出来去支援希望工程，救助念不起书的孩子更有意义。

由此我还想起了北京某大学女教授芦荻，她退休后收养了大量的流浪猫狗，当她的经济收入已经不足以支撑她的善举时，她发起成立了流浪动物救助协会，发动社会捐助，有的企业家慷慨解囊，出地出钱，成就了芦教授这样一位把母爱泛化于动物的伟大母亲的善良愿望。

通过对这些收养者的身份观察，我发现她们是清一色的上了年纪的女性抑或是母亲。也许是巧合，或者是我孤陋寡闻，对于男士收养者，我没有发现罢了。但不管怎样，我感到母爱无所不在，母爱力量伟大，母爱不需理由，母爱方向不改，母爱不求反哺，母爱排斥理性，母爱不分人畜，母爱永恒不变，只要有生命存在的地方就有伟大的母爱。"天地有正气"，"凛冽万古存"。当世界毁灭之日，唯有母爱会继续回荡于天地之间，永不毁灭。

母爱无类。

母爱就是一首田园诗，幽远纯净，和雅清淡；母爱就是一幅山水画，洗去铅华雕饰，留下清新自然；母爱就是一首深情的歌，婉转悠扬，低吟浅唱；母爱就是一阵和煦的风，吹去朔雪纷飞，带来春光无限。

母爱就是一生相伴的盈盈笑语，母爱就是漂泊天涯的缕缕思念，母爱就是儿女病榻前的关切焦灼，母爱就是儿女成长的殷殷期盼。

想起了母亲，志向消沉就会化为意气风发；想起了母亲，虚度年华就会化为辛勤劳作；想起了母亲，羁旅漂泊的游子就会萌发起回家的心愿；想起了母亲，彷徨无依的心灵就找到了栖息的家园。

用心爱我们的母亲吧，正是她们的无私与博大，我们的世界才会有如此温暖的春天。

(林奇)

欢乐吧

*被歧视的孙悟空
◇亚 楠

无产阶级出身的孙悟空同志，自幼孤苦伶仃，没依少靠，是没有爹妈的苦孩子。没有什么亲戚老表、后台靠山撑腰，好在"穷人家的孩子早当家"，在巴尔扎克所谓"苦难的大学"里，悟空自小便锻炼出了自力更生的优秀品格，力求上进，自费远涉重洋，从东胜神洲到南赡部洲再到西牛货洲，不远万里，寻求名师（菩提祖师），勤学苦练，非止一载（约十三年），学得七十二般变化的先进技术，成为卓然栋梁之才。

毕业归来，恰值花朵鲜明之际，倚仗伏魔降妖之术，正欲贡献青春，报效人民，可惜那帮仙界老少爷们根本不在乎，连冥府管户口的阎王爷居然也不知悟空同志已升仙界，还差两个小鬼来"勾魂索命"——当然也就无从谈起给他安排一个合适工作，使其尽快走上工作岗位了，他也只好先待在乡下老家做了若干时间的待业青年。

后虽通过天宫人事部部长太白金星先生活动，勉强给补了个缺，不过是玉皇大帝老先生马棚里的一个小兽医兼饲养员，尚美其名曰：弼马温（避马瘟）——一个有着十分浓重的歧视味道的空头衔。难怪悟空心头火起，咬牙大怒，连叫："不做它！不做它！我将去也！"遂辞职不干，回家去也，谁稀罕你这口怄气饭！

这下可不得了，小小一只毛头猴子居然不服从组织安排，闹情绪自个说了算，一走了之，岂不叫干部们没了面子，仙界同志们领着大队人马，成立"专案组"，准备修理之。

于是广请诸路神仙，召天兵天将，布下天罗地网，对孙悟空的大后方——花果山根据地进行了几次大规模"围剿"，无奈这些仙人们的本领总是不及他们口头的大话那般威风凛凛。最后只得托人情、找关系，借如来爷爷之手，擒了悟空，压于五行山下（比19世纪的中国人民身上还多两座大山）。

啊呀呀！这一压就是500年呢！饥餐铁弹、渴饮铜汁，连"不准虐待俘虏"的基本人权都不能享有，你说可怜不可怜。而这场官司，细究起来，玉皇大帝不重人才是因，齐天大圣后头乱来是果，却偏叫孙悟空一个揽下，岂非不公平乎？

500年过去后，观世音女士发了菩萨心肠，给孙悟空找了一份工作——保护他以前的老同学唐朝和尚陈祎先生去印度"取经"。

"取经"者，乃旅行考察也。

然而对孙悟空而言，名曰旅行考察，实则劳动改造。盖就事论事，让悟空去印度，不过小菜一碟，一个筋斗云，航空旅行一次可也。然而偏是随那个除了会念"阿弥陀佛"的空话套话无用话外就什么也不会的奶油小生唐大和尚徒步旅行。一路上穷山恶水、虎豹豺狼、妖魔鬼怪、土匪流氓、美女洋房，岌岌乎危哉！非有大智大勇大本领之人，何堪负此出国考察大任？

只可惜那齐天大圣孙悟空英雄一世，跟了窝囊的唐僧，自己也跟着窝囊。盖悟空再了不起，亦不过一无权无势无资本的小毛头尔；唐僧再不咋的，因为"上头"有人罩，凭一个金箍、几句咒语，就可以"瞎指挥"一阵子了。

于是乎火眼金睛不及凡胎肉眼，千斤金箍棒不及九环锡铁杖，降妖伏魔的齐天大圣，不及少不更事的奶油小生。一路波折，历时十四载，其效率之低，令人直拍桌子，而其中苦难、个中酸楚皆因这个无能的唐大和尚所致。却只是苦了那猴急的孙大圣，慢慢磨灭了个性，渐渐亦不可爱而可怜矣。君不见，那孙悟空后来不也变得规规矩矩了么？

悦客群

含月弯弯

在我们的印象里，威风八面的齐天大圣，竟然是被歧视的人，真让人大跌眼镜。不要奇怪，世界上什么样的事件都会发生，难怪歌里唱道："故事里的事，说是就是，不是也是。"不过要记住，这是让你"轻松"一下的麻辣调料，千万不要用这去应对语文考试哟！

阅览室

成熟和世故

◇刘燕敏

街头的一堆西瓜，无论它有多少，对买者而言，只有三种：生的，熟的，熟过的。我们只挑熟的买。芸芸众生，男女老幼，就其心理年龄而言，也只分三种：幼稚的，成熟的，世故的。幼稚的属于生瓜，成熟的属于熟瓜，世故的属于熟过的瓜。放下生瓜不谈（因为若在秧上，它还有成熟的可能），天下有谁喜欢熟过的西瓜？

人们都不喜欢熟过的瓜，因为它内里已变得干枯；世人也不喜欢世故的人，因为他们已"练达"得枯燥无味。哪一个世故的人拥有过一个真正的朋友？哪一个世故的人有过甜蜜的恋情？哪一个世故的人有过一个幸福的家？至少在我身边，我还没有发现一个。

世故是最可怕的一种衰老。人一旦进入这种状态，无论他是年轻人还是老年人，可以说，都已进入了生命的黄昏。世故的人很少有激情，他们不会制造浪漫，因为他们根本就没有浪漫的情怀；世故的人也很少会创造，在真正的大画家、大作家、大诗人、大音乐家甚至大商人中，我从没有见过一个世故的人。

世故者只能混迹于权贵与金钱的阴影里，现在之所以有人崇尚世故，之所以越来越多的人变得世故，实在是因为权贵和金钱制造的阴影越来越大的缘故。君不见，在民主、自由、平等、法治的氛围里，想找一个世故的人，比在神农架找一个野人还要难。

世故是烂掉的成熟，是那些无力主宰自己命运的人，就近为自己选择的一个掩体。他们在内心深处有自卑情结和弱者心态，因此从其本质上讲，世故是一种幼稚的回归。

我们反对世故，不等于不提倡成熟。一个人不成熟，就等于和生瓜一样，价值要大打折扣。成熟是一种丰满圆润的状态，是一个人智慧的顶峰，是一个人阅尽人间沧桑后的一种大度、从容。它不媚俗，不盲从，对挫折处之泰然，对恭维、掌声、鲜花报以淡淡的微笑。它淡泊宁静，散发着灵魂的香味，它是生命运作到一定程度之后，所达到的一种相对稳定的理想境界。处在这种境界中的人，在家里是宽容、慈祥的父亲；在朋友那里是手足般的兄长；在社团或党派中，是悲天悯人的中流砥柱。我不否认在年轻人中间也有成熟的人，他们挑起家庭的重担，毫无怨言；他们默默地奋斗，把泪水咽进肚里，把笑脸留给父母、妻儿；他们不为虚名所动，他们脚踏实地，他们挥洒自己的汗水，开创自己的天地。

成熟是一种迷人的美，它与世故格格不入。大凡把成熟和世故同日而语的人，一定是还没有跨进成熟的行列。

智慧窗

事事一分为二。

世故是一种铁甲，套在心灵外面，虽然可以起到保护作用，使人不受伤害，但是它又是一种锁链，封闭了心灵，限制了行动，使人负担沉重，在做人上失去了纯真，做事上失去了冲力。

保留那颗童心吧，轻轻呵护它，它将使你度过富有情趣的一生。

（夏晓菌）

伟大的渴望

◇尼 采

哦，我的灵魂哟，我已教你说"今天""有一次""先前"，也教你在一切"这"和"那"和"彼"之上舞着你自己的节奏。

哦，我的灵魂哟，我在一切僻静的角落救你出来，我刷去了你身上的尘土蜘蛛网和黄昏的暗影。

哦，我的灵魂哟，我洗却了你的琐屑的耻辱和鄙陋的道德，我劝你赤裸昂立于太阳之前。

我以名为"心"的暴风雨猛吹在你的汹涌的海上；我吹散了大海上的一切云雾；我甚至于绞杀了名为罪恶的绞杀者。

哦，我的灵魂哟，我给你这权利如同暴风雨一样地说着"否"，如同澄清的苍天一样地说着"是"；现在你如同光一样的宁静，站立，并迎着否定的暴风雨走去。

哦，我的灵魂哟，你恢复了你在创造与非创造以上之自由；并且谁如同你一样知道了未来的贪欲？

哦，我的灵魂哟，我教你侮蔑，那不是如同蛀一样的侮蔑，乃是伟大的、大爱的侮蔑，那种侮蔑，是他最爱之处的侮蔑。

哦，我的灵魂哟，我被你如是说屈服，所以即使顽石也被你说服；如同太阳一样，太阳说服大海趋向太阳的高迈。

哦，我的灵魂哟，我夺去了你的屈服，和叩头，和投降；我自己给你以这名称"需要之枢纽"和"命运"。

哦，我的灵魂哟，我已给了你新名称和光辉灿烂的玩具，我叫你为"命运"为"循环之循环"为"时间之中心"为"蔚蓝的钟"！

哦，我的灵魂哟，我给你一切智慧的饮料，一切新酒，一切记不清年代的智慧之烈酒。

哦，我的灵魂哟，我倾泻一切的太阳，一切的夜，一切的沉默和一切的渴望在你身上——于是我见你繁茂如同葡萄藤。

哦，我的灵魂哟，现在你生长起来，丰富而沉重，如同长满了甜熟的葡萄的葡萄藤！——为幸福所充满，你在过盛的丰裕中期待，但仍愧报于你的期待。

哦，我的灵魂哟，再没有比你更仁爱，更丰满，和更博大的灵魂！过去和未来之交汇，还有比你更切近的地方吗？

哦，我的灵魂哟，我已给你一切，现在我的两手已空无一物！现在你微笑而忧郁地对我说："我们中谁当受感谢呢？"

给予者不是因为接受者已接受而当感谢的吗？赠赐不就是一种需要吗？接受不就是慈悲吗？

哦，我的灵魂哟，我懂得了你的忧郁之微笑：现在你的过盛的丰裕张开了渴望的两手了！

你的富裕眺望着暴怒的大海，寻觅而且期待：过盛的丰裕之渴望从你的眼光之微笑的天空中眺望！

真的，哦，我的灵魂哟，谁能看见你的微笑而不流泪？在你过盛的慈爱的微笑中，天使们也会流泪。

你的慈爱，你过盛的慈爱不会悲哀，也不啜泣。哦，我的灵魂哟，但你的微笑，渴望着眼泪，你的微颤的嘴唇渴望着呜咽。

"一切的啜泣不都是怀怨吗？一切的怀怨不都是控诉吗？"你如是对自己说；哦，我的灵魂哟，因此你宁肯微笑而不倾泻了你的悲哀——不在进涌的眼泪中倾泻了所有关于你的丰满之悲哀，所有关于葡萄的收获者和收获刀之渴望！

哦，我的灵魂哟，你不啜泣，也不在眼泪之中倾泻了你的紫色的悲哀，甚至于你不能不唱歌！看哪！我自己笑了，我对你说着这预言：

你不能不高声地唱歌，直到一切大海都平静而倾听着你的渴望——

直到，在平静而渴望的海上，小舟飘动了，这金色的奇迹，在金光的周围一切善恶和奇异的东西舞着：——一切大动物、小动物和一切有着轻捷的奇异的足可以在蓝绿色海上跳舞的。

直到他们都向着金色的奇迹，这自由意志之小舟及其支配者！但这个支配者就是收获葡萄者，他持着金刚石的收获刀期待着。

哦，我的灵魂哟，这无名者就是你的伟大的救济者，只有未来之歌才能最先发现了他的名字！真的，你的呼唤已经有着未来之歌的芳香了。

你已经在炽热地梦想，你已经焦渴地饮着一切幽深的、回响的、安慰之泉水，你的忧郁已经憩息在未来之歌的祝福里！

哦，我的灵魂哟，现在我给你一切，甚至于我的最后的。我给你，我的两手已空无一物：——看啊，我吩咐你歌唱，那就是我所有的最后的赠礼。

我吩咐你唱歌——，现在说吧，我们两人谁当感谢？但最好还是：为我唱歌，哦，我的灵魂哟，为我唱歌，让我感谢你吧！——

查拉斯图拉如是说。

智慧窗

否定幸福的存在，悲观地看待这个世界。尼采，20世纪一个传奇般的哲学家，同时也是一位堪称不朽的伟大诗人。他以狂乱迷人的诗句谱写他的哲学理念。尼采常说自己的一生只是一个解不开的结，而他唯一解开的结是，把对于"女性"的爱转化为了对于"生命"的爱。这里的"生命"在他的《伟大的渴望》中，显而易见，即指尼采倾尽生命都深爱着的"我的灵魂哟"。事实上，尼采后来的生命是因着这种对于"生命"的深爱而得以热情洋溢地维持的。

(周情雯)

痴情一片，在文字中独舞

◇郑飞叶

夜幕低垂，推开窗，晚风徐徐，路灯低迷，落英纷飞，风雨飘摇。

喜欢在这样肃静的夜里，对着窗外，将电脑打开，用文字与自己的心灵对话。孤寂的背影，穿越薄薄的夜幕，风中的纸鸢，吹动斑驳的树影。远处仿佛有一种声音穿透箫管、滑过琴弦，敲打琵琶，纷纷跃进夜色，化成个个跳动的音符，踏着夏夜的风，从耳边拂过，于弥漫的幽暗中钻进胸口。

郁郁苍苍的往事像雨珠挂满窗子，思绪也如这晚来的风，肆意放飞。曾经的繁华，牵引过多少神思和梦幻、陶醉与痴迷。

站在寂静的夜幕深处，踩着一地的花瓣拾起记忆的斑斓，攥在手心，凝结成梦幻般陶醉的情感，绵绵地倾泻着生命的机缘。纤细的雨花带着柔软的思忆，在夜色中跌落成阑珊的泥泞，潮湿在天空下。

逍遥在唐宋诗风词韵的初春雨夜里，让今世的愁苦在前尘的梦里涤荡，一梦千年。任古韵清音在风中流淌，回荡萦绕心间。你的影子牵动着我的思维，如一炷清烟，在心灵的荒原上升腾和茂盛。

斜风细雨中，柔柔的夜风轻吹。

我用稚嫩的文字抒发着心中的情感，用清稚的嗓音唱着长不大的童谣，用沉着的调子说着岁月的语言。岁月流逝，一腔痴情，铭记在缠绵的博文里，停泊在疲惫的双肩，萦绕在梦的檐梁。

痴情，是那么的让人难以忘怀。我拈起雨丝，编织成斑斓的锦笺，然后藏在怀中，穿过大唐的粉墙黛瓦，越过大宋的烟笼云罩，拟花为裳，掬水为珮，泛兰舟破云水，张开一双无形的翅羽，向着你的方向，做优雅的飞翔。

总认为你是住在遥远的天际，却谁知原来你一直就住在我的心底，时时陪伴着我的呼吸；从来都以为你离我会有很远的距离，谁知道你的背影竟然这么长，让我低头仰首间都可以看得到你。

心在文字之间沉浮，魂在文字之上颤动；进而和你痛苦地纠缠，或是尽情地缠绵。

一纸素笺承载心底袅袅沉香，在等待中憔悴成一首瘦瘦的词，今生只为半阕唯美的段落。心事沉浮纷纷，悄悄爬上指端。

路上风景清晰如昨，不管是迷惘后的归途，还是堕落沉醉之后的醒悟，很多个日子里都是一个人在行走。隔着千里万里，思着所思，忧着所忧，固执不变地爱着自己的所爱，始终过着一种孤独的生活。

把千年的誓言沉淀成今生痴情的文字，在这落寞世间踽踽行走，只为那灵魂与躯体流光交会的瞬间光华。

有人说我的文字，透着忧郁、敏感，纤细得如同女孩般婉约。其实，他们都没有说到点子上。我的文字和我的性格一样，都有一种痴。

痴，是一种生命的情态，是与生俱来的一种性格。

其实，古往今来痴人有很多。贾宝玉便是一个，无论何时，他都会保持一份天真与痴情，站在雨中淋得透湿时，他担心的却是一个戏子的身体状况；"老夫聊发少年狂"的苏东坡也可算一个痴人，你看他托着苍鹰，牵着猎狗，痴情地享受着生命的乐趣。

然而，现实生活中、职场生涯里，所需要的是精明、干练。我的痴情就只能在博客里、文字中聊以自慰。

歌有时，舞有时，悲有时，笑有时，缄默有时，言谈有时，浮躁有时，沉静有时。我的痴情，在文字中安静地独舞。

智慧窗

生命中，我们总会选择一个彼岸，让我们驾驶着生活之舟向它进发。当然，也许这个彼岸只是一个梦境，或是一个幻影，但是只要我们的生命中有情，就会痴迷，就会执著追求，要不然就不会有"为物所役"之辞了。

(章傅建)

 阅览室

简单人生

◇宫宝涵

春节放假，能有时间与长久不见的朋友相聚一起，心情很是愉悦和激动。在朋友中，毕竟都是过来人，各自有着不同的生活经历。聊天时，你一言，我一语，肺腑之言自然流出，聊到动情处，产生了同感："人生真是太复杂了，今天考虑这，明天考虑那，许多时候弄得自己都不知道在做啥，该做啥。"朋友中大都感同身受。

其中一位朋友却平静地说："其实，人生很简单。"他认为："在人生中，每个人的理想和人生观不尽相同，但最后结果和归属是一样的，从出生那天起，就面临着一步一步走向死亡，理应简单！""生活过程不外乎八个字：事业、家庭、身体、朋友，只要事业能够成功、家庭能够幸福、身体能够健康、朋友能够快乐，其他无所求，理应简单！"此话让人茅塞顿开。

但事实上，一个人生活在复杂的社会中，在人生这个舞台上，所经历的复杂的事情，数不胜数。"朋友加薪了，自己依旧数着旧工资，这事儿复杂；同事升职了，自己依旧原地不动，这事儿复杂；物品涨价了，手里有数的钱不够用了，这事儿复杂……"有的人因这些复杂，整天生活在怨恨、恐惧、不安之中；有的人因这些复杂，放弃了事业、家庭、朋友，甚至铤而走险；有的人因这些复杂，钻了一辈子牛角尖，累得筋疲力尽，也没有搞出个所以然来，最终结论还是："这事儿真是复杂。"复杂的人生，复杂的事儿，能否变得不复杂？如何去变？胸怀远大的抱负，始终保持坚定信念，返璞归真，知足常乐，就会觉得一切都不复杂。

知者不惑。有洞见的人，会看透纷繁复杂的世界，会泰然自若地处理世间的人和事，会觉得一切都不复杂；仁者不忧。有善心的人，会承受来自身边每个人的情和爱，会善待自己，善待身边的每一个人，会觉得一切都不复杂；勇者无畏。有勇气的人，会遇到困难不气馁，面对危险不畏惧，会挖掘潜能，实现自己的愿望，会觉得一切都不复杂。简单的人生，能奏出美妙的乐曲，让心房变成一间乐坊，四处洋溢着优美的旋律，它让人们肃然起敬。它不光愉悦了自己，还能给

别人带来欢乐。

从简单到复杂，只是一步之遥，从复杂到简单也只有一步之遥。同样是一步之遥，我们何去何从，不言自明。简单，似一把钥匙，能打开锈蚀的心灵；简单，似一首诗，能净化麻木的灵魂！任何人的一生都不可能一帆风顺，难免会有坎坷、会有艰难，关键是我们怎样去面对。如果把坎坷看做一种调味品，你就会感到坎坷的生活也有滋味；如果把艰难看作一笔宝贵的财富，就会丰富我们的阅历，丰厚我们的人生底蕴。生活的风雨之后，悬挂在人生背景上的，永远是幸福的彩虹。

"删繁就简三秋树，领异标新二月花。"生活似一杯清茶，不必苛求它比咖啡浓郁，不必苛求它比美酒醇厚，只要展现惬意与清香即可；生活似一朵小花，不必苛求它有牡丹花般富贵，不必苛求它有蔷薇般俏丽，只要展现素淡与静谧即可；生活似一棵小树，不必苛求它如松柏般苍古，不必苛求它如杨柳般婀娜，只要展现清雅与朴实即可。生活就是如此，时时刻刻蕴涵着简单却又不失生命真谛的要素，只要用心去感悟、去体验，相信它内部的"精品"时时在为你的生活增添光彩。

智慧窗

　　人生，是什么样子的？好像即使在科学技术如此发达的今天，也难以达到对某个人生的精确复制。人生因人而异，因地不同。

　　人生，从老祖宗农耕文明看，就是让人能够立在土地上。那么，在工业文明时代，人生又是什么？也许是复杂的，也许是简单的，你会选择怎样呢？

(章傅建)

一花一世界

　　佛说：一花一世界，一草一天堂，一叶一如来。观滴水可知沧海。寻常细微之物，常是大千世界的缩影，无限往往珍藏于有限之中。懂得见微知著的人才能真正打开这个世界的门。微尘中有世界，世界重重无尽。上无尽，下无尽。想象我们浩瀚广大的宇宙，只是一些微小的质子、中子。我们显微镜下面的质子、中子，里面就蕴含了一个个完整的宇宙。

　　也许等我们到了耄耋之年，这种感觉会越发强烈，一花一世界，一叶一菩提，一滴水中看世界。那个时候，特别安静，不想说话，慢慢地想起，轻轻地微笑，无声地落泪，悄悄地擦拭，或在那么不经意的一瞬间，你会闻到一阵味道，阳光的味道，又或者眼泪发酵出来的思念的那一种苦涩，围绕不散。

阅览室

作家和小偷

◇靳 力

一个小偷听说街上来了一位作家，便决定光顾作家宝斋。

晚上，四周静静的，大家都酣睡在美妙的梦乡。他悄悄地爬上了作家窗边的大树，这树真好，树杈就像一把椅子，骑在树杈，背靠树干，真舒服。这是他早就观察好了的，白天不敢上去享受，今夜没人干涉了。小偷真的靠在树干上，闭眼享受那种浪漫的睡觉感觉。月光被这树枝分烂了，洒一点在小偷的脸上，就像妈妈的目光。"是妈妈在找我吧！"小偷想。妈妈在就好了，他也就不会成小偷了。一根粗大的树枝直接伸到作家宝斋的窗台，像一座桥，桥那面的屋里静静的，像没有人，连鼾声都没有。小偷轻松地爬过这座桥来到窗边，窗没关。

"来啦！我等你好久了！"小偷一听，转身要逃。"跑什么呀！我没想要抓你，你帮我开开电灯好吗？"小偷听到的是有气无力的声音。"我连床都下不了，怎么抓你呀！"床上的声音缓慢细微，很吃力的样子。小偷犹豫了一下，确定了自己是安全的，他留下了。小偷伸手在墙上寻找电灯开关。窗外明亮的月光西斜，正好照在了屋里。"开关在我头上面。"床上细微的声音指挥着小偷。

电灯亮了，小偷也清清楚楚地亮在作家眼前。作家静静地躺在小偷身边的床上，乱蓬蓬的长发堆在一个灰暗的枕头上，胡须长而乱，两只眼珠藏在两个深深的洞里。在这洞里映出两点光，直射小偷。小偷有点恐怖，他哪里见过这种模样的人，就是那些死人也没这么吓人。"我们早相识呢。我刚到这里不久，没想到你也来得这么快。还想要什么呢？我的所有都在这些书里，你帮我翻翻吧，看有没有你想要的。"小偷听到"早相识"，一惊，转身就要上窗台。"不要走！帮帮我吧。"声音里有着无奈何的祈求。这无力的声音里有着可怜，有着熟悉。小偷把脚从窗台放下来，他走近床边，把头伸近作家的脸庞，原来是自己的老主顾了。

那次，也是在一条小巷里，他翻进作家屋里，把屉柜找了个遍，一分钱也未找到，正在他疲乏叹息时，作家抱着双臂站在小偷面前。作家身材高大，有一米八吧。他要抓这小偷，一伸手，就像抓小鸡，可他没伸手。"小朋友，想看书啊？看书，白天来嘛，晚上怪吓人的。"小偷双腿跪在地上，声音发抖地"我"着，"我"了半天也没"我"出一句完整的话。"坐吧。"作家一边说，一边给他拿来一个苹果。他吃完便骗作家说："我家里还有一个生病的母亲，想'借'点钱给母亲治病。"作家听完他的话，开始翻衣兜，找到了五十元钱。拿出三十元递给小偷，并说："这二十元，我用来寄稿子，买稿笺纸，还要留几顿的生活。"

小偷脸上露出了惊喜而惶恐的神色，他不说话，也不接钱。作家拉起他，把钱塞到他手里，随便坐在一堆书上说："怎么样？我和你一样，从城里逃到乡下来了。这里房租低，而且清静。刚来时，房主就告诉我，要小心，这街上有一个惯偷，还没人抓住过。没想到，我不抓你，你倒来了，也好，我们交个朋友吧。"小偷脸上是惊喜和羞愧。"要看书，就留下，不看书就走吧。"小偷羞涩而疑惑地看着作家，对小猫捉老鼠的游戏，小偷太清楚了。作家坐在书堆上，微笑着看着小偷，没有起身的意思。

小偷捏着三十元钱，惶恐地看看作家，慢慢地向门口退去。一出门，就是一阵奔跑，见身后确实没人追赶才停了下来。他摇摇头，接着又笑了。本想作家是富翁，没想到还不如他。以前被抓住，都是一顿拳头，今天还得了三十元，这家伙比他还傻，自己那么穷还给小偷三十元。想到这里，小偷不笑了，他停下了脚步，回头看看身后，他有点想这个作家了。他知道了这个作家与别的作家不一样，从此他不再光顾这个家了。

没想到，今天又溜进了这个穷光蛋家里。一个一米八的汉子，竟然这样躺在床上，说话都没有力气，真的是活不能活，死不能死。小偷站直了身子，可怜地看着这个不能动的作家，一言不发。

"怎么啦？干吗不说话呀？"还是无力的声音。小偷指了指自己的嘴巴，胡乱地比划着，作家明白了，细微地说道："前次我就给你说过，千万要学好。你还给我说，要当我学生呢。可现在，你连话都不能说了。"说到这里，作家停下了，喘了一会儿气，又慢慢地说："我怎么教训你呢！你比我好多了。起码你还能跑，还能翻墙越屋。我连床都下不了啦。我没法找人帮我，我就这样躺着，等着你或者你的同行能来。没想到，真把你盼来了。看来，我们真有缘呢。也是老天还想留着我，让我受罪吧，我的罪还没有受够吧。你今天来，什么也得不到了，只有这些书了。你看看吧，帮我拿到废书店去还能卖几块钱，帮我买点药来吧。求求你了。你把它们都拿走吧。"小偷四下看着，书东一堆西一堆，根本没清理。小偷看着作家，摇摇头。作家也摇摇头，叹了一口气，不再说话。小偷要走。作家着急地说："帮帮我吧，别走。"小偷回转身，看着作家。"我还不想死。我好久没吃东西了，你帮帮我吧。"作家偏头看着小偷。小偷伸手摸了摸作家的额，很烫。他比划着，作家慢慢摇头，小声说道："没钱呢。"小偷转身走向门口，拉开门走了。身后传来细微的声音："你咋那么狠心呢？你这是救命呀！"小偷头也不回地走了。窗外的月光照到作家的脸上，冷冷的。

没隔多久，小偷回来了。手里拿着吃的，还有药品，葡萄糖粉袋等。"你买的？"小偷摇摇头，一边准备给作家吃药。作家摇摇头，"偷的！不吃！"小偷没理睬，摇摇水壶，空的。他走进厨房，拧开煤气罐，烧了一壶开水，倒了一盅。作家还是摇头，不吃药。小偷生气地盯着作家。开水不烫了，小偷一手捏着作家的嘴唇，一手往作家嘴里灌药，灌水。作家根本没有力气反抗，乖乖地吞着。小偷看着作家笑了，眼里有眼泪。作家也笑了。小偷撕开葡萄糖粉袋，到厨房，兑了一盅水。他扶起作家的头，作家慢慢地喝着。

小偷走了，拿着作家的钥匙，中午来一次，晚上又来，接连几天。每次，喂过作家药和吃的，他就坐在作家的书堆里，有意无意地翻着作家的书。这哪是作家的书？作家顶多是在别人的书里搭上几篇自己的文章。不但没有稿费，自己还要出钱买书号，还要自销一定数量的书。作家的生活费全靠老婆和孩子救助，可由于作家的执迷不悟，老婆和孩子都跟他闹翻了。作家也不求他们，就搬到了这里，没想到，差点把命都搭上。小偷听着作家的讲述，不时把目光从书里抽出来，可怜地望望作家。

作家好了，小偷最后一次到作家家里，带来了足够一周的吃的。"老师，我很想当你的学生，可你……""你没有哑呀？"作家吃惊地问，这么多天了，他第一次听到小偷说话。小偷呵呵地笑了。"我是不敢和你说话，我一说话，你就话多。现在好了，你别教训我。你比我还惨。现在听我说吧。"小偷已长大了，没有作家高，但比作家壮实有力。

"老师！我看了你的书，也看了书店里畅销的书。你别笑我，除了偷，我还是想看点书的。你的书里少点东西。""哦，少什么？你还精通写作？"作家坐到小偷对面，看着小偷。小偷感到了作家眼睛的真诚，就像那次给他三十元钱一样真诚。"你的文章里少点颜色。加点色彩吧？有了色彩就好销，你才有生活费呢。"作家知道小偷说的"色彩"指什么，可他不愿那样做，今天也是这样，他对小偷笑了笑，"谢谢！我想想吧。"小偷走了，作家好久没见他了。

有一天，作家听街上的人高兴地谈论，说小偷被抓住了。他们很高兴，作家却是一阵失落。作家去看小偷，他光着两手，他对小偷说："你现在好了，比我还好。虽没有自由，但也不担惊受怕了。虽不好，但有吃有住，比我好多了。"说完，苍老的脸上挤出一点可怜的笑。小偷也笑了笑，"老师，你没改变自己呀？"老师点了点头。"你也别加色了，这东西，那几年真的很火，可你不愿意。这几年国家弄得紧，加那些东西会被禁止。"老师还是点点头，不说话。小偷接着说：

"你可以剽窃那些畅销作品嘛！你看，这几年，那些书多了。然后取一个诱人的书名，就好办了。"作家摇摇头。小偷急了，"还那么正经干什么？先捞点稿费养活自己吧！"作家摇摇头，"我可不想偷。""偷怎么啦？偷能养活自己！"小偷觉得作家有点瞧不起他，反唇相讥道。作家和小偷都不说话了。作家走了，小偷突然喊道："你想想吧。不然，没有人来救你的！"作家回头看了看窗口，走了。

五年后的一天，作家家里被盗了，他的手稿全部不翼而飞。他怀疑是小偷干的，可小偷五年未在街上露面了。作家无可奈何。又一年后，作家莫名其妙地收到了出版社的一大笔稿费，还有几百本样书。稍后，他收到了一封信：

"老师，不是你写得不好，而是忙碌的人太多，忙碌的压力使他们越来越浮躁，你的书没法让他们浮躁的心静下来。现代人的心就像一个沼气池，里面的气体需要燃烧，释放。而能让他们的心燃烧和释放的，不是深沉的现实，而是那脱离现实的游戏消遣说笑调侃，这能让他们忘记现实的烦恼。你写写这些方面吧。如果你还是改变不了自己，那就找一个固定的工作吧，哪怕是一天二十三十元也好，先养活自己吧。把你的写作当做你的业余爱好，把写作当做那些工作之余的人的网络游戏，不好吗？干吗苦苦追寻出版发表？好了，我相信你不会改变自己的，就像我不会改变自己一样。祝你手运好，你也祝我手运好吧。就让我们都在这双错误的手中等待灭亡吧。……"

作家明白了，作家也愕然了。他呆呆地坐在自己的床边，等待着……也许，他真该去找份工作了。

智慧窗

一个是以自己的能力艰辛生活，一个以窃取他人的财智悠然自在，由作家的清贫到小偷的转变。真正的幸福便是这样，它一直隐身于无形之中。转眼百年，毕竟人人都是凡人，免不了生老病死。别总以为荣华、丰顺、健康是种幸福，事事皆有相对性，贫困、灾难、疾病之中，只要懂得"欣赏"身边的美，也能感觉到幸福。

（章傅建）

阅览室

火车票里埋藏的感动
◇刘子文

在长沙火车站，拥挤着四面八方涌过来的人群。一位行色匆匆、衣着华丽的年轻女人，身边带着一只外观精美的皮箱子。排在8号窗口等待，虽然是凌晨6点，细数起来却是第23个了！

年轻女子一脸的疲惫，显然昨晚没有睡好。看起来还带着行李，是想买完票后到车上好好睡一睡。旁边买票的人们使原来早晨冷清的火车站卖票点多了一点热闹。

火车站历来就是嘈杂的天堂。有票贩子、扒手、学生、工人、农民……火车站浓缩起来就是一个实实在在的社会！

年轻女子似乎睡着了，手上的皮箱掉在了地上都没有觉察到。

忽然，混杂的人流中不知何处冒出来一个人头，迅速挨近年轻的女子，提起皮箱就往售票点外跑去。睡眼惺忪的年轻女子似乎还没有察觉到。

后面一年轻男子推了推女子，女子还不知发生了什么事，象征性地向前微微移动一小步。

"喂，小姐，刚刚有小偷偷了你的皮箱啦！"

男子用手再一次拍了一下年轻女子的肩膀。年轻女子陡然从睡意中逃脱出来。周围的人们都盯着她，好像她是一个十足的怪物！看的人还在议论纷纷，却只有后面那位好心男子来提醒。不过对于这种司空见惯的现象，人们早已养成了"事不关己，己不关心"的习惯！还好，有人提醒，已经是不幸中的万幸了！

年轻女子向男子所指的方向奔去。可恨的高跟鞋在这时成了女子的羁绊。小偷在前方，在人群中，她看到了她的那个心爱的箱子。

可是蹒跚的步伐却让她与小偷越拉越远。

委屈的女子忍着疼痛，边跑边喊，"抓小偷啊！抓小偷……"一路紧追不舍，脚上的疼痛在加剧！

不远处的小偷突然感觉眼前有一道闪电般的身影冒出，身高一米八多，一看就是一个东北大汉，这一下心里凉了半截，赶紧扔下箱子，撒腿就跑。

年轻的女子终于松了一口气，摸了摸疼痛的后脚跟说："谢谢！"

一脸憨厚的东北大汉把箱子递给年轻女子。年轻女子感激不已。周遭的人群看着他们，有欷歔的，有叫好的……年轻女子无以言谢，爽快地从皮箱里拿出五百块钱以酬谢东北大汉的见义勇为。

"这我万万不能接受，小姐。"

年轻女子硬把钱塞向东北大汉的手里，"大叔，这您一定要接受！如果没有您，我今天都不知道该怎么办。"

又倔又犟的憨厚老实人一脸窘相，不过钱他一直在推却。

"您一定要收下，不然我良心不安。"

旁观的看热闹的人越来越多，围着七嘴八舌。

"老六子，收下吧！""对，老六子，你这样干下去又没一点好处，他人都不在啦，你还管它个屁啊。""我看这位大叔有志气。""收下吧，这也是人家的一番好意啊。"……

众人你一句来我一句去。热闹起来活像一个菜市场，很可惜的是这不是在卖猪肉。被称为老六子的东北大汉把钱再一次推开，像老鼠怕猫一样一头钻进人群中，逃之夭夭。

年轻的女子僵在那里，想要再次说声谢谢却已不能让老六子听见了。多好的一个人啊！年轻女子心里感叹。

"老六子是断然不会接受你的钱的。"一位语气温和的老奶奶走过来对女子说道，"我已经认识他十年了！他从来都没有接受过他帮助过的人的一点好处。"

旁边有几个感兴趣也凑过耳朵来，想知道这位老六子的光荣历史。

"既不要好处，又经常帮助人家，他不怕这样的事会惹来麻烦吗？难道他就没想过他到底图个啥啊？"

"现在干这种傻事的人基本上绝种了！"

旁观的两个小伙子一脸疑惑地看着老奶奶。

"为了一个诺言！"老奶奶似乎又回想起了当年，看到了那个年轻的小六子，那一段尘封的往事不曾触及却并不代表已经忘却。

老奶奶富有感情地激动地说道："十年前，在这个火车站里发生了一件令人一辈子也无法忘记的事情，我还记得那时候的小六子年纪轻轻二十多岁的样子，他买了一张到东北他老家的火车票，本来买完准备进站的时候，被扒手偷了，检票的时候发现票不见啦，这一下他慌了，有人告诉他刚才有一个人从他身边擦过往后面跑了，那个人跑得很快，他赶紧追过去，他紧追不舍，一直不放弃，眼看就要追上了，可是小偷一闪闪到了一个黑暗的角落里，角落里不知从哪里冒出几个流泯，这一下小六子知道发生什么事了。你们应该也知道发生什么事了。"

老奶奶停顿了良久，周围静悄悄的，谁也不想说话，唯恐打断了老奶奶的回忆，"应该总共有五个人，他们像疯狗一样狂殴小六子，而小六子一边还手，一边忍受着疼痛说道：'还我票来。'可那些人哪里会理睬他，这时候有一个四十岁左右的男子出现了，那五个人哪里是对手，一下子全部被打趴在地上，那男子帮他从小偷手上把火车票拿来，正把票给小六子时，一个歹徒翻身而起，拿起一把刀从后面捅去，原来这些歹徒身上都有刀，刚才打架的时候这人却没有发现，这一下，小六子呆了，警察也来了，而自己的恩人却倒在了地上。"

四周静得一根针落在地上都能听得见。每个人都屏住呼吸，生怕遗漏一个字。老奶奶讲得很慢，而忙碌喧嚣的火车站却在老奶奶的略带嘶哑的声音中沉寂下来，偷得一片少有的安静。

"后来呢？"

说着说着，老奶奶已经泪流满面，哽咽着，"后来在医院里，那男子因为刺了大动脉流血过多而抢救无效。"

一片沉默！一片哀思！

"奇怪的是，小六子恩人的亲属知道后并没有很伤心，因为他的恩人有着一个自己对自己的承诺，就是坚决见义勇为，不惜付出多大的代价。这条信条他恩人的家人都知道。曾经劝过，曾经阻止过。因为毕竟要经历很大的危险。可是他恩人一直不听！"老奶奶擦了擦眼泪，表情凝重地说道。

"那又管老六子什么事啊？"旁听者耷拉着脑袋。

老奶奶顿了顿，压低了嗓门，"小六子知道后，在他恩人的葬礼上许下了一个诺言，就是完成他恩人的毕生志愿。小六子十年来住过院，挨过无数次打，听说身上到处是伤疤，可是他一直在默默地承受。"

老奶奶讲完了。可是沉浸在这个故事里面的旁听者却迟迟未能自已。

火车站又恢复了喧闹，可是这个故事却在人们中流传开来了。人们心中也记住了那一份来自火车票的感动和承诺！

也许，那诺言已经成为了老六子生命中的一部分。

为了诺言而活，我们似乎看到了憨厚的老六子在冷冷的风尘中紧紧拽住那张发黄的火车票！

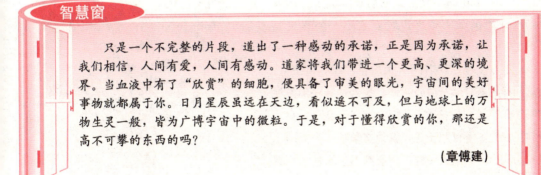

智慧窗

　　只是一个不完整的片段，道出了一种感动的承诺，正是因为承诺，让我们相信，人间有爱，人间有感动。道家将我们带进一个更高、更深的境界。当血液中有了"欣赏"的细胞，便具备了审美的眼光，宇宙间的美好事物就都属于你。日月星辰虽远在天边，看似遥不可及，但与地球上的万物生灵一般，皆为广博宇宙中的微粒。于是，对于懂得欣赏的你，那还是高不可攀的东西的吗？

（章傅建）

阅览室

花未眠

◇川端康成

　　我常常不可思议地思考一些微不足道的问题。昨日一来到热海的旅馆，旅馆的人拿来了与壁龛里的花不同的海棠花。我太劳顿，早早就入睡了。凌晨四点醒来，发现海棠花未眠。

　　发现花未眠，我大吃一惊。有葫芦花和夜来香，也有牵牛花和合欢花，这些花差不多都是昼夜绽放的。花在夜间是不眠的。这是众所周知的事。可我仿佛才明白过来。凌晨四点凝视海棠花，更觉得它美极了。它盛放，含有一种哀伤的美。

　　花未眠这众所周知的事，忽然成了新发现花的机缘。自然的美是无限的。人感受到的美却是有限的，正因为人感受美的能力是有限的，所以说人感受到的美是有限的，自然的美是无限的。至少人的一生中感受到的美是有限的，是很有限的，这是我的实际感受，也是我的感叹。人感受美的能力，既不是与时代同步前进，也不是伴随年龄而增长。凌晨四点的海棠花，应该说也是难能可贵的。如果说，一朵花很美，那么我有时就会不由地自语道：要活下去！

　　画家雷诺阿说：只要有点进步，那就是进一步接近死亡，这是多么凄惨啊。他又说：我相信我还在进步。这是他临终的话。米开朗琪罗临终的话也是：事物好不容易如愿表现出来的时候，也就是死亡。米开朗琪罗享年八十九岁。我喜欢他的用石膏套制的脸型。

　　毋宁说，感受美的能力，发展到一定程度是比较容易的。光凭头脑想象是困难的，美是邂逅所得，是亲近所得。这是需要反复陶冶的。比如唯一一件的古美术作品，成了美的启迪，成了美的开光，这种情况确实很多。所以说，一朵花也是好的。

　　凝视着壁龛里摆着的一朵插花，我心里想道：与这同样的花自然开放的时候，我会这样仔细凝视它吗？只搞了一朵花插入花瓶，摆在壁龛里，我才凝神注视它。不仅限于花，就说文学吧，今天的小说家如同今天的歌人一样，一般都不怎么认真观察自然。大概认真观察的机会很少吧。壁龛里插上一朵花，要再挂上一幅花的画。这画的美，不亚于真花的当然不多。在这种情况下，要是画作拙劣，那么真花就更加显得美。就算画中花很美，可真花的美仍然是很显眼的。然而，我们仔细观赏画中花，却不怎么留心欣赏真的花。

李迪、钱舜举也好，宗达、光琳、御舟以及古径也好，许多时候我们是从他们描绘的花画中领略到真花的美。不仅限于花，最近我在书桌上摆上两件小青铜像，一件是罗丹创作的《女人的手》，一件是玛伊约尔创作的《勒达像》。光这两件作品也能看出罗丹和玛伊约尔的风格是迥然不同的。从罗丹的作品中可以体味到各种的手势，从玛伊约尔的作品中则可以领略到女人的肌肤。他们观察之仔细，不禁让人惊讶。

我家的狗产下的小狗东倒西歪地迈步的时候，看见一只小狗的小形象，我吓了一跳。因为它的形象和某种东西一模一样。我发觉原来它和宗达所画的小狗很相似。那是宗达水墨画中的一只在春草上的小狗的形象。我家喂养的是杂种狗，算不上什么好狗，但我深深理解宗达高尚的写实精神。

去年岁暮，我在京都观察晚霞，就觉得它同长次郎使用的红色一模一样。我以前曾看见过长次郎制造的称为"夕暮"的名茶碗。这只茶碗的黄色带红釉子，的确是日本黄昏的天色，它渗透到我的心中。我是在京都仰望真正的天空才想起茶碗来的。观赏这只茶碗的时候，我不由地浮现出场本繁二郎的画来。那是一幅小画，画的是在荒原寂寞村庄的黄昏天空上，泛起破碎而蓬乱的十字形云彩。这的确是日本黄昏的天色，它渗入我的心。场本繁二郎画的霞彩，同长次郎制造的茶碗的颜色，都是日本色彩。在日暮时分的京都，我也想起了这幅画。于是，扬本繁二郎的画、长次郎的茶碗和真正黄昏的天空，三者在我心中相互呼应，显得更美了。

那时候，我去本能寺拜谒浦卜玉堂的墓，归途正是黄昏。翌日，我去岚山观赏赖山阳刻的玉堂碑。由于是冬天，没有人到岚山来参观。可我却第一次发现了岚山的美。以前我也曾来过几次，作为一般的名胜，我没有很好地欣赏它的美。岚山总是美的。自然总是美的。不过，有时候，这种美只是某些人看到罢了。

我之发现花未眠，大概也是我独自住在旅馆里，凌晨四时就醒来的缘故吧。

智慧窗

幸福就同魏巍所说，"亲爱的朋友们，当你坐上早晨第一列电车走向工厂的时候，当你扛上犁耙走向田野的时候，当你喝完一杯豆浆，提着书包走向学校的时候，当你安安静静坐到办公桌前计划这一天工作的时候，当你向孩子嘴里塞着苹果的时候，当你和爱人悠闲散步的时候，朋友，你是否意识到你是在幸福之中呢？不会欣赏的人，幸福永远与他失之交臂。"真的，幸福就在眼前的空间、时间里。

（周倩雯）

* "网虫"的评审标准
◇全勇哲

随着电脑和网络的日益普及，一个新兴的群体——"网虫"应运而生。然而，由于目前尚缺乏严格、统一而规范的评判标准，许多本身不具备"网虫"条件的人也滥竽充数，纷纷扯起了"网虫"的旗号，致使"网虫"界出现了良莠不齐甚至鱼目混珠的现象。为此，特制定如下评判标准（草案），供大家广泛讨论、酝酿，为最终出台"网虫"资格的评判标准打下基础。

1. 停电两小时还没有恢复，此时你浑身战栗，迫不及待地拿起电话，拨通了 ISP（Internet Service Provider，因特网服务商）的号码，嘴里不间歇地发出"嘟嘟……"模仿拨号上网时 Modem 发出的声音，以试图连通网络。

2. 你上网查看电子邮件，屏幕提示"没有新邮件"，于是，你再次上网检查新邮件。如果屏幕提示收到了新邮件，你也再次上网，以检查更新的邮件。

3. 你交往的朋友名字中都有一个长尾巴"a"字母——@。

4. 你每月真正打电话的次数没有你电话费账单上数字的位数多。

5. 你们家的宠物小猫小狗有两个非常雅致的名字，它们分别叫 Windows 和 Mac。

6. 你微笑时总是倾斜着脑袋。

7. 你爱人说你只知道成天沉迷于网络，警告你缺乏沟通和交流的婚姻是不牢靠的。你大梦初醒，赶紧又买了一台电脑，再多加一条网线，于是你们夫妇从此可以在网上聊天（chat），而且你爱人也可以通过 E—mail 叫你吃饭了。

8. 你必须要有至少一项对全体"网虫"有贡献的发明创造，比如把家里的电脑椅改造成抽水马桶。

9. 你驾驶车子不慎快要撞上路边的树时，你反应奇快，赶紧寻找"后退（back）"按钮。

10. 工资总不够花，所以你打算兼职；时间总不够用，所以你想辞职。

11. 你无休止地在网上参加各种夺标竞赛，花上几天的时间击溃所有对手以赢得一件印有某电脑厂商徽标的廉价 T 恤。

12. 你发现市面上所有的通讯录都没办法用。

13. 每天早上起床的第一件事和晚上就寝前的最后一件事，就是上网和网友聊天。

14. 每当要关掉电脑时，要不就不甘不愿，要不就依依不舍。一旦把 Modern 的插头拔掉，就好像是和爱人分别一样痛苦。

15. 每次检查电子邮件时，如果没有新的邮件，你会"自动"再检查一遍，没有的话又再查一遍，直到最后被逼自己寄封电子邮件给自己为止。

16. 你不知道自己最要好的几个朋友是男是女，也不知道他们的名字，因为他们在网络上只用 nickname（昵称）。

17. 你身边的朋友，竟然都是通过网络认识的。

18. 你已经不再写信，现在只会写电子邮件。

19. 当朋友托你找件东西时，你毫不犹豫地对他说"去 Yahoo 找找"。

20. 搭出租车回家的时候，你告诉司机你的地址是 http://www. XXX. com。

21. 电脑不能操作时，你因为不能够在 IRC 里和朋友聊天而叫苦连天，但却没有想到可以打电话找他们。

22. 去 shopping 的时候，你会问："有没有免费的东西可以 download?"

悦客群 ▭ ▢ ✕

阿莱

现在这个社会，网络真的已经成为生活的一部分，而且对许多人来说是不可缺少的一部分。在他们眼里，可以一天不吃饭，但绝不能一天不上网！

可是我们的生活毕竟不是网络，在电脑前变成"虫子"的人们，赶紧"进化"回来吧！

 阅览室

论思考

◇朱 渔

我承认，在我笔下，很多观点，都是另类的。

但我总不想去纠正，也不想随波逐流去赶大潮，并且一直保持着自己的秉性。我始终认为，一个人如果活着，就总该有点思想，就总该有点自己的观点和立场。用冷眼去看烟花，因为，这个世界是你的，也是我的。

有些事，我们是不应该轻易就被人左右的，一旦你被人左右了，那你就丧失了自己，会像狗一样活着。别人只要轻轻地叫唤一声，你就会摇着尾巴跑得飞快。

一个人，为了活得精彩，但也不是绝对意义上的精彩。不是指一定要惊天地泣鬼神，要干一番辉煌的事业。我是指内心的平和，能够静得下心来思考一些问题，从而让自己在这个残酷的社会与现实的生活中，不至于成为一个盲点。

面对社会和他人，我们应该有自己独立的人格，那就是来自一种精神的向往。在自己的天地和乐园充实自己，而绝不是分裂了出去，而是更好地将自己融入到社会这个整体中去，并一直扮演着自己的角色。

这个角色，形象是整体的，但内涵应该是独立的。

所以，我们每个人，对待一切社会问题和矛盾，我们应该有自己的思维，一种彰显个性魅力的勇气与脾气。绝不趋炎附势、唯唯诺诺，虚伪地活着，要正义地活着。

有人说，一个人不能总戴着有色眼镜看问题。而我想说的是，我们要看这件事本身是不是有色的。如果有，那么我们就必须而且应该这样去看。因为人是活的，意识也是活的，思维更是活的。如果你不去思考，你不去想，不去辩证地看，而对自己的思想要有所保留，或者根本就没有那种意识，只是麻木地活着。那么，我只能说你是思想的奴隶。

我曾经说过一句话"但凡喜欢思考的人，都是孤独的"，今天我还是这样讲。不管别人是不是孤独，反正我是一个喜欢思考的人。所以，有时我是孤独的，来自心灵的一种苦闷，无法解脱，无法超越，更不用说坦然。因为，你想得太多，就总不免会有一些东西难以放下。以致让你去忧伤，让你去感叹，所以就孤独了。

还有，当你怀着一颗感恩的心，带着一份历史使命与社会责任去思考的时候，面对众多的人和事，你看得越仔细、越明白，越深入、越透彻的时候，你的心啊，真的会觉得好累好累。

但又好像总喜欢这种感觉，脑子一刻都停不下来。一停下来就会觉得空虚，更加茫然，比那种孤独的滋味还更加难受。

思想也是一种境界，只有到达一定高度，你才会忘我。

你会在这忘我的境界中超凡脱俗，变得尖锐、刻薄、傲慢与偏见，变得好像与世不合，被排斥在众人众事之外，好像做了一个孤独的人。然后一个人伫立窗前，手里夹支烟，望着远处发呆；或者斜靠在沙发上，半闭着眼睛，若有所思，若有所悟的样子。这就是一个思考者最生动的形象。

一个喜欢思考的人，他是停不下来的，即使是睡觉，他都在想问题。看似事不关己，但好像又什么事都与他有关。

拥有一个喜欢思考的习惯以后，我们将怎样去看待一切社会问题？在这些社会问题面前，你又该做什么？

其实这两个问题很简单。

首先，我们要有敏锐的观察力，善于发现人与社会作为一个整体构成所谓的环境，在这个环境中所发生的一切真、善、美，丑、恶、陋。我们站在个人立场或者一种历史高度，有着怎样的评价与定论？

这就要求我们还要有广泛的人生、生活经历，以及丰富的学科知识，不一定要求精，但一定要懂。只有拥有了这样的理论，建立在这样的基础之上，你才配谈思考，谈观点。从而用自己的眼光去审人度事，发表所谓的谬论。

在谈论的过程中，我们又必须学会把握尺度和分寸，这个题目其实很大，这里我们就简单地谈一下认识。

在谈论的过程中首先要主题鲜明，观点突出，立场分明。这样我们无论针对任何意见事情去发表评论，才有说服力，才有感染力。你所提的意见和谈的观点，必须是在客观事实存在的情况下，用自己的思维和语言去辩解、组织后的产物。它必须要有内涵和深度，否则，思想就是肤浅的，就是平庸的，与读者也产生不了多大共鸣。所以，这样的观点也就是失败的。

在思考、分析的过程中，我们必须学会辩证地看问题，多问为什么？任何一件事情都有它的表象与内在，往往我们所看到的也只是表象。而内在往往迷惑了我们，让我们找不到正确的方向。看到的东西永远都是停留在表面，而且好像都对了，就是那么回事。

其实，它不是那么回事，很多事情并不是那么简单，是有许多质疑的。

面对这些质疑，我们要客观、公正，不能带一点情绪化地去谈问题。就是语气语调也要尽量保持平和，因为我们是看问题，不是大街上谩骂吵架。说到了点子上，讲到了关键部位，讲到了实质，那才是最重要的。

其次，一切社会问题，都并不是偶然性的，都有它的根源所在。所以我们不能单纯地以点概面，就像大学生就业难问题，并不能全归罪于社会，还有学生自己、家长、学校的责任等。只是这里面有个侧重，往往我们就把侧重的东西当成罪魁祸首了，这是不对的。

思考是一个全面的过程，灵感与知识面融会贯通，就是独立的观点，就是个性魅力。

再者，针对社会问题，你所论述的每一项观点，都不能是凭空想象或肆意捏造；更不能空穴来风，在那里假想、臆想。一定要以事实为根据，在个性独立的前提下，一针见血地指出问题所在，给读者、给事物不留一点退路。

还有，社会问题一般都是众口烁辞，意见不一。不管是政治、经济、文化、历史、社会、哲学等等，除了搞研究的人，一般人是不会去想，不会去问为什么的。因为，普通民众没那个闲心，他们的思想只是停留在日常琐碎的生活小事上。偶尔发几句牢骚也有可能是跟风，不是自己的理解和认识。就像买股票，总是关注某某资深专家对大盘的预测，而自己又真正是不理解股票的灵魂的。

所以，鉴于此，我的理解是不知道最好不要去说，说了也像烟消云散，假如还偏驳了，还会引起笑话。

我曾遇到过一个书生，此人心高气扬，自我感觉喝了些墨水，凡事总喜欢泛泛而谈，要不要就无病呻吟几下，让人很难受。而且还总喜欢喊口号，不管大小事都喜欢喜露于色。吃饭掉了一粒米在桌子上他也要拿出来吆喝几声。正是这样一个人却总喜欢谈"国学文化"，谈"五四精神"，谈儒家、道家、法家，谈孔子、孟子、庄子、老子、韩非子，谈《论语》，谈《诗经》，谈《道德经》等。每次我都真的很难受，有一次终于禁不住问了问他。问他孔子的思想是否符合当今的社会主流？问他庄子和朱自清更喜欢谁，为什么？问他"五四精神"到底离今天有多远？他的回答简直一塌糊涂，让我很失望，原本以为可以向他学点东西。这样一来，我都难受了，想必他的教授或导师更无语。

所以，有思想是好事，我们应该鼓励人们去创造思维，但绝不是一种稚气的行为。

社会是一门复杂的学科，我们必须要有善辩的思维。社会问题每天都有，而且很多，我们始终不能离开自己的角度去论理。我们要思考事物的起因、发展、必然，可能引起的后果，去做自己的判断。告诉社会、告诉他人事物的本身。

我们不能目光呆滞，头脑简单，因为社会发展离不开思考。

但观点一定要准确，符合逻辑，这是思考的根本。

智慧窗

　　一个人活着，总该有自己的思想；一个人不应该被左右，被左右就会丧失了自己；一个人活得精彩，是指内心平和，能够静下来思考一些问题；我们应该有自己的独立人格；是否戴着有色眼镜看问题，要看这个问题本身是否是有色的；善于思考的人总是孤独的，"我"喜欢这种孤独；只有达到一定的境界，你才能进入忘我的境界，在这种境界里，你才会变得与世俗不合；拥有思考的习惯，有时会很累的……拥有思考的习惯后，我们将怎样去看待社会问题呢？我们该怎么做呢？作者从两个角度做了比较详细的论述。文章告诉了我们什么是思考，怎样才算真正的思考，这些对我们是很有启发的。

（章傅建）

宁做半日花

◇邝 蕊

我听见过花的喊声，在一个亮堂堂的春日后。

那种公园里的小花，是沿沪青平公路骑上百公里的长路时相伴一路的无名野花，一朵朵或密或疏，小小的洁白的，缀在那一大匹又一大匹绿缎子似的大草坪里。好多蜜蜂快活地围着小花转悠，我也一样。

转悠着，摸出了相机，想，一定要问问最懂植物的那个人，这小花究竟叫什么名，再查一查资料，就可以把它的渊源、脾性摸个透。便找了一个角度，给路边两朵离群的小白花拍了一张特写。还和它们说话，我记得你们姐妹俩呢，下次再来，就可以招呼一声，嗨，芳名某某的，我总算认得你们了。

转悠着，几个园丁来了，带着不少干活的家伙。看看那几个工人黑红的脸，阳光洒满了一头一脸，脚边总也是花草，有点羡慕。我这老爱在心里和植物说话的人，挺想老了做园丁去呢，天天和花草一块修炼成精，还得了一身自然香，多好。

割草机轰轰地响起来，开始忙活了。这些给草理发的家伙，有两种。一种大大的，手推车型，大活儿都归它，一路走一路割下草到一个大袋子里。另一种小小的，跟一根拐棍差不多，修理边角的活儿派给了它，粗看是割草，细看，那个割法很有意思，没刀，而且根本不需碰到一根草，呼呼风声里慢慢走过去，一地乱飞的草屑，看得我啊，服了风的力气，也服了人类的聪明了。

割草机一路过去，身后很快一袋纯青，来回几次，一个大袋子就装满草屑了。那一地青青的短茬，冒出清新沁脾的草香，好似一条草原的香草河滚滚涌来。我一向喜欢这味，便深深吸口气。猛然间，我屏住了呼吸。

那一片理过发的绿。秃绿。白没了，一点也没了。别处，一片又一片

大大的绿草坪，无数小花像洁白的星子，散落人间，它们无知无觉的样子，仍然自由自在地在风中摇摆。一切美如原野，可是，到底不是原野，到底，这是人的领地。

刚刚，我还蹲在路边看那两朵相亲相爱的姐妹花，它们像一对孤儿，离了群，一高一低地依着，那么嫩，那么小，好像今天一大清早才开出来的，只开了半日。为它们的离群、相依和洁嫩，我偏心起来，独独拍了一张它们的合影，为的是好给我要问花名的那个人看看花的模样。可一转眼，姐妹俩，都没了。那千万株小植物，好不容易经过风刀霜剑，等来了繁花五月，等来了一生

里最美的花开时节，它们给人类新鲜的天然氧吧，给人类悦目的朵朵美好，谁知等来的却是当头一刀。

就因为它们是野花，就因为它们和公园里的草长在了一起。

要是和它们长在一起的，是沪青平公路两边的野草，这样的命运就不会降临了吧。剩下的它们，看到同伴的命运了吗？看上去依旧静静在风里起舞的它们，恐惧吗？疼痛吗？想生出两条腿逃走吗？

七分愧疚，三分无颜，我从微观世界里站起来。老了，我能做什么样的园丁呢？

这个亮堂堂的春日午后，我听见一双姐妹花的声音，从生命扎根的大地肺腑深处喊出来，一百个，一千个，无数个不死的声音，对着人类轰隆隆的杀声，用风中跳舞的沉默，喊——

宁做半日花。

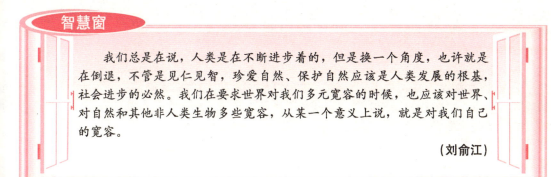

智慧窗

　　我们总是在说，人类是在不断进步着的，但是换一个角度，也许就是在倒退，不管是见仁见智，珍爱自然、保护自然应该是人类发展的根基，社会进步的必然。我们在要求世界对我们多元宽容的时候，也应该对世界、对自然和其他非人类生物多些宽容，从某一个意义上说，就是对我们自己的宽容。

（刘俞江）

阅览室

山雨情
◇傲霜枝

从船舱里走出来，才发现已淅淅沥沥地下起了小雨。阳春三月的雨，是那么的细，那么的柔，那么的润，像多情少女的泪，羞涩地飘洒着。

远处的大山，都朦胧在一层薄薄的雾霭中，缥缈，虚幻，如同遥远的梦境！

我和同事都没有带雨伞，透过细柔的雨帘，我们看见了不远处有所小房子，就快步奔了过去。这是一家小商店，两间矮小的木房子，一间房门紧闭着，一间便是小商店。在紧闭的那间房子的一旁，用几块木板子夹成一个只能进去一个人的狭小的厨房。最扎眼的还是那门上的红对联，虽然被岁月留下了痕迹，但还可以稀疏地找出点喜庆的影子来。它在朦胧的春雨中，显得更加矮小了。

一名年轻的男子从店铺里探出头来，看见我们满身的雨珠儿，就微笑地招呼我们："快躲躲雨吧，别淋湿了，当心着凉。"他忙从屋里拿出两把椅子，放在台阶上，我们就坐下了。

雨越下越大，我们已经没有办法行走了，他陪我们闲聊了几句，就开始在那狭窄而简陋的厨房里忙活开了，听着沙沙的雨声，他开始不安地向着远方延伸的小路上张望起来，他从厨房跑出来张望的次数越来越多了，间隔的时间也越来越短了，眉头越来越皱，脸也越来越僵。我不知道他在盼望着什么，但从他那焦急的表情里，从他那迷惑的眼神中，可以看出，他是多么的着急，像热锅上的蚂蚁，团团转。

又过了一阵，雨依然下着，丝毫没有停的意思，仿佛要把天空下垮，要把大地侵吞。我静静地坐着，眺望着远方，远处的天、地、山、树、房子连成一片，灰蒙蒙的、模模糊糊的，似流动的尘，如梦境般环绕着。这时，小路的那端若隐若现地出现了一个人影，他立即狂喜起来，笑容马上浮现在他那早已失望的有点僵的脸上，天真无邪，纯美可爱。渐渐地，来人近了，我也看清楚了，是个漂亮的女子。黑黝黝的秀发，白皙的皮肤，水汪汪的大眼睛，婀娜多姿的身段儿。雨珠儿像是在跟她玩耍似的，有的亲吻着她的脸，有的抚摸着她的发，还有的绕着

她的身子，让她湿淋淋的，衣裤紧裹着她那娇小的身躯，是那么的妩媚，让人爱怜，别有一番风韵。

女子走近小店前，男人马上从房子里拿出一双红色的拖鞋放在台阶上，让她换上，还毫不犹豫地卸下她背上湿淋淋的背篓。他嗔怪道："怎么才回家呀？下雨了就别洗了嘛！看，都淋湿了，快去换件衣服。"我一看，才知道她是去河里洗衣服了。

"没有关系的。"女子满脸温顺地笑着回答，眼睛含情脉脉地注视着自己的男人。

"饭已经煮好了，还没有炒菜。"男人汇报着她离开以后的工作情况。

"哦！那我来炒菜吧！"

"好的，那我就晾衣服了。"

"别，你歇着，我等一会儿来晾。"

"还是我来吧，你可别娇惯我呀。哈哈！"

"嘻嘻！"

听着他们夫妻恩爱的对话，我很是羡慕。他们没有把爱字挂在嘴上，而是用自己最完美的行动给爱人一份完美的爱，一份真挚的情，那么的平淡，那么的和谐，那么的自然。

我深深地被这对年轻的农村夫妻的恩爱感动了。一直以来，在几千年的封建的、落后的、没有文化的农村里，没有经历爱情的婚姻就是这样默默地相伴一生！没有花前月下，没有卿卿我我，有的只是朴实，只是直率。难道你能说这不是爱情吗？难道你能说这不值得我们去赞美，去讴歌吗？

现代化城市，想要找到这样一种朴实、真挚的心灵依靠，也许太难、太难了……

雨在不知不觉中渐渐地小了，由于工作原因，我和同事匆匆地和他们夫妻告别后，就踏上我

们的征程。

远走后，我时常回头看看那依旧屹立在风雨中的小商店，想想那对恩爱的小夫妻。

风雨中的小店里，每时每刻都洋溢着他们爱的旋律，每时每刻都交织着他们情的温馨……

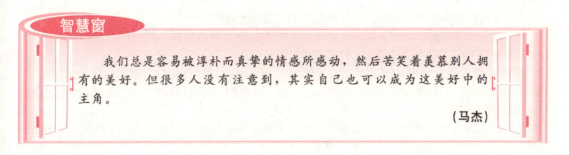

智慧窗

我们总是容易被淳朴而真挚的情感所感动，然后苦笑着羡慕别人拥有的美好。但很多人没有注意到，其实自己也可以成为这美好中的主角。

（马杰）

阅览室

别再拒绝深刻

◇天　喜

前几天我们这儿发生了一件事儿：一位母亲看着孩子过马路，孩子看见对面红灯亮了便停下不走，而这位母亲却在他背后大叫，没车就走呗，看那个红绿灯有啥用，孩子受到鞭策，跑步前行，远远一辆轿车高速冲来，于是，孩子死了，母亲疯了。

按说，红灯停，绿灯行，这是一个基本的交通规则——在多少血的代价的基础上换来的规则。可是，这位母亲没有遵守这种传统的规则，而导致了悲剧的发生。

交通有规则，社会有规则，做人也有规则，当规则成为铁的定律时，这便是原则，万变却不离其宗！

原则，说到底，也是最基本的深刻。

什么该坚持？什么该反对？什么该倡导？什么该抵制？在一个众神狂欢的时代已经日渐模糊，冲击真正的原则、取代真正原则的思想体系粉墨登场，消解主流、娱乐至上、玩世不恭的轻佻作风博来了阵阵掌声，讥讽主流价值、颠覆传统道德、一切满不在乎的油腔滑调的无厘头在众声喧哗中被高高地捧上了精英的地位，甚至像是掌控了民间话语权力，一跃而跳上了民间舆论场的神坛，被奉为图腾崇拜……

理所当然地，对于"深刻"这个词语的认知，也日显冷淡、漠然，直至不屑一顾。与之相应，与深刻有关的学习、理解、崇高、高尚等字眼儿也被扔进了脑海的废纸篓里。

无论现实中还是网络里，谁要正统一些、严肃一些、深刻一些，那就是假清高，就是假道学，就是卫道士，就是老棺材板子、活死人，就是装"大尾巴狼"，就是一本正经地在装孙子进行说教，因为许多逆反心理的人崇尚的是轻松、搞笑、没有责任与义务的自在与逍遥，并美其名曰"撕下面具，不想活得太累"……

难道，这真是我们所需要的？真是我们所向往的？真是我们应该倡导的？

如果道德价值取向趋同于对精华原则的颠覆以及对正义和无知的宣战，那能证明什么呢？某种有关深刻的精神、信念，真的开始离我们遥远起来了吗？

是的，可以，可以将这种颠覆的行为说成是反思；可以，可以将这种放纵的心态说成是快乐。当然，反思，是必要的，这是一种对深刻的最直接的理解与最深沉的热爱；放纵，也是必要的，有限度的放纵是对苦累的一种释放。只是，真正的反思与放纵是建立在有目的的解读的基础之上的，如果脱离这个界限，那只能证明一件事——肤浅！

可笑的是，太多的人拿着拒绝深刻的肤浅当金牌，争之夺之，对金牌的持有者捧之奉之，浑然忘我。

为什么要拒绝深刻呢？深刻一些、向往深刻，真的有错吗？

难道学习反思与深度钻研真的让人感觉到可笑吗？难道痛心疾首与拷问灵魂真的让人感觉到可耻吗？难道深刻、崇高真的要与时代擦肩而过了吗？

人，是要活得从容些，不要太累，但终究，更要活得坚定一点、凛然一点、深刻一点！拒绝深刻必将会导致做人的信念的丧失，最终的结果便是自身精神的灭亡！难道你愿意虚妄地活一辈子吗？

伪装成的深刻当然要批判，伪装深刻的人也必须要进行反思，只是，我搞不懂的是，真正的深刻的主流，为什么注定要被嘲笑呢？我们为什么不可以向往深刻，为什么不可以深刻一些呢？深刻一些又有什么不对呢？

呼唤轻松，拒绝沉闷，总不至于把深刻当靶子而大加批判，不至于以牺牲向往深刻的心态作为代价吧？

人心为本，心定为安，拒绝深刻，动辄对深刻嗤之以鼻，无情地讽刺、嘲笑与打击，这不是故作玩世的肤浅又是什么呢？这样的人，任你再才高绝代，智者机锋，也脱离不了一个最根本的字：俗！不可原谅的俗！

拒绝深刻，就是违背了做人的原则，必将付出代价！甚乎于血！

智慧窗

不知道从什么时候开始，玩世不恭成为一种流行甚至被标榜的态度，对任何事都是一种无所谓的态度，"深刻"甚至成为犯傻的代名词。

我们允许娱乐，我们认同轻松，但是我们不能拒绝深刻，我们的生存发展还需要自己的努力。深刻，永远是我们不能回避的命题。

（刘俞江）

阅览室

音乐处方
◇王 溪

纷繁喧哗的都市，生活着我们这样一群为俗务缠身的人。每天随日出睁眼，每夜伴月色入眠，身心疲惫，迷惑重重。

我们能在心中为自己留下一片空明地带吗？我们能在寂静无人时心无牵挂地面对自己吗？

音乐，可以让我们做到。

一曲洞箫声起，呜咽缠绵；几处古筝弦响，芳华绝世。万籁俱寂，只余乐音，让我们为之沉醉，为之起舞，为之焕然一新。音乐仿佛迎合了我们身体内某种磁场的共振，直接进入了我们的内心，触碰着我们喜怒哀乐的细小纤维。

音乐和人体的神秘呼应，来自两者之间的共鸣。音乐的基础之一就是节奏，如果音乐节奏和人体的某些生理节奏和谐，生理共振就产生了。紧接着，我们的皮肤温度、心跳速度、呼吸频率都有可能发生变化，最终产生快乐、兴奋和幸福感。在《同一首歌》的演唱会上，听众们狂热地挥舞荧光棒，便是音乐带来的兴奋迷醉的效应；我们每个人在幼儿时期，听着母亲嘴里哼着的摇篮曲安然入睡，便是音乐的安神静心的作用。

　　音乐是人类生活的种种维生素，一张完美的解压处方上一定有它。这张处方的第一行应该写下它的原则：选择一种与你当时心境比较契合的音乐，然后慢慢改变音乐风格，使之与你想要达到的心境相吻合。比如，如果你是一个遭受打击的中年男子，不妨听一听刘德华的《男人哭吧，不是罪》，在刘德华抑郁的呐喊中，你能找到类似的心境，从歌声中得到共鸣，让自己彻底放松。然后你可以选择一些稍微平静的曲子，可以是罗大佑的《恋曲1990》，可以是邓丽君的《但愿人长久》，也可以是各种轻音乐。最后再慢慢过渡到你喜欢的轻松欢快的曲子上去，这样你的心情会慢慢地由压抑沉痛变得轻松愉快起来。

　　这张处方的病症一栏，得由你自己填。是睡眠有问题，还是精神不振作？症状很多，但都有对应的音乐疗法。如果你恰好是古典音乐的爱好者，这里有一份简单的对你胃口的音乐处方：若想催眠，请听《平湖秋月》、舒曼的《梦幻曲》、莫扎特的《催眠曲》、门德尔松的《仲夏夜之梦》、德彪西的《栗色头发的少女》；欲解抑郁，请听《喜气洋洋》《江南好》；想除悲怆，请听海顿的《创世纪》、柴可夫斯基的《第六交响曲D小调——悲怆》、贝多芬的《第五交响曲C小调——命运》；振作精神，请听《金蛇狂舞》《步步高》；若去烦躁，请听《梅花三弄》《塞上曲》《空山鸟语》；促进食欲，请听《花好月圆》《青春舞曲》；为降血压，请听《平湖秋月》《雨打芭蕉》《春江花月夜》《姑苏行》。

　　其实，大自然是一个更大的音乐宝库，人类创作的音乐正是对自然界各种音响的复制。金秋时节，漫步在林荫道上，且听风吟，细品鸟语，静谧的自然空间里，连树叶在空中的舞蹈都伴随着音乐的妙响。耳朵带领着心灵，自由地旋转，畅快地呼吸。山间林畔，溪流潺潺，泉水叮咚，静谧祥和的快乐是那样的随处可得。海边沙滩，波涛汹涌，拍击岸石，又带给人一份开阔浪漫的心绪。大自然的音乐之美遍布各处，就是早晨初醒打开窗户听到的第一声鸟鸣，都可以让我们感受到音乐带给人的宁静和清新。

　　人类是何其不幸，天灾人祸遍布世界，世俗烦恼时刻发生；人类又何其有幸，享受天然的音乐，生活在大自然的各种宝藏之中。让音乐成为我们生活中必不可少的一瓶维生素，时不时拿一颗出来咀嚼一番吧！

智慧窗

　　音乐是人类灵魂的吟诵。曾经有一位美国的心理学家对各种所谓最能打动人心的事物做了一次比较排序，结果音乐高居首位，即使那曾被人类无限推崇的爱情也只是排在了第七位，可见，音乐是多么的善于打动人心。多愁善感让我们体味了无数人生的苦涩与无奈，然而，当音乐萦绕于耳畔之时，却也让我们品味到了这世间无限的美妙。医生的妙手可以挽救垂危的病人，而音乐的旋律却可以抚慰人类的心灵。

　　　　　　　　　　　　　　　　　　　　　　　　（毛振文）

阅览室

民族的，世界的

◇陈 默

一天，我在北京后海的酒吧一条街，找了一个临湖的座位落座。人群熙熙攘攘，人们不断地从眼前经过，男男女女，老老少少，中国的，外国的……

在这条酒吧街，给我最深的感受就是中式的西化——西化的 Bar，中式的经营。这里的临湖风景在京城是难得一见的，在这个地方占上一席之地是许多游人的愿望。一条街的临湖座位全部变成了商家的地盘，被商家布置成中西结合的模式，要到这里享受湖景自然是要破费的。我在这里点了一杯饮料，为了在这里买一个临湖的座位。在这里观察来往的人，记录心情和感受。当服务员一直站在我身边不肯离去时，我知道她还在等待我继续点一些什么。这种经营理念和他们经营的 Bar 往往是不相称的。我想，如果他们在这个世界各地朋友经常光顾的地方经营纯粹地道的中国东西，可能会吸引更多的外国游客，赚更多的外币。

几位外国朋友在我身边的桌子落座。他们谢绝了服务员提供的刀叉，而是很笨拙地用着中国筷子，不太方便地吃着各色中国美食。最后，他们把盘子里所有的食物吃得精光，非常享受地聊着天。

看着邻桌的外国朋友津津有味地品尝着中国菜，我真的很庆幸自己出生在这个美食国度。我们的美食在世界上是独一无二的。但是，我的下一代却把麦当劳、肯德基当成了天下最好的美食。有人说，想占领中国人的市场要从改变他们的胃开始。而我们这一代以上的人们，味蕾已经具有记忆性，西方的美食无法改变我们的口味了，他们只能从我们的下一代开始这种"饮食入侵"。我的孩子和其他许多孩子都是那些垃圾食品的忠实顾客。他们的味蕾已经记录下了这些食品，在他们幼小的心灵打下了印记，他们可能不会了解那些比垃圾食品更好吃的食品及其后面灿烂悠久的饮食文化，因为我们丢失了这一块阵地。

中国人在很多时候不看重自己最有民族特色的东西，而这些不被我们自己看重的却很为外国人欣赏。我所在的单位，每次进行国际学术交流，不管请进来，还是走出去，我们都给世界著名的外国专家送一些类似中国结、车马俑之类的看似平常的礼物，他们都像得了宝贝似的高兴得不得了，并且觉得这是一种至尊的荣幸。而这些东西，如果送给我们国人，可能都会觉得一点用没有，最多是个摆设，不如送他一个更有实用价值的东西。

1982 年，香山饭店的建成，引起中国建筑界的强烈震动。在那个所有的建筑师都在向西方看齐的时代，贝聿铭通过他的设计提醒人们：中国的传统中还有如此宝贵的建筑风格与技艺，需要被我们保存和延续。他希望为新一代的中国建筑师发展一套自己的建筑语言——亭台、屏风、曲折的回廊、掩映的花木，这些中国人擅长的空间处理方式，在贝聿铭看来，与西方的钢铁、混凝土和玻璃同样强有力。香山饭店是中国改革开放后，外国建筑师在中国的第一件作品，贝聿铭因此获得了普利兹建筑奖。民族传统的适当应用，让这座建筑成了又一个设计经典。

只有几百年历史的一些美洲国家，如阿根廷，更如美国，它们几百年的历史和中国上下五千年的文化底蕴不可相提并论，但是，即便如此，它们也要千方百计地保留自己最传统最特色的东西。一个破码头，一个破城堡也是它们国民保护的目标。而与此相对应的，却是中国有着几千年历史的古迹不断被现代化侵占，活化石一般的人文、自然、文化景观正在逐渐失去特色，甚至消失。也许我们的子子孙孙不会再了解中华民族曾经的辉煌，不能再了解深远的华夏历史和悠久灿烂的文化。如果我们自己丢掉了本该珍惜的传统的东西，作为没有特色的民族在世界上也就失去了自己的地位。

这时，酒吧街的某一家店里响起了女子十二乐坊的民乐合奏，那充满吸引力的各色民族器乐深深地感染了我。这几个年轻女子真是了得，她们的唱片在日本、欧美的实际销量竟然达到了500万张！这个500万的概念绝不是像某些港台和内地歌星的作秀数字，而且都是海外的销量，多次高居日、美、欧、东南亚各地排行榜之首，并在世界范围内掀起了一场中国民乐的热潮。这个惊人的数字只能说明一点：民族的才是世界的。

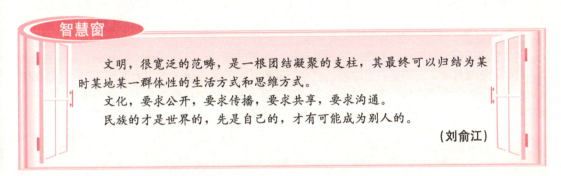

智慧窗

文明，很宽泛的范畴，是一根团结凝聚的支柱，其最终可以归结为某时某地某一群体性的生活方式和思维方式。

文化，要求公开，要求传播，要求共享，要求沟通。

民族的才是世界的，先是自己的，才有可能成为别人的。

(刘俞江)

阅览室

可选择的记忆人生

◇廖玉蕙

记忆很不可靠。一群人聚在一块儿，共同回首往事时，常常会产生一些记忆上的争执，不管是共同生活在一块儿的亲人，或穿开裆裤时期祸福与共的朋友。经过了岁月的淘洗、搓揉，大伙儿对同一件事情的叙述，往往会产生不同的版本。

我曾经怀抱着深沉的痛苦，反刍被同侪排斥、被严厉的母亲鞭笞责备的童年达20余年之久，然而，在20年后的小学同学聚会里，当我几乎是声泪俱下地控诉当年遭受的委屈时，一位温和的同学却大为吃惊地说："以前，每晚下课，我们一起踏着夕阳余晖去补习，偶尔还唱着歌，我一直以为我们都很快乐呢！我完全不知道是这样的……"

一位脾气一向直来直去的同学亦惊讶地说："怎么是这样？老师最偏心你了，我一直觉得你好骄傲，都不和我们这些功课不好的人玩在一块儿的，怎么变成了我们欺负你呢？"

另一位人缘颇佳的同学则呵呵笑着说："我怎么也没注意到这样的事呢？我只记得每天除了跟老师斗法外，就是呼朋引伴到这家、那家去玩，怎么会有这样的事？"

至于我的母亲对我在回忆文字中多次提到她的严厉管教，始终不置一词，继则委婉试探地问："我有这样凶吗？"

终于，在一次闲聊里，甚至对我表示极度的不满，她说："我不是还蛮温柔的吗？为什么你每次都把我写得凶巴巴的！"

记忆里如此明确的伤痛，竟有着迥异的解读，我不禁悚然心惊！原来黑泽明的《罗生门》中言人人殊的扑朔迷离，并不单单见诸刑事案件，而是极为普遍的人生现象。每一个身临其境的人，因为所站角度的不同，虽经历着同一件事，却可能只是某一种特殊的个案，却因为极度的痛苦或快乐，深刻沉重到不能水过无痕，只能沉甸甸地占据一角落。可怜的是，岁月对麻木也无济于事，却是悲伤或快乐的强烈催化剂。放大后，像春蚕吐丝般，迤逦牵引，把童年包裹成密不透气的茧，多年来，苦苦挣扎，痛恶自己碎裂的人际关系，让幽暗的色彩延伸至少年、青年的画布，亏得同学与母亲的直言无讳，将我自孤独无依的童年记忆里解放出来，然后，再回首，居然真的有了全新的视野。

因为记忆的不可靠，有人怀恨益深，却也有人因着它的宽大的温柔，而过得愉悦缠绵。一位久违的老朋友，曾在一次微醺的夜里，借着黑暗作掩护，勇敢地向我吐露心声："有一个黄昏，下大雨，天色暗得吓人，同学们有的带了雨衣，有的家里人来接走了，你负责收作业到办公室，回来时，全班同学全走光了，只剩下我孤零零的一个人，你拎着雨衣，陪我到很晚，最后，你送我回去，两人披一件雨衣冒雨前行，你不知道，那天我心里有多害怕你会把我一个人留在那里，多少年来，我每次想起那一个下雨的黄昏，就觉得心里暖暖的。"

同学富有感性的声音在烛光摇曳的夜里回荡，我不禁被她的真诚所感动，然而，即使我如何认真地在记忆里打捞，竟仍是一点印象也没有。不曾在我的脑海烙下任何痕迹的同样一个下雨的日子，却是朋友常常回味的甜蜜。如此说来，最难测、最无法掌握的还是人心呀！原来，人们心里决定选择留住什么样的记忆，就是为自己选择什么样的人生。

智慧窗

　　记忆应该是一个漏斗，该漏的漏掉，该留下的就要用心保存。人生短短数十年，不要将不如意的事频频咀嚼，背负沉重的包袱上路，这是对自己的残忍。谁愿意老是背负灰暗的过去等待明天呢？

　　记忆应该是暖色调的，因了它，我们才有足够的信心走出阴霾，去守候明日的艳阳。

　　人生苦短，在每一个驿站我们都应该清点一下行装，从容上路。

（符嘉怡）

 阅览室

过日子

◇茹楠

过日子应该是一个比较中性的词，因为凡人都得过日子。

具体到这日子怎么"过"，区别就大了。比如：苦日子、紧日子、混日子……同样的一天，每个人过得就是不相同。

每个人的一生，都不会是一帆风顺的，什么样的日子都会遇到，也都过得。过什么样的日子，在还没有独立之前，还是孩子的时候，过的日子与家庭环境有很大的关系；成家立业之后，过的日子与自己的能力、努力、运气（机遇）和对社会的适应程度有密切的联系。

已过而立之年的我，总结起来，苦日子、紧日子都过过。小的时候，因为家里比较困难，家庭成分又不好，所以日子过得特别的苦，穿补丁衣服、打赤脚上学是十分平常的事，也不会因此有人笑话，自己也不觉得有什么丢人。真正最让我接受不了的是同伴们叫我"地主"，叫我父亲"大地主"。虽然这日子是苦了些，但是父亲和母亲从来没有放弃供我和弟妹们上学读书，就因为这样，通过自己的刻苦努力，我成了偏僻大山里第一个"飞"出来的"金凤凰"，从而离开那块生我养我的肥沃的热土地，走出了大山，过上了比较"宽裕"的日子。

其实，我过的这"宽裕"的日子，仅仅是与那养育我的偏僻衣褓之地相比较而已，实际上也是紧巴巴的。

老百姓"过日子"，实际就是吃饭穿衣的事情，而领薪水的人们"过日子"就不仅仅是如何吃饭穿衣的事情，还要考虑事业有成这个问题。

是啊，薪水就是给予你吃饭和穿衣用的，古时候薪水叫"俸禄"，给你俸禄，保证你有饭吃，有衣穿，你就要很好地工作，就要对得起给你的俸禄，要无愧于这点俸禄。然而，又有多少人这样考虑了呢？

朱自清先生对日子是这样感慨的："过去的日子如轻烟，被微风吹散了，如薄雾，被初阳蒸融了；我留着些什么痕迹呢？……"

是啊，我们赤裸裸地来到世上，难道要白白地走一遭？

当然不会就这样的什么痕迹也没有，但要把日子过得不留遗憾，是比较难的，特别是行走在"仕途"这条道上。仕途不是轻易就能踏上的，像我这种大山里长大的孩子，没有那点本事是无缘于仕途的，不像那些有个早在仕途上耕耘了多年的父亲、母亲，或者有个特别的亲戚，找个指标就上来。走在那仕途上面，我们没有方向，得靠自己去辨别，不像那些依靠指标上来的人有人引导。我们的路是自己走出来的，我们的日子是自己过出来的，不像有背景有关系的，路是别人给铺好的，日子是别人帮着过的。

自从我踏上仕途，命运注定我几乎经常跟"神仙"们打交道，（当然这当中我也当过好几年的小"神仙"，也拥有一片天地，在当小"神仙"的那几年当中，也的确在我领导的那片土地上，为人们谋了不少的福利，做了几件实实在在的事。）从公社到区里，然后又到县里，不可谓不进步。在我家乡那朴实得不得了的父老乡亲们的眼里，我已经很了不起了，是"官"了，而且还是在县城里面，就如当年的秀才留在京城一样，是十分的殊荣。我在县城的日子是他们想都不敢想的。我相信我过日子是很认真的，也是很实在的，从来不想让日子从自己的手里溜走，日子对于我是留下痕迹的，我对于日子不怎么后悔。

要让日子对于自己来讲不很遗憾，既不能不学无术，又不能狐假虎威；既要努力工作，又要认真做人；既要把工作干出色，又要充分发挥自己的特长。起码退休以后还能发挥自己的爱好和特长。

春暖花开，春华秋实。时间不会停留，日子总是要过，关键是看你怎么过，以什么态度去过，过得怎么样，就看你的心态了。

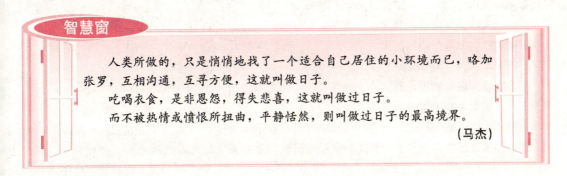

智慧窗

人类所做的，只是悄悄地找了一个适合自己居住的小环境而已，略加张罗，互相沟通，互寻方便，这就叫做日子。

吃喝衣食，是非恩怨，得失悲喜，这就叫做过日子。

而不被热情或愤恨所扭曲，平静恬然，则叫做过日子的最高境界。

（马杰）

心 的 起 程

◇雷 辰

人生有很多个轮回。

每一个轮回，都是失败的终点，下一个成功的起步。这个时候，已经懂得要如何去忘记，过去的种种都不再重要，重要的只是现在的路该如何继续。叱咤风云的人物，走到辉煌的尽头，白发苍苍垂垂老矣。他突然发觉，那些荣耀编成的光环是那么肤浅，不值得留恋。青年的浪漫、中年的平和迷失在拼搏和汗水里，从未留意过生活精心编制的插图。一杯清淡的茶只是会议洽谈时仓促上阵的工具，一抹冬日的阳光也只是办公室里从未侧目的瞥影。他的名字被各大媒介曝光，巨幅照片中，英姿焕发的领导者露出自豪而苍白的微笑。暮年，离开变化莫测的战场，他读懂了空虚。回顾曾经的风雨，他明白自己是成功的失败者。别人眼中的羡慕和钦佩、极高的知名度和日益壮大的事业，在老者的眼里，不及吟唱的小鸟和乡野的绿草。或许这就是成功的失败，难以评说的人生。而现在，他的心开始飞跃，澎湃的壮志与激情如同掀起人生大海的浪潮，潮汐退去，风平浪静，进入一种"采菊东篱下，悠然见南山"的境界。他可以像初生的婴儿一般，流连于每处优雅奇特的风景，只去追寻它们，不作他求。所有宏大的作为全部沉淀于人生海洋的深处，变成璀璨光辉的宝石珠贝。这时候，他的心开始行走在崭新的旅程中。

我不知道此时为什么会冒出如此深奥以至于自己都说不清道不明的感悟，我只是抒发一些心情。品尝过失败的感受，如同阴郁的天气，虽不可触及，却使心时刻陷在压抑和痛苦的泥潭里。觉得一切都终结了，梦想变得很遥远，我只能在放弃与坚持中不停地挣扎，昏天黑地。一路走来，到底是失败还是成功，我无数次审问自己，请原谅我如此无用，不能给自己一个确切的答案。凄迷地流落在荒野中，我找不到方向，紧紧攥在手里的只是

那些值得我引以为豪的过去。而它们却恰恰不能带我逃离迷途，只是让我更加沉溺在深深的苦水中，连心都快要沉没。失败了，我的心快要向深渊靠近，强大的理智也战胜不了"放弃"对我的唆使。"原来那么成功，而现在这样失败，你一定得趴下。""放弃"这样说，说得我迈出了一步游移不定的步伐。你失败，只是因为你始终没走出以前的影子，你的心还没有重新开始，你要漂亮地坚持。这是谁的声音？如此纯粹地刺中我。

那只是你的一个轮回啊，你已经走到终点了。人生的轮回总是有漂亮的过程和惨淡的结尾，

之所以会这样，是因为人的心智总在成长，总在接受考验。走出来，进入下一个轮回，就等于进入下一个成功的起步。

这就是人生，总是充满一些哲理的、含蓄的、需要切身体会的东西。人生的轮回总是不断，而身在此中的我们便得到无数次的历练。为事业奔忙的人，经历极大限度的成功，也终会有黯淡的结局。这个轮回结束，下一个轮回便是收获感动的季节，依旧可以春色满园；而我，经历过一帆风顺之后，面临的是挫折带来的煎熬，它成为我人生中一道褪不去的痕，也成为上个轮回的终点。轮回结束，我是否应该停留在那里迟滞不出呢？把攥在手中的一切的过去撕掉，重新开始，下一个轮回，看我漂亮地坚持。

心随着人生的一道道轮回开始新的起程，无论怎样，我们虽败犹荣。

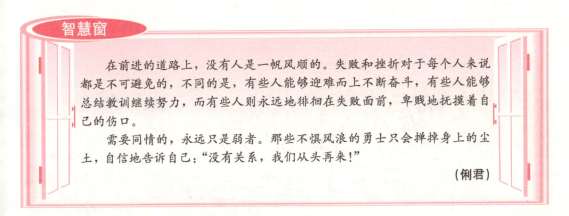

智慧窗

在前进的道路上，没有人是一帆风顺的。失败和挫折对于每个人来说都是不可避免的，不同的是，有些人能够迎难而上不断奋斗，有些人能够总结教训继续努力，而有些人则永远地徘徊在失败面前，卑贱地抚摸着自己的伤口。

需要同情的，永远只是弱者。那些不惧风浪的勇士只会掸掉身上的尘土，自信地告诉自己："没有关系，我们从头再来！"

(俐君)

欢乐吧

＊丑　　石
◇张不狂

石头丑到无与伦比，就该称为丑石。砌到墙肌里的丑石，与那些体面的石头挤在一起，就显得出来丑石的扎眼。

制造出这样的不和谐的情形，不应该单单归咎于丑石自身。它生来就是这样，不是它愿意接受丑，而拒绝美。丑石之所以不被人欣赏，甚至被它的同类排挤，大概是砌墙的时候，工人师傅遵循了"人尽其才，物尽其用"的结果。这是一个偶然的幸运或者不幸。幸运的如丑姑娘被白马王子相中，不幸的是丑石从为墙体站立将自己融入其中的那一刻，就埋伏下被排斥的命运。尽管它那样的愿意奉献自身，奉献一块石头愿意肩负的东西。只是它的愿意太一厢情愿了。

对于它的加盟，体面的石头们不乐意是一致的。它们讨厌这块黑溜溜的家伙。挨着它的一块石头对它发牢骚道："我怎么和你这么土气的东西在一起啊！"其余的石头也是众口一词。它们老大不愿意和一块奇丑的石头集体亮相，即使丑石做了这样的表白，也没能博得大家的谅解。

丑石说："各位兄弟，我也是石头家族的一员啊，我长得不论怎么丑，我也和你们一样具备石头的特性。再说，我的丑对于你们的美也是一种贡献啊——可以更大地衬托出你们的美啊！"

丑石的话迎来其他石头的一阵爆笑。它们对丑石说:"你说的比唱的都好听。既然为我们大家考虑,难道你就没有觉得我们和你在一起是多么的掉价吗?"

丑石知道辩解的无力,它灰心了,也孤独了。它知道反抗是没有用的。它唯一的选择就是逃离。它在暗中使劲。每当有人走过墙体,它就想着磨蹭一下人家的身体,这样就得到了回敬来的重重一脚。它高兴啊,不但不喊叫疼痛,而且心存感激。外力的作用对它真的是太重要了。

看着丑石被人欺负,且不喊不叫,那些体面石头不舒服了。它容不得丑石的坚韧。于是,它们合拢起来,一起用力挤向丑石。它们要挤碎缝隙中的水泥块。它们知道,要不了多久,丑石就会离开了。它们喊着劳动的号子,它们兴奋的声音淹没了丑石心里发送出来的掌声。

它们成功了。它们终于看到了丑石滚落到地上的狼狈情形。当丑石被人搬去砌到猪圈上时,它们发出了海啸一般的嘲笑:"哈哈,两个黑蛋碰到了一起。"

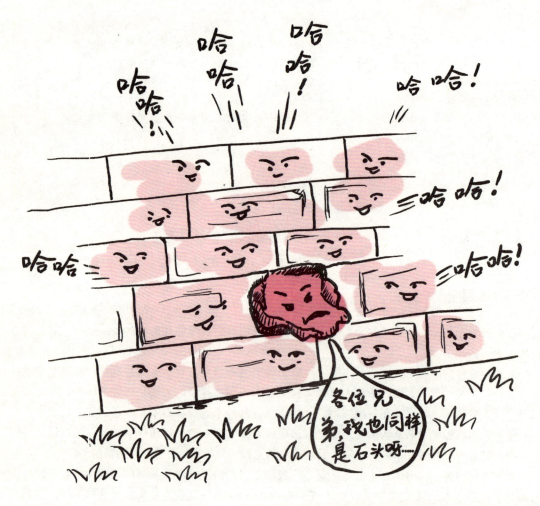

失去丑石的墙体是开心的。它们唱啊跳啊庆祝着胜利。但在包围着的开心中间,它们猛然有了失重的感觉。它们同时发出这样的疑问:没有了丑石,我们应该是和谐的,怎么会失重呢?它们觉得自己的失重一定是其中的某块石头在捣鬼。于是,它们都和那个没有现形的对手开始较劲。

这天，正赶上来了一场雨水，它们觉得机会来了。它们努力地使着劲，墙体开始松动。在墙体坍塌的瞬间，它们认定自己的对手就这样被自己抛弃了。虽然它们集体地散乱在泥水里。

悦客群

我要飞

总是看到关于美和丑的寓言，什么丑小鸭灰姑娘之类，难道相貌真的这么重要？虽然我们总是在标榜实力派，可是看来还是偶像派更能吃得开啊！

红袖添乱

现在就连工作招聘也能看出这种态势了，那些打扮得花枝招展的靓女俊男们在职场上很吃香，而那些一肚子学问却不太会包装自己的人却总是屡屡碰壁，真不知道我们现在需要的是人才还是花瓶。

怕瓦落地

拜托你别这么绝对好不好。不能否认某些情况下某些人只看外表不看才华，但事业的发展还是需要有真才实学的人来打拼，那些徒有外表的人即使一时得到了好处，也是经不起时间考验的。

关于外表美和心灵美已讨论了很长时间，其实两者根本就不矛盾。有漂亮外表而没有内涵是很难有大作为的，只重自己学识的修养而忽略修整边幅的人其实也是一种对自己的不尊重——有谁会去买一件包装破烂的商品呢？无论是哪方面的作用都不该被片面地夸大，和谐平衡才是我们追求的目标。

痛感中的快感

　　西方哲人柏拉图发现，悲剧会引起人们的一种乐此不疲的嗜好——"哀怜癖"。这种哀怜癖，喜欢欣赏不幸的、痛苦的事物，例如"听到荷马或其他悲剧诗人模仿一个英雄遇到灾祸，说出一大段伤心话，捶着胸膛痛苦，我们中间最好的人也会感到快感，忘其所以地表同情，并且赞赏诗人有本领，能这样感动我们"。对这种从别人痛苦中获取快感的哀怜癖，柏拉图极为反对，他由此得出结论：诗人"逢迎人性中低劣的部分"。因此，他主张将诗人赶出理想国。从柏拉图这一相反意见中，我们恰恰可以发现整个古希腊当时流行着"哀怜癖"，发现人们对于表现痛苦与恐惧的艺术作品的嗜好。

我为何而生

◇罗　素

对爱情的渴望，对知识的追求，对人类苦难不可遏制的同情，是支配我一生单纯而强烈的三种感情。这些感情如阵阵飓风，吹拂在我动荡不定的生涯中，有时甚至吹过深沉痛苦的海洋，直抵绝望的边缘。

我所以追求爱情，有三方面的原因。首先，爱情有时给我带来狂喜，这种狂喜竟如此有力，致使我常常会为了体验几小时爱的喜悦，而宁愿牺牲生命中其他的一切。其次，爱情可以摆脱孤寂——身历那种可怕孤寂的人的战栗意识有时会由世界的边缘看到冰冷、无底、死寂的深渊。最后，在爱的结合中，我看到了古今圣贤以及诗人们所梦想的天堂缩影，这正是我所追寻的人生境界。虽然它对一般的人类生活也许太美好，但这正是我透过爱情所得到的最终发现。

我曾以同样的感情追求知识，我渴望去了解人类的心灵，也渴望知道星星为什么会发光，同时我还想理解毕达哥拉斯的力量。

爱情与知识的可及领域，总是引领我到天堂的境界，可对人类苦难的同情却经常把我带回现实世界。那些痛苦的呼唤经常在我内心深处激起回响，饥饿中的孩子，被压迫、被折磨着，给子女造成重担的孤苦无依的老人，以及全球无情的孤独、贫穷和痛苦的存在，是对人类生活理想的无视和讽刺。我常常希望能尽自己的微薄之力去减轻这不必要的痛苦，但我发现我完全失败了，因此我自己也感到很痛苦。

这就是我的一生，我发现人是值得活的。如果有谁再给我一次生活的机会，我将欣然接受这难得的赐予。

智慧窗

人的幸福来源于两个基点——爱情与知识，这恰好对应了人类在感性和理性层面的双重追求。诉诸感性层面的"爱情"，无所谓秩序和逻辑，但却能直抵心灵，而"知识"则关乎人类的理性，它以一种肃然、严整、庄重的形象探索自然界的神奇。但是这两者又不是截然相对，它们之间的共通点便是那种热切的欲望，那种对于人类本身及其所生活的这个世界无法抑制的热爱。

(周倩雯)

绿 天

◇苏雪林

亚当和夏娃的地上乐园，真是太令人神往了，数千年来，有着不少口碑来传述它，不少诗歌来咏叹它，不少散文来铺张它，连学习工科，平日对于《圣经》素少寓目的石心，也常常对我说："我想寻找一区隔绝市嚣、水木清华的地方，建筑一所屋子，不和俗人接见。在那儿，你做夏娃，我便做亚当，岂不好吗？"

石心的性格原是很孤僻的，所以有这样的想法。我却颇爱热闹，虽也不喜交际，却爱有几个知心的朋友，互相往来，但对于尘嚣，也同他一样厌恶。因为我的祖父，都是由山野出来的，我也曾在乡村生活过多少时候，我原完全是个自然的孩子啊！

石心因为职务的关系，住在上海。他每天到远在二三十里外的工厂去工作。早晨六点钟动身，晚上六点钟才得回家，只有星期日方能自由。

他上工去后，我就把自己关闭在一个又深又窄的天井底，沉沉寂寂，度过我水样的年华。偶然出门在马路上散散步，眼睛里所见的无非是工厂烟囱袅袅上升的黑烟，耳朵里所听的无非是隆隆轧轧的电车和摩托声。我渴想着我从前所爱的花、鸟、云、阳光、绿野……但这些事物不但闪躲着，不和我的实际相接触，连我的梦境里都不来现一现，于是我的心灵，便渐渐陷于枯寂和烦闷之中了。

我曾读过都德的《磨房书札》，最爱《西简先生的小羊》那一篇。咳，现在我也变成这小白羊了，它虽然被系在芳草芊芊的圈子里，受着主人百端爱抚，却永远翘望着那边的崇山峻岭，幻想着那垂枝的青松，清香的野桐花，银色的瀑布，晚风染紫了的秋山，鼻子向着遥天，"咩！""咩！"发出一声声悠长的叫唤。

某年，即上海为五十年所未有的酷热所燃烧之一年；某月，即秋声和鸿雁同来之一月，我们由上海搬到苏州城里来了。

起先，石心接着苏州东吴大学的聘书，请他为该大学理科主任，并允许由学校赁给我们屋子一所。那时我们并不知新屋是怎样一个形式，想象那或是几间平房，有一个数丈长宽的庭院，庭中或者还有一二株树，少许的花草；不过这样于我已经很好，我只要不再做天井底的蛙，耳畔不再听见喧闹的车马声，于愿已足，住宅就说狭小一点，外边旷阔清美的景物，是可以补偿这个缺点的。吴城这个文化古城环境的幽静，我也算闻名已久了，所以石心接到聘书之后，心里尚在踌躇不决，我却极力地怂恿。啊，西简先生的小羊已经厌倦了栅和圈，它要毅然投向大自然的怀抱里去了！

于是石心决定了赴苏州教书的计划。

我们的行李运去之后，石心先去布置房子，我于第二天带了些零杂用品离开了上海。

我虽然已在苏州生活过，但对于东吴大学许给我们居住的屋子所在，却弄不明白，我便到景海女师，请校长洛宾孙女士引导我去。

洛女士是美国人，性情极为和蔼，见我来很高兴；听见石心也来苏州教书，更为欢喜。她请我坐了，请出她朋友沙女士来陪我，又倒给我一杯冰柠檬水。两个钟头在火车里所受的暑热，正使我焦渴呢，喝了那杯水，真感到甘露沁心般的爽快。

我谈起请她引导去看新居的话，她说："那屋子很好，我常想住而不可得，你们能够得到这样住所，运气真不错呀！"

"她们住在这样精雅的屋子里，还羡慕我们的住所，那么，那屋子一定不怎样坏吧。"我心里这样想着。

喝完冰水后，她和沙女士引我走出学校，逆着刚才我走来的道路，沿着天赐庄河走了十分钟，进了一堵墙，我们便落在一片大空场之中，场中只有一个小茅舍，余无别物。我正在疑惑，洛女士指着屋后一道矮墙和一丛森森的树木对我说："你们的屋子在这墙里。"

推开板扉，里面竟有一园，园里有一座虽不精致而极适宜于居住的双幢屋子。

呀，这真是"山重水复疑无路，柳暗花明又一村！"

走到屋前，石心听见我们的声音，含笑由屋中走出。洛女士和他寒暄了几句话，便作别去了。

等她出了板扉，我就牵着石心的手，快乐得直跳起来，说道："有这样一个好园庭给我们住，我简直做梦也没有想到！"

我们牵着手在园里团团走了一转，这园的景物便都了然在心了。

园的面积，约有四亩大小，一座坐北朝南、半中半西的屋子，位置于园的后边。屋之前面及左右，长廊团绕，夏季可以招纳凉风，而冬天则可以在廊子上躺着软椅负暄，这一点，可说是最中我意了。

这园的地势颇低，而且园中杂树蒙密，日光不易穿漏，地上常觉潮湿，所以屋子是架空的。它离地约有六七尺高，看去似乎是楼，其实并不是楼。屋子下面不能住人，只好堆煤，积柴，或者放置不用的家具。

园中尚有一个丈许高的土墩，登其上，可以眺望墙外广场中青青的草色，和东吴大学附近的那一双秀丽的塔影。

园中的草似乎多时没人来刈除了，高下杂乱地生长着。草里缠纠着许多牵牛花和茑萝花，猩红万点，映掩浅黄浓绿间，画出新秋的诗意。还有白的雏菊，黄的红的大理花，繁星似的金钱菊，丹砂似的鸡冠，都在荒园里争妍斗艳。秋花不似春花：桃李的妍华，牡丹芍药的富丽，不过给人以温馨之感，你想于温馨之外，更领略一种清健的韵致、幽峭的情绪？那么，你应当认识秋花。

讲到树，最可爱的莫如那几株榆树了，树干臃肿丑怪，大皆合抱，有如图画中所画的古木。青苔覆足，常春藤密密蒙盖了一身，测其高寿，至少都在一两百岁以上。西边一株榆树已经枯死了，紫藤花一株，攀附其根，蜿蜒而上，到了树巅，忽又倒挂下来，变成渴蛟饮涧的姿势。可惜未到春天，藤花还没有开，不然，绿云堆里，香雪霏霏，手执一卷，坐于树下，真如置身华严世界中呢。

有一株双叉的榆树最高。天空里闲荡的白云，结着伴儿常在树梢头游来游去，树儿伸出带瘿的突兀的瘦臂，向空奋戟，似乎想攫住它们，云儿却也乖巧，只不即不离地在树顶上游行，不和它的指端相触；这样撩拨得树儿更加愤怒：臂伸得更长，好像要把青天抓破！

春风带了新绿来，阳光又抱着树枝接吻，老树的心也温柔了。它抛开了那些顽皮讨厌的云儿，也来和自然嬉戏了。你看，它有时童心发作，将清风招来密叶里，整天缥缈地奏出仙乐般声音。它又拼命使自己叶儿茂盛，苍翠的颜色，好像一层层的绿波，我们的屋子便完全浸在空翠之中。在树下仰头一望，那一片明净如雨后湖光的秋天，也几乎看不见了。呀，天也给它们涂绿了。绿天深处，我们真个在绿天深处！

"这园子虽荒凉，却富有野趣，"石心笑着对我说道，"要是隔壁没有别人搬来，便也可以算做我们俩的地上乐园了啦！"

我没回答他的话，只注视着那些大榆树，眼前仿佛涌现了一个幻象。

杲杲秋阳，忽然变得眩目的强烈，似乎是赤道一带的日光。满园的树木，也像经了魔杖的指点，全改了模样：梧桐亭亭直上，变成热带的棕榈，扇形大叶，动摇微风中，筛下满地的日影。榆树也化成参天拔地的大香木，满树缀着大朵的红花，垂着累累如宝石如珊瑚的果实。空气中香气蓊勃，非檀非麝，闻之只令人陶然欲醉而已。

长尾的猴儿，在树梢头窜来窜去，轻捷如飞。有时用臂钩着树枝，将身子悬在空中，晃晃荡荡地打秋千玩耍。骄傲的孔雀，展开它们锦屏风般的大尾，带着催眠的节拍，徐徐打旋，在向它们的情侣献着殷勤。红嘴绿毛的鹦鹉和各色各样的珍禽异鸟，穿梭般在树叶间飞来飞去，悠扬宛转的歌声使整个静穆空间为之震颤。

树下还有许多野兽呢，但它们都驯扰不惊，亲睦无猜，像是一个家庭里长大的。毛鬣壮丽的狮子却抱着小绵羊睡觉。长颈鹿静悄悄地在数丈高的树梢，摘食新鲜叶儿，摆出一副哲学家的神气。金钱豹和梅花鹿在林中竞走。白象用鼻子汲取河水，仰天喷射，做出一股奇异的喷泉，引得河马们，张开阔口，哈哈大笑。

这里没有所谓害人的东西，凶恶的鳄鱼懒洋洋地躺在河边，在做着它们的沙漠之梦。一条条红绿斑斓的蛇，并不想噬人，也不想劝人偷吃什么智慧之果，只悠闲地蟠绕树上，有时也吱吱地唱着它们蛇的曲儿。那声音悠长、幽抑，如洞箫之咽风。响尾蛇则摇着尾巴，发出咚咚的鼓声，像是按和着节拍。

这里的空气，是鸿镕开辟以来的清气。它尚未经过闹市红尘的溷浊，也没有经过潘都拉箱中虫翅的扰乱，所以是这样新鲜，这样澄洁，包孕着永久的和平、快乐和庄严灿烂的将来。

树木深处，瀑布像月光般静静地泻下。小溪带着沿途野花野草的新消息，不知流到什么地方去。朝阴夕晖，气象变化，林中的光景，也就时刻不同：时而包裹在七色的虹霓光中，时而隐现于银纱的薄雾里……

流泉之畔，隐约有一男一女在那里闲步。这就是人类的元祖，天主用黄土抟成的人，地上乐园的管领者。

"你又痴痴地在想什么呢？我们的屋子还没有收拾妥帖，进去吧。"石心用手在我肩上一拍，啊，一切的幻象都消失了，我们依然置身于这红尘世界里！

但是，世上哪有什么真的幸福，我们又何妨就把这个庭院当做我们的地上乐园呢？

一切我们过去心灵上的创痕，一切时代的烦闷，一切将来世途上不可避免的苦恼，都请不要闯进这个乐园来，让我们暂时做个和和平平的好梦。这不是什么过奢的愿望，我想命运之神是可以垂允的吧？

乌鸦，休吐你的不祥之言，画眉，快奏你的新婚之曲。

祝福，地上的乐园。祝福，园中的万物。祝福，这绿天深处的双影。

智慧窗

　　把幸福比喻成一扇门，如此坚持地守候着。如果选择了等待，其实，我们谁都等不到幸福来敲门，更多的时候我们就像一个孩子只能追着幸福的尾巴，不断奔走，不到最后一刻都看不到明天在何处。只要今天够努力，幸福的明天就会来临。这句话和那句我们经常听到的话有点相像，就是成功总会眷顾有准备的人。其实，我们有谁是不想幸福的啊，又有谁不曾为自己明天的幸福而努力过啊。可事实却是成功只属于少数人，更多等不到幸福的失败者却成了成功者的垫脚石。

（章傅建）

 阅览室

熬至滴水成珠

◇池　莉

有一种春，是无法守候的。这就是人生的春。人生的春往往与年龄没有关系，却只是一种苏醒。这样的苏醒，如偏僻乡村篱笆上的野玫瑰，花朵开得烂漫，意象上却单单只有光明、简单、敦厚与宁静。

不要以为意象上的光明、简单、敦厚与宁静容易得到，更不要以为有了偏僻乡村，目的就八九不离十了。不是的。这种意象不是浅显的看图说话。能够形成这种意象的，要木篱笆，要野玫瑰，要好阳光，要一道碎石小路，从篱笆下面蜿蜒伸出，远远地，远远地深入到了起伏的山坡，要山坡上有茂密的针叶林，要林子里淡淡地散发着松香。

说的是人呢，说的是人生的春呢，因此这样的比喻也就是说：人生的春，天衣无缝，浑然大气，是先天的天地精华与后天的着意磨砺融会贯通了。

用一种更加日常的话来说，人生的春便是一种懂事。

有一句成语，叫做"少不更事"，可见懂事需要经历，经历需要时间，用漫长的时间去经历，这就是熬了。这个"熬"的意思相当于中草药制作汤药的那个"熬"：煎熬。于是，可以说，意象

79

是煎熬出来的，苏醒是煎熬出来的，人生的春是煎熬出来的。

玄妙的是，需要多少的煎熬呢？又需要多久的煎熬呢？所谓的漫长，那应该是多长呢？法海和尚，老得白胡子一大把，也还是无法彻底圆通，喜欢纠缠白娘子和许仙的家庭婚姻之事。六祖慧能，3岁丧父，自小卖柴养母，连文字都不认识，偶然得闻佛语，心即开悟，于刹那间便明心见性，立刻出家，然后修成正果。像我这样，写作半辈子，也算受了不短的煎熬，且不谈自己的写作，单说艺术鉴赏方面，在十余年前，我就觉得自己也算是知春了。不少著名作家的作品，看上去或巍峨，或工整，或灵动，或俊秀，诠释一个什么道理，都披挂在作品的形式上，十分易于让评论家一眼就看出好了。这些艺术家和评论家都在玩可爱，装童稚气，于大庭广众之下，一个人假装很复杂地把玩具藏起来，而另一个人假装很深刻地找到了它。这种把戏非常容易迷惑具有发言能力，并且乐于表现发言能力的泛知识阶层，大家一热闹一追捧，一伙子人都可以轻而易举获得名利。于此，我会马上露出不屑甚至公开厌恶。我要求文如其人，要求格物致知，要求道德文章真而不伪，要求艺术家首先具备天赐的直接感受人类情感的强大能力，又在后天能够使用这种能力遨游历史现实与人类心灵，然后剥茧抽丝，去繁就简，将他获得的核心理念完全融化在作品的血肉之中。也就是十余年前，我的态度是坚决的激烈的，我会忍不住要与人争论，乃至一言不和便会拂袖而去。我坚信自己看得懂作品也看得出人品，我坚信自己是正确的。

大约是在五年前左右吧，我的坚信开始动摇。我开始强烈地怀疑自己。后来我想明白了，便知道自己最多也就只有一部分的知春。我可以肯定自己的，只有两点，一是有了一些阅读经验，二是有了自己阶段性的艺术标准。别的，就不能被肯定了。我道行再深也就是一个法海和尚，远远不是六祖慧能。

还是要说人。还是人比什么都重要。

还是要把知春放在人的范畴检验，哪怕仅仅是鉴赏艺术作品。正如烧秋一般，若是一把大火烧尽所有季节带来的芜杂繁复，深秋的田野袒露出来的，就是单纯的田野。就这一个道理，一个极其简单明确的道理，足可启我愚蒙，教我知春。这就是：我可以拥有自己的鉴赏经验与艺术标准，但是我却不可以拿自己的经验与标准当做正确本身，当做正派本身，当做美德乃至真理本身。

事实上，偏偏我们太容易把自己当做正确本身，当做正派本身，当做美德乃至真理本身。我们一不小心就会疾恶如仇，因为那是我们从小就被教育被灌输到血液中的美德标准，我们会非常自然地去苛责、要求和打击别的艺术家。尤其在现实生活中，觉得看在眼里的分明是庸俗的，虚伪的，拉帮结派的，学阀作风的，沽名钓誉的，并且还会遇上他人对于自己个人和自己作品的恶意挑衅、谩骂和故意颠倒是非。在这些情况之下，要自己否定自己的真理立场，没有敌意，没有激烈的情绪，不反抗，不鄙视，不出言不逊，实在是很困难。

原来我要说的，还就是我自己，是我自己的渴望知春。

那一天，上午我在阅读以赛亚·柏林的书，下午我在菜地里干农活。当家家户户炊烟升起的时候，我倚靠在篱笆上休息，目光散漫地随着炊烟望到了灰蓝色的天空。武汉深秋与初冬的晴空是这样的好，颜色是很贵族气的灰蓝，温润又傲慢，空间却有着童话一般的神秘高远和无尽辽阔，万里无云又似一个能干俏女人晾晒出来的洁白床单，有说不出的洗练与明亮。好东西往往就是有气魄，就是要这样地打动人心。我心一动，便有了心得：世界上最重要的还是人！我得先于一切地承认：人的观念、喜好、志趣与理想都是没有通约性的！

比如我不看电视，可我不能否定电视，因为我的父母就看。我受不了商家大放流行歌曲，可许多顾客就是被这"热闹"吸引过来的。我厌恶打麻将，我的亲朋好友大多喜欢麻将。这就是说，观念的不同并非恶，价值的不同也并非恶，个人本性的不同更不是恶。因此，我何以动辄"疾恶如仇"呢？

别的艺术家追求什么理想或者什么名利，其作品使用什么形式，在我这里，可以不喜欢，可以进行学术评品，也可以置之不理掉头走开。但是，我应该怀有善意的尊重。不是说一定要尊重我不喜欢的作品与做派，而是尊重人，尊重人的选择的权利，尊重人类的通约性。我以为，这才是知春了的。那一种光明、简单、敦厚与宁静的境界，在现实生活里，大约就是要修养出一种善意的豁达与宽容来吧。

修养善意的豁达与宽容，这么简单的一句话，以我愚钝的资质，悟也用了十余年，想要修养成为人生的态度，还不知道需要经历多少年煎熬了。还敢比法海呢，充其量也就是一个善男子善女人罢了。

原来，人生的春是这样的难得啊！

智慧窗

　　让正在困惑中的人明白，什么是幸福生活，什么是完美的自我，什么才是应该拥有的！滴水成珠，要经过几多煎熬，才能达到这样的境界，才可以收获这圆润、晶莹、可人的珠呢？有些痛总要去面对，去接受，去措置。当走过来的时候发现，天还是那片天，云还是那片云，变化的只是心境。淡定地面对一切，真正地体会心中无敌，便天下无敌。
　　记得在一部武侠电影里，对于大侠达到的境界有这样的三种状态：第一种是心中有剑手中有剑，第二种是心中有剑手中无剑，第三种是心中无剑手中无剑。达到第三种境界的人是人生的最高境界，也许就是老子说的无为，是包容世界的胸怀，是不迟不疾的淡定，是上善若水的温柔，是处世不惊的镇定。

　　　　　　　　　　　　　　　　　　　　　　　　　　　　（章傅建）

阅览室

被剪辑的草原

◇洪　烛

　　羊在梦中咀嚼着的是一片多余的草原。

　　而草原梦见了什么？梦见了一只饥饿的齿轮——正努力地向它靠近……

　　此刻，我就是这头迷羊。我在远离草原的地方，徒劳地单相思。没有更多的食物了，我只能通过回忆来反刍。于是，蒙古包出现了，蓝天白云出现了，马以及骑手出现了，篝火出现了，琴弦出现了，弹拨的手指也出现了……——片并不存在的草原出现了。

　　牧羊人不断地丢失着自己的幻想，最后只剩下他手中紧握的鞭子。或许，他一开始就是靠一根鞭子虚拟出一支庞大的军队。作为一位写作者，我对此颇有同感。我的财富，每天都在增长，每天都在遗失。

　　开放，是花的一次深呼吸。而肺活量大的花，才可能经得起漫长的考验。

　　一场春雨过后，遍地盛开的鲜花，使醒来的草原快要认不出自己了。它仿佛置身于另一个更为辉煌的梦境。幸好，它也并未因之而变得虚荣。它就像忍耐苦难一样默默地接受着这随时可能消失的繁华。

这匹跑得最快的马，不仅抛弃了自己的同伴，而且失去了自己的身体。它的身体被风的阻力给吞噬了，只剩下了一个光秃秃的脑袋。于是它体会到了孤儿的悲怆。为了弥补那片空白，它开始寻找新的替身。直到某一天，它与一种乐器会合，才终于获得新生：音乐成了它的灵魂……

我向牧民学习弹拨马头琴。我看见的是一只从云端里伸出来的古老的马头，甚至我笨拙的手指，都感受到它那混沌的鼻息。草丛中藏匿着一只跑丢了的马蹄铁，锈得很厉害，让人无法分辨制造它的年代。几乎可以肯定：它在与那匹奔马相脱离的瞬间，变得无比空虚。我拾回了这只一直无人认领的马蹄铁——在我眼中这是最值得收藏的艺术品。我还同时拾回了一位无名的匠人的梦想，拾回了铁锤与炉火的记忆。

那天晚上，我看见了那匹走失的马：鬃毛飘拂，大汗淋漓，像个古希腊时代的美男子。我听见了一连串由远而近、又由近而远的鼓点般的足音……

应该为我手握的缰绳构想一个奇妙的比喻：草原的脐带。

跟母性的草原相比，每一匹马都如同新生的婴儿，在撒娇，在嬉闹——以一种无知的单纯……甚至连远道而来的我都恢复了一颗童心。在马背上我能变成一位诗人，当我紧握缰绳的时候，反而解放了自己的想象力。

是的，只有野马没有缰绳，只有野马缺乏爱。但是它们那流浪汉般的眼神里，却流露出更多的依恋——它与草原之间，依然维系着一根看不见的脐带。或许，每一匹马，乃至每一个人，诞生时，都随身携带着大地赋予它（他）的缰绳——这即使剪断了仍然像影子一样延续的宿命。草原的温柔与包容性，使万物都停留在摇篮的时代。我熟悉了马身体的每一部分。我甚至还熟悉了它的附加之物，譬如马鞍什么的。我相信马鞍也会疼痛——尤其当骑手倒下……马通过这一切意识到自己的存在。失去了骑手，它太像是天地之间的幻影了。而这一切并不至于抵消它内心的自由。

……

我的属相是羊，我的星座是猎户星，我身上有游牧民族的血统，我对草原有着特殊的感情。恐怕由于《圣经》曾把人类比喻为上帝祭坛上的迷羊，羊也就成为带有牺牲意味的动物，并且和人类拉近了距离。迷途的羔羊，足以形容某种陷入困境、期待着拯救的美。这是牧羊人承担的责任。在人与世界之间，神是中介。而在羊群与世界之间，人是中介。神放牧着人类，人类放牧着羊群。所以，在我的想象中，牧羊人是浪漫且神秘的。人类荣幸地成为神的替身，借助其至高的权威驱逐着大地上的万物——甚至一举一动都在无意识地模仿神的动作，从这个意义上讲，整个人类都是上帝的牧童，忠诚地履行着神圣的使命。牧羊人更是如此。

而我，则专注于放牧自己，放牧属相里的那头羊。

我相信，有一小片草原，肯定是为我而预备的。虽然我至今还没找到那小小的领地……

一头羊的到来，使草原的梦境出现了许多锯齿般的小小的缺口，而这些又会在它离去后得到恢复。

草原在我的想象中移动。我气喘吁吁地追赶着它——它与我永远一步之遥。即使在黑暗里，它也是发光体。

我在考虑：是否需要借助一只带长竿的网兜，才可能捕捉住这只巨大的蝴蝶？可我还是担心：它会从太多的空格里溜走……

智慧窗

　　广袤的草原，奔腾的骏马，豪爽的牧民，如传说一般的净土，是人神共同向往的地方。在那无语肃立的土地上，生命像天地般苍茫，像荒漠般沉寂，像崇山般深邃，像自然般凝重；任思想的悲风徘徊，像暮云回合，像风雨无踪，像日月一样甘于寂静。

　　褪尽脂粉，释放沉重，去感受那草原的空旷，牧羊人的圣洁，让我们拥有深远广阔的心！

（夏晓菌）

 欢乐吧

＊ "大话迷" 语录
◇紫 砂

真正的"大话迷"说话是这样的——

早上起来照镜子喊："猪啊。"

看到一条小狗要叫它："旺财。"

听到别人对你说话要说："收到。"

有人威胁你时说："饶命啊，英雄！"

看到别人打架，劝架时说："喂喂喂！大家不要生气，生气会犯了嗔戒的！"

当别人管你借东西时说："你想要啊？你要是想要的话你就说话嘛，你不说我怎么知道你想要呢？虽然你很有诚意地看着我，可是你还是要跟我说你想要的。你真的想要吗？那你就拿去吧！你不是真的想要吧？难道你真的想要吗……"

当同寝室的人看上一个女孩时说："帮主，品位太差了吧？"

天热睡不着觉时说："长夜漫漫无心睡眠。"

跟别人夸自己学校时说："这里虽说不上山清水秀，可是也别有一番风味。"

当佩服别人时说："I 服了 You！"

当在路上听见有人打招呼时说："跟我说话吗？不是跟我说的吧？认错人啦！"

给别人看一件东西时说："你不信？Look！"

当听不懂别人说的是什么时说："我明白了，你神经病！"

当考试不如别人时说："论智慧跟武功呢，我一直比他高一点点，就是因为多了个累赘，他才会高我一点点。"

向一个女生表示爱慕之情时说："那我们大家立刻开始这段感情吧！"同时还要说："小姐，不可否认我长得很丑，可是我很温柔，而且永远不会说谎。"

女朋友问你为什么喜欢她时说："爱一个人需要理由吗？"

当被抛弃时对别人说："感情破裂了。"

对人谈失恋的感觉时说："可惜快乐永远是短暂的，换来的只是无穷无尽的痛苦跟长叹！"

看到同寝室的人乱倒垃圾时说："你也真调皮呀！我叫你不要乱扔东西，乱扔东西是不对的！"

喝多了的时候说："哎哎，你给我点时间，我吐啊吐啊就习惯了！"

考试不及格时说："我猜中了前头，可是我猜不着这结局……"

看到别人考试也没及格时说："师弟，你也中招啦！""怎么？难道你跟他有一腿?！"（注意，腿这个字必须用一种特殊的声音读出）

不能听正版的"Only you"，会翻倒。

天气转阴时说："打雷啦，下雨啦，收衣服啦！"或者"好大的棉花糖！"

别人请你帮他带东西时说："你要让我拿点信物给他看，你有什么项链啊，首饰啊，金银珠宝啊，月光宝盒啊什么的……"

别人批评你时说："谁说的？我只是把视力集中在一点，以改变我以往对事物的看法！"

跟人打架时说："我是女人哎，跟我玩真的！"

悦客群 ▢▣✕

刘俞江

"无厘头"也能成就一段经典，以这种发展速度，这些语言成为我们的日常用语也不是不可能的。

 阅览室

<h2 style="text-align:center">黄 叶 小 谈</h2>
◇钟敬文

小雨霏霏，轻寒凄恻，虽说远赶不上北国的彤云密布、冻云纷飞，但住惯或生长在岭表的人，总会感觉得这是一种"岁云暮矣"的情调了。记得从前有一首五言律诗云：

> 梅动芳春近，云低远树微。雨兼残叶下，风带暗沙飞。
>
> 坐看三冬尽，回思百事非。浊醪连日醉，未足破愁围。

前四句，说的便是这个时节的景象。

一月来，我的心情的凄惶纷乱，是有生以来所不曾体验过的。劫后余生，欲去不能，欲住不得，这种难捱的情味，唯有过来人能够领悟。否则尽管说得很逼真，可是终不能希冀其体味，又何况我的笔端正笨拙得像永不转调的泉声呢？带住！这样轻轻提过就算了。在此当儿，不能做合心的事，自然在意料中。堆积着的文债何时才让我竣工毕事呢？思之黯然！

真是一个意外的事！昨天无意中在朋友处翻看了"贡献"第二期伏园先生题名《红叶》的一

篇文章，却引起了我一时的兴味，教我在这酒余慵困的今天，拿纸来抒写这篇小文。自己惊怪之余，不能不谢谢孙先生文章鼓舞我的魔力了。

"黄叶"与"红叶"，虽然是两种很相似的东西，但在我们的观感上，颇有着不同的情调。如容我做点譬喻，那么黄叶像清高的隐士，红叶她却是艳妆的美人了。古人云："停车坐爱枫林晚，霜叶红于二月花。"这便是红叶的气味有些近于女性的春花的证明。对于黄叶，则只有令人感到孤冷清寒，或零落衰飒，不会再有什么绮思芳情了。

我自己不知什么缘故，对于渔洋老人的诗会有如此嗜好的怪癖。如果在中国过去诗人中，我愿去自找什么老师，那么，他老，当是首先屈指的一个。他浏览景物的诗，几乎没有一首不是我所爱读的。他诗里常常喜欢用红树、红叶、黄叶等名词，如"好是日斜风定后，半江红树卖鲈鱼""清溪曲逐枫林转，红叶无风落满船""路入江州爱晚晴，青山红树眼中明""晚趁寒潮渡江去，满林黄叶雁声多""青山初日上，黄叶半江飞""数听清磬不知处，山鸟晚啼黄叶中"，诸如此类，都是很佳丽的语句，和东坡的"扁舟一棹归何处，家在江南黄叶村"，同为诗中的画。先生尝呼崔不雕为"崔黄叶"，他所最激赏的关于他的佳句，便是："丹枫江冷人初去，黄叶声多酒不辞。"可见他对于黄叶的爱好了。我忆起旧事来了。当我初进中学读书时，颇喜欢胡诌些歪诗。我们的校长周六平先生见了，竟大大地谬加赏赞。

回想数年前，我因为乱事，全家人由市镇迁入山村中的故居。那时的生活真是清隽可味。一个人竹笠、赤足，漫步于水湄林际。金黄的叶子，或飞舞于身边，或缭绕于足下。冷风吹过，沙沙地作响。我的思想，也和头顶晴空一般的宁谧而清旷，偶尔拾起一片，投在回曲的山溪中，它急遽地或迂徐地逐清碧的流水往下漂，我的神思也好像随之而俱去。在这样的环境中，真不知人间何世了？现在，不但这浮浪的身，未易插翼飞回故乡，就是去得，在那毒烟流弹之下，幽秀的山光，美丽的黄叶都摧毁焚劫以尽了！哦！时间的黑潮啊！你将永远不会带回我那已逝的清福了么？

我竟会这样地动起感情来了，为了区区的黄叶，黄叶的回忆！算了，我愿意过去了的永成为过去！无力的我，只合对当前和未来的一切，去低吟那赏味之歌——虽然这也怕只是一句近于"祝福"的空话。

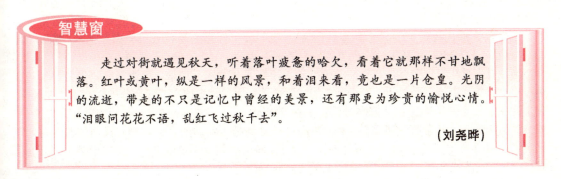

智慧窗

走过对街就遇见秋天，听着落叶疲惫的哈欠，看着它就那样不甘地飘落。红叶或黄叶，纵是一样的风景，和着泪来看，竟也是一片仓皇。光阴的流逝，带走的不只是记忆中曾经的美景，还有那更为珍贵的愉悦心情。"泪眼问花花不语，乱红飞过秋千去"。

（刘尧晔）

 阅览室

溜 达
◇王了一

在街上随便走走，北平话叫做"溜达"。溜达和散步不同：散步常常是拣人少的地方走去，溜达却常常是拣人多的地方走去。溜达又和乡下人逛街不同：乡下人逛街是一只耳朵当先，一只耳朵殿后，两只眼睛带着千般神秘，下死劲地盯着商店的玻璃橱；城里人溜达只是悠然自得地信步而行，乘兴而往，兴尽则返。溜达虽然用脚，实际上为的是眼睛的享受。江浙人叫做"看野眼"，一个"野"字就够表示眼睛的自由和意念上毫无黏着的样子。

溜达的第一个目的是看人。非但看熟人，而且看陌生的人；非但看异性，而且看同性。有一位太太对我说："休说你们男子在街上喜欢看那些太太小姐们，我们女子比你们更甚！"真的，世上没有一样东西，比一件心爱的服装、一款时尚的皮鞋或一头新兴的发髻更能在街上引起一个女子的注意了。甚至曼妙的身段，如塑的圆肩，也没有一样不是现代女郎欣赏的对象。中国旧小说里，以评头品足为市井无赖的邪僻行为，其实在阿波罗和藐子（即缪斯）所启示的纯洁美感之下，头不妨评，足不妨品，只要品评出于不语之语，或交换于知己朋友之间，我们看不出什么越轨的地方来。小的时候听见某先生发一个妙论，他说太阳该是阴性，因为她射出强烈的光来，令人不敢平视；月亮该是阳性，因为他任人注视，毫无掩饰。现在想起来，月亮仍该是阴性。因为美人正该如晴天明月，万目同瞻；不该像空谷幽兰，孤芳自赏。

溜达的第二个目的是看物。任凭你怎样富有，终有买不尽的东西。对着自己所喜欢的东西瞻仰一番，也就可饱眼福。古人说："过屠门而大嚼，虽不得肉，聊且快意。"现在我们说："入商场而凝视，虽不得货，聊且过瘾。"关于这个，似乎是先生们的瘾浅，太太小姐们的瘾深。北平东安市场里，常有大家闺秀的足迹。然而非但宝贵的东西不必多买，连便宜的东西也不必常买；有些东西只值得玩赏一会儿，如果整车地搬回家去，反倒腻了。话虽如此说，你得留神多带几个钱，提防一个"突击"。我们不能说每一次溜达都只是溜达而已；偶然某一件衣料给你太太付一股灵感，或者某一件古玩给你本人送一个秋波，你就不能不让你衣袋里的钞票搬家，并且在你的家庭账簿上，登记一笔意外的账目。

就我个人而论，溜达还有第三个目的，就是认路。我有一种很奇怪的脾气，每到一个城市，恨不得在三天内就把全市的街道都走遍，而且把街名及地点都记住。不幸得很，我的记性太坏了，走过三遍的街道也未必记得住。但是我喜欢闲逛，就借这闲逛的时间来认路。我喜欢从一条熟的道路出去溜达，然后从一条生的道路兜个圈子回家。因此我常常走错了路。然而我觉得走错了不要紧；每走错了一处，就多认识一个地方。我在某一个城市住了三个月之后，对于那城市的街道相当熟悉；住了三年之后，几乎够得上充当一个向导员。巴黎的五载居留，居然能使巴黎人承认我是一个"巴黎通"。天哪！他们哪里知道这是我五年努力溜达（按理，"努力""溜达"这两个词儿是不该发生关系的）的结果呢？

溜达是一件乐事；最好是有另一件乐事和它相连，令人乐上加乐，更为完满，这另一件乐事就是坐咖啡馆或茶楼。经过了一两个钟头的"无事忙"之后，应该有三五十分钟的小憩。在外国，街上溜达了一会儿，走进了一家咖啡馆，坐在 Terrasse 上，喝一杯咖啡，吃两个"新月"面包，听一曲爵士音乐，其乐胜于羽化而登仙。Terrasse 是咖啡馆前面的临街雅座，我们小憩的时候仍旧可以"看野眼"，一举两得。中国许多地方没有这种咖啡馆，不过坐坐小菜馆也未尝不"开心"。这样消遣了一两个小时之后，包管你晚上睡得心安梦稳。

溜达自然是有闲阶级的玩意儿，然而像我们这些"无闲的人"，有时候也不妨忙里偷闲溜达溜达。因为我们不能让我们的精神终日紧张得像一面鼓！

（注：Terrasse 是法语，意思是露天咖啡座）

智慧窗

　　溜达是一种普通人的境界，一种对身心欲擒故纵的放任和张弛有度。

　　街道扰攘，人流匆碌，到街上本来颇像堕落红尘，染一身喧嚣尘埃。散步是有闲得闲，自然与我们身份不合；逛街左顾右盼，饱览一切，则好像有事找事，又大可不必。可是倘若置身度外，超然而成为若即若离的旁观者，心随其性，景在旁骛，则往往可以得到意外的逍遥，以及逍遥中的意外。

　　生活是奇妙的，有时散漫无序，有时又步法严整；不管是提炼它，或者融入它，似乎总不免要了解它的肌理，调匀它的血气。而张弛两不误者，当然要数溜达。看人看物，光景常新，多少可以还一点夙愿，沾沾平常百姓可愚可爱的心性；认路则几乎是认自己，把自己抛到街上，就更是自娱自乐了。

　　这就是境界。

（郑荣健）

 阅览室

寂寞之上没有更上的寂寞

◇凸 凹

　　作为社会中的人，常常会有这样的感觉——

　　在酒吧中坐着，灯红酒绿的热闹中，会突然孤独得浑身发冷，感到那是别人的氛围，是别人调配的一坛盐水，而自己则只是一只带泥的萝卜，被腌渍之后，身上仅有一些汁液，也被盐水排挤出体外，抽缩得越来越小，便找不到自尊的影子。

　　偎在沙发的软窝中，厮守着令人眼花缭乱的屏幕。屏幕像个魔镜，方寸之间，拨弄着整个世界的物与事，是与非，富足得遍地金银，生动得满目时尚。但是，渐渐地，无聊和寂寞弄得你无法忍耐，无论你怎么变换频道，懊丧总是锁定在心中。感到那是别人的风景，那铺天盖地的绚烂，让你无所适从。汪曾祺在《泰山片石》中说过类似的感觉——泰山固然伟大，但我是个体弱的小老头，横竖拿它没办法，便望而却步、心存忧郁。

　　这也正如密密的雨脚之中，那远处的楼宇虽然有着阔大的屋檐，但给你的却是阴郁的忧愁；因为近处的你，当下的需要，仅仅是一把小小的伞而已。

　　如此说来，个体生命为何常感到孤独、寂寞、忧伤和无奈？盖因身外的世界太热闹了，环境的浮躁使人不能清静自守，挑起了人们多余的欲望。

　　然而，世间遍地都是诱人的货色，且都在个人拥有之外。

　　于是，在迷惘中生出酽茶一般浓重的凄怜便是很自然的事。在欲望中的人，谁能忍受自己拥有的太少？失落之中，一个叫卑微的东西，便如影随形了。

　　但有些人，却不被这种卑微所折磨，比如文人——

　　年老体弱的汪曾祺对巍峨的泰山望而却步之后，并没有因此自哀自怜，而是淡然一笑，拉着

他的腻友林斤澜在泰山脚下喝黄酒，喝得意气阑珊，心中温暖。看着艰难跋涉的年轻人，他甚至很得意：你看，咱拿泰山没办法，可它拿咱也没办法；咱虽然没能得到攀登之乐，但咱享受到了饮者的趣味。

他当时说了一句俚语：人生在世，不能小鸡吃黄豆——强弩。

这是一种生活智慧。

揣度一下，感到他的这种睿智，缘于两种途径：一是他本人的人生阅历，及建立在这个基础之上的理性思考，通过读他的书，知道他是个喜欢"琢磨"生活的人；二是他饱经了书香的涵养，他是个能够静下心来读书的人，书页中悠远的文化信息，被他"化"为自己的生命细胞——不拥有森林，未必就不闻松香。

海德格尔也说过：人诗意地栖居于世上之时，静静地听着风声也能体味到真正的快乐。

他的话在一个叫梭罗的美国人那里得到验证。梭罗离群索居于一个叫瓦尔登湖的地方，在只拥有基本生存条件的情形下，居然快乐地生活了两年，写出了一部精神盛典《瓦尔登湖》，告诉人们，人，完全可以生活在自己的精神世界里！

在现实世界上，还有一群在生命本质上与文人一样的人——那就是清贫而幸福的农人。

为什么茅屋里有不断的歌声？质朴的脸上常堆着麦子一样灿烂的笑容？

盖因为他们只索求自己真正需要的，没有过多的欲望。

他们与文人不同的是：他们虽然"琢磨"出了生活的本质，却连一句多余的话都懒得说了。

智慧窗

　　寂寞的感觉你我都尝过。那是一种在熙熙攘攘的人群中感到孤独的体验，寂寞不是一种形式而是一种心态，能有这种心态的人大多是有着丰富而复杂人生经历的人，就此而论，寂寞实际是一份财富。我想，真正懂得生活的人是不会放弃对这一财富的享受的。"独坐幽篁里，弹琴复长啸。深林人不知，明月来相照。"这该是多好的幽独和寂寞啊！这时，我们可以信马由缰地想点什么，所有温馨的、美丽的、曾经的、深爱的、忧伤的、怀恋的，甚而是生前死后善恶因果都会滚滚而来。

　　寂寞是片纯净的天空，是天人合一的感受；寂寞是一次洗礼，是对沉淀到生命深处的记忆的体味，没有感受过寂寞的人是不深刻的人，没有感受过寂寞的人生是不完整的人生。

　　随寂寞而去吧，到铺开着绿色绒毯的原野上，到依稀可辨足迹的林间小路上，在山谷、在荒漠，独伴着寂寞，可以偃仰长啸，随你歌唱或长吟。总之，它是一份绝好的生命礼物，但一定要独享。

（毛振文）

阅览室

人生的价值

◇至　臻

坐在办公室 9 平方米的寂寞空间里，我只知道，我的价值是日夜地抄抄写写，费力劳神，却得不到丝毫的谅解；站在喧嚣的马路上，我只知道，我的价值就是艳阳烈日下叮咛一声慢行，嘱咐一声珍重，并将事故的苗头化解在萌芽之初，将公民的生命、财产、安全作为千钧重担；奔走于案发现场，辗转于犯罪嫌疑人和证人之间，我只知道，我的价值是"铁肩担道义，忠心保平安"，用正义智慧的双手和勇敢聪颖的赤心，尽快侦破案件，将人民的安宁幸福与个人的喜怒哀乐有机地联系起来，这就是一个人民警察的价值取向。

母亲在我呱呱坠地的时候就给予了我充满活力的生命和强健的体魄，但我却常常感到自己有些浮躁、轻率和愚钝，我不会用语言表达自己的感受，不会用表情交流情感，更不会用意志之外的东西去修饰和装潢言行，因而自己的价值得不到淋漓尽致地发挥和毫不掩饰地挥洒，苦闷之时，我学会了阿Q的精神胜利法，不知这是超越时空的享受，还是远离尘世的躲避。

生活给予了我过多的启示，这些都随着时间的推移而逐渐变成了生命历程中的启迪，最终都被我作为新生活的港湾。从童年、少年的朦胧和模糊中，我变得清醒、变得成熟、变得深沉、变得老练，就像从警之初，遇到亡人，有些许的胆怯；遇有打杀场面，有点无所适从，最终成熟老练成了我人生的一种升华。这其中没有世故和圆滑，因为我在悟出生命真谛的时候，包含着深沉的思考和深切的回味，这其间，有对成功者的敬慕，有对失败者的懊悔；有对天涯孤旅的伤感，有对远方游子的眷顾；有对辉煌生命的摇旗呼唤，有对凄惨逝者的怜悯和同情；有对诸多生命现象的归纳和总结，更有对复杂人生奥妙的

追寻和探究，这种"路漫漫其修远兮，吾将上下而求索"的真诚、果敢、无畏的进取精神，足以使我受益终生。

价值是什么？人生的价值表现在哪里？虽然我不能确切下一定义，但是，平凡中蕴涵伟大，沙砾中闪烁着金色，却是一成不变的至理名言。

人生的价值反映在惊天地、泣鬼神的英雄壮举，更在于点点滴滴、平平淡淡的琐碎之事；人生的价值在于指挥千军万马，驰骋万里疆场，左右厮杀，更在于潜心日常工作，默默无闻、兢兢业业；人生的价值在于天高云淡、清风冷月、极目远舒，更在于熙熙攘攘、车水马龙、时间如梭。

　　人生是一种十分复杂、非常玄奥的生命现象，奔波于其中的人们，包括哲人、学者，虽然无时不探究、钻研，他们将生命的规律、生活的轨迹和个人的生活的业绩概括、归纳、总结，形成了整套的理论成果。只有我们认真地学习，才能超越，才能升华，才能使自己的人生的价值得到最大限度的体现。有的人穷其毕生精力，耗尽满腔热情去拼搏、去创造、去开拓，到头来，却是汗水换得失败，鲜血换得教训，这难道不深刻、不沉重和值得反思吗？

　　人生价值的追求应该结合现实，不断地改造环境，积极争取机遇，努力协调各种关系，在风险与成功同在、机遇与挑战并存的情况下去完成自己的人生使命，去履行自己的人生职责，这就使得你的价值追求更加符合人类社会发展的潮流，更加切合最广大人民的根本利益。

智慧窗

　　人们为什么不喜欢自己的真实生活呢？因为他不愿意花力气去研究和热爱这种真实，他浮于其上，眼光狭隘，专以虚伪的光色来自欺欺人，他总是希望别人来说出他精神的一切，而自己什么也不做，或只是装模作样，在一切方面。

　　世界是浮躁的，若随着世界漂浮，你将和浮萍相似。你所受的教育也将化作微末。这将摧毁你的理智，你成了百无一是处的人，客观的世界远离你或将你当成生命里的现象，你是木偶，被诱惑的线拉扯。

（杨书）

阅览室

异国秋思
庐 隐

　　自从我们搬到郊外以来，天气渐渐清凉了。那短篱边牵延着的毛豆叶子，已露出枯黄的颜色来，白色的小野菊，一丛丛由草堆里钻出头来，还有小朵的黄花在凉劲的秋风中抖颤。这一些景象，最容易勾起人们的秋思，况且身在异国呢！低声吟着"帘卷西风，人比黄花瘦"之句，这个小小的灵宫，是弥漫了怅惘的情绪。

　　书房里格外显得清寂，那窗外蔚蓝如碧海似的青天，和淡金色的阳光，还有夹着桂花香的阵风，都含了极强烈的、挑拨人类心弦的力量，在这种刺激之下，我们不能继续那死板的读书工作了。在那一天午饭后，波便提议到附近吉祥寺去看秋景，三点多钟我们乘了市外电车前去，——这路程太近了，我们的身体刚刚坐稳便到了。走出长甬道的车站，绕过火车轨道，就看见一座高耸的木牌坊，在横额上有几个汉字写着"井之头恩赐公园"。我们走进牌坊，便见马路两旁树木葱茏，绿阴匝地，一种幽妙的意趣，萦缭脑际，我们怔怔地站在树影下，好像身入深山古林了。在那枝柯掩映中，一道金黄色的柔光正荡漾着。使我想象到一个披着金绿柔发的仙女，正赤着足，踏着白云，从这里经过的情景。再向西方看，一抹彩霞，正横在那逶迤的峰峦上，如黑点的飞鸦，穿林翻翻，我一缕的愁心真不知如何安派，我要吩咐征鸿把它带回故国吧！无奈它是那样不着迹的去了。

　　我们徘徊在这浓绿深翠的帷幔下，竟忘记前进了。一个身穿和服的中年男人，脚上穿着木屐，

90

提塔提塔地来了。他向我们打量着，我们为避免他的觑视，只好加快脚步走向前去。经过这一带森林，前面有一条鹅卵石堆成的斜坡路，两旁种着整齐的冬青树，只有肩膀高，一阵阵的青草香，从微风里荡过来，我们慢步地走着，陡觉神气清爽，一尘不染。下了斜坡，面前立着一所小巧的东洋式茶馆，里面设了几张小矮几和坐褥，两旁列着柜台，红的蜜橘，青的苹果，五色的杂糖，错杂地罗列着。

"呀！好眼熟的地方！"我不禁失声地喊了出来。于是潜藏在心底的印象，陡然一幕幕地重映出来。唉！我的心有些颤抖了，我是被一种感怀已往的情绪所激动，我的双眼怔住，胸膈间充塞着悲凉，心弦凄紧地搏动着。自然是回忆到那些曾被流年蹂躏过的往事："唉！往事，只是不堪回首的往事呢！"我悄悄地独自叹息着。但是我目前仍然有一幅逼真的图画再现出来……

一群骄傲于幸福的少女们，她们孕育着玫瑰色的希望，当她们将由学校毕业的那一年，曾随了她们德高望重的教师，带着欢乐的心情，渡过日本海来访蓬莱的名胜。在她们登岸的时候，正是暮春三月樱花乱飞的天气。那些缀锦点翠的花树，都使她们乐游忘倦。她们从天色才黎明便由东京的旅舍出发，先到上野公园看过樱花的残妆后，又换车到井之头公园来。这时疲倦袭击着她们，非立刻找个地点休息不可。最后她们发现了这个位置清幽的茶馆，便立刻决定进去吃些东西。大家团团围着矮凳坐下，点了两壶龙井茶和一些奇甜的东洋点心。她们吃着喝着，高声谈笑着，她们真像是才出谷的雏莺；只觉眼前的东西，件件新鲜，处处都富有生趣。当然她们是被搂在幸福之神的怀抱里了。青春的爱娇，活泼快乐的心情，她们是多么可艳羡的人生呢！

但是流年把一切都毁坏了！谁能相信今天在这里低徊追怀往事的我，也正是当年幸福者之一呢！哦！流年，残刻的流年呵！它带走了人间的爱娇，它蹂躏了英雄的壮志，使我站在这似曾相识的树下，只有咽泪，我有什么方法使年光倒流呢！

唉！这仅仅是九年后的今天。呀，这短短的九年中，我走的是崎岖的世路，我攀缘过陡峭的崖壁，我由死的绝谷里逃命，使我尝着忍受由心头淌血的痛苦，命运要我喝干自己的血汁，如同喝玫瑰酒一般……

唉！这一切的刺心回忆，我忍不住流下辛酸的泪滴，连忙离开这容易激动感情的地方吧！我们便向前面野草漫径的小路上走去，忽然听见一阵悲恻的欷歔声，我仿佛看见张着灰色翅翼的秋神，正躲在那厚密枝叶背后。立时那些枝叶都窸窸窣窣地颤抖起来。草底下的秋虫，发出连续的唧唧声，我的心感到一阵阵的凄冷；不敢向前去，找到路旁一张长木凳坐下。我用呆滞的眼光，向那一片阴阴森森的丛林里睁视，当微风分开枝柯时，我望见那小河里潺湲碧水了。水上皱起一层波纹，一只小划子，从波纹上溜过。两个少女摇着桨，低声唱着歌儿。我看到这里，又无端感触起来，觉得喉头梗塞，不知不觉叹道："故国不堪回首"，同时那北海的红漪清波浮现眼前，那些手携情侣的男男女女，恐怕也正摇着画桨，指点着眼前清丽秋景，低语款款吧！况且又是菊茂蟹肥时候，料想长安市上，车水马龙，正不少欢乐的宴聚，这漂泊异国，秋思凄凉的我们当然是无人想起的。不过，我们却深深地眷怀着祖国，渴望得到些好消息呢！况且我们又是神经过敏的，揣想到树叶凋落的北平，凄风吹着，冷雨洒着的这些穷苦的同胞，也许正向茫茫的苍天悲诉呢！唉，破碎紊乱的祖国呵！北海的风光不能粉饰你的寒伧！今雨轩的灯红酒绿，不能安慰忧患的人生，深深眷念祖国的我们，这一颗因热望而颤抖的心，最后是被秋风吹冷了。

智慧窗

上帝总是看着我们的，当我们如虔诚的教徒跋山涉水、历尽千辛地追逐着属于我们的幸福，终于，在云的那一端金色的彩云后面，万能的上帝微笑着伸出他的拇指轻轻地摁在我们的额头上，刹那间，所有的阴霾霍然散去，眼前一片光明，耳边传来"咚咚"的声音，幸福终于敲开了我们的大门。

（章傅建）

阅览室

秋

◇丰子恺

我的年岁上冠用了"三十"二字，至今已两年了。不解达观的我，从这两个字上受到了不少的暗示与影响。虽然明明觉得自己的体格与精力比二十九岁时全然没有什么差异，但"三十"这一个观念笼在头上，犹之张了一顶阳伞，使我的全身蒙了一个暗淡色的阴影，又仿佛在日历上撕过了立秋的一页以后，虽然太阳的炎威依然没有减却，寒暑表上的热度依然没有降低，然而只当得余威与残暑，或霜降木落的先驱，大地的节候已从今移交于秋了。

自从我的年龄告了立秋以后，两年来的心境完全转了一个方向，也变成秋天了。然而情形与前不同：并不是在秋日感到像昔日的狂喜与焦灼。我只觉得一到秋天，自己的心境便十分调和。非但没有那种狂喜与焦灼，且常常被秋风秋雨秋色秋光所吸引而融化在秋中，暂时失去了自己的所在。而对于春，又并非像昔日对于秋的无感觉。我现在对于春非常厌恶。每当万象回春的时候，看到群花的斗

艳，蜂蝶的扰攘，以及草木昆虫等到处争先恐后地滋生繁殖的状态，我觉得天地间的凡庸、贪婪、无耻与愚痴，无过于此了！尤其是在青春的时候，看到柳条上挂了隐隐的绿珠，桃枝上着了点点的红斑，最使我觉得可笑又可怜。我想唤醒一个花蕊来对它说："啊！你也来反复这老调了！我眼看见你的无数祖先，个个同你一样地出世，个个努力发展，争荣竞秀；不久没有一个不憔悴而化泥尘。你何苦也来反复这老调呢？如今你已长了这孽根，将来看你弄娇弄艳，装笑装颦，招致了蹂躏、摧残、攀折之苦，而步你祖先们的后尘！"

实际，迎送了三十几次的春来春去的人，对于花事早已看得厌倦，感觉已经麻木，热情已经冷却，决不会再像初见世面的青年少女似的为花的幻姿所诱惑而赞之、叹之、怜之、惜之了。况且天地万物，没有一件逃得出荣枯、盛衰、生灭、有无之理。过去的历史昭然地证明着这一点，无须我们再说。古来无数的诗人千篇一律地为伤春惜花费词，这种效颦也觉得可厌。假如要我对于世间的生荣死灭费一点词，我觉得生荣不足道，而宁愿欢喜赞叹一切的死灭。对于前者的贪婪、愚昧与怯弱，后者的态度何等谦逊、悟达而伟大！我对于春与秋的取舍，也是为了这一点。

夏目漱石三十岁的时候，曾经这样说："人生二十而知有生的利益；二十五而知有明之处必有暗；至于三十岁的今日，更知明多之处暗也多，欢浓之时愁也重。"我现在对于这话也深抱同感；同时又觉得三十的特征不止这一端，其更特殊的是对于死的体感。青年们恋爱不遂的时候惯说生生死死，然而这不过是知有"死"的一回事而已，不是体感。犹之在饮冰挥扇的夏日，不能体感到围炉拥衾的冬夜的滋味。就是我们阅历了三十几度寒暑的人，在前几天的炎阳之下也无论如何感不到浴日的滋味。围炉、拥衾、浴日等事，在夏天的人的心中只是一种空虚的知识，不过晓得将来须有这些事而已，但是不可能体感它们的滋味。须得入了秋天，炎阳逞尽了威势而渐渐退却，汗水浸胖了的肌肤渐渐收缩，身穿单衣似乎要打寒噤，而手触法兰绒觉得快适的时候，于是围炉、拥衾、浴日等知识方能渐渐融入体验界中而化为体感。我的年龄告了立秋以后，心境中所起的最特殊的状态便是这对于"死"的体感。以前我的思虑真疏浅！以为春可以常在人间，人可以永在青年，竟完全没有想到死。又以为人生的意义只在于生，而我的一生最有意义，似乎我是不会死的。直到现在，仗了秋的慈光的鉴照，死的灵气钟育，才知道生的甘苦悲欢，是天地间反复过亿万次的老调，又何足珍惜？我但求此生的平安的度送与脱出而已，犹之罹了疯狂的人，病中的颠倒迷离何足计较？但求其去病而已。

我正要搁笔，忽然西窗外黑云弥漫，天际闪出一道电光，发出隐隐的雷声，骤然洒下一阵夹着冰雹的秋雨。啊！原来立秋过得不多天，秋心稚嫩而未曾老练，不免还有这种不调和的现象，可怕哉！

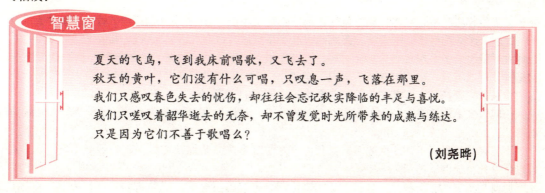

智慧窗

夏天的飞鸟，飞到我床前唱歌，又飞去了。
秋天的黄叶，它们没有什么可唱，只叹息一声，飞落在那里。
我们只感叹春色失去的忧伤，却往往会忘记秋实降临的丰足与喜悦。
我们只嗟叹着韶华逝去的无奈，却不曾发觉时光所带来的成熟与练达。
只是因为它们不善于歌唱么？

(刘尧晔)

欢乐吧

＊可怜的帝王

◇小 晓

据说，史上死得最窝囊的，是东晋孝武帝司马曜。

这位老哥跟大多数皇帝一样，沉迷于声色。有一次他喝醉了，跟宠妃张贵人吵架——注意，是吵架，不是皇帝训斥妃子，而是皇帝和妃子你一句我一句对骂的吵架。最后司马同学给惹急了，甩出一句赌气的话："俺不理你了！俺那么多妃子，俺找别人去！"说完，倒头呼呼大睡了。

还在那儿清醒着的张贵人开始琢磨了，老家伙要不理我了？找别人去，那哪儿能行？现在我这么年轻美貌，你就不理我了，那将来等我老了，还有好日子过啊？越想越气，越想越不妙，最后，张女士一咬牙，一狠心，招来几个宫女，搬了几床大被子，三下五除二，把还在香甜睡梦中的司马同学给活活捂死了。

可怜纯真的司马同学，为了小两口拌嘴的这么一句气话，丢了几辈子才修来的一条皇帝命。

据说，史上死得最离奇的，是春秋时晋国的国君晋景公姬。

这老哥是真正掌握生杀大权的一代国君，上了年纪，多少有点老年病。晋国的一位算命先生，大概是活腻味了，跟国君说："您老咧，活不过今年吃新麦子的时候了。"姬老先生一听当然不痛快了，到了当年新麦子下来的时候，把算命的招来，捧着饭碗说："你看，你说俺活不到吃新麦子，

俺这就吃给你看！不过，你得先给俺死，谁叫你算得不准！"说罢叫人把算命的推出去砍了。

姬老头子端起饭碗，刚要吃，突然觉得肚子不舒服，跟左右说："不成，俺得先去上趟茅房。"说着放下碗出去了。左右侍从左等右等，饭都凉了，还不见国君回来，咋回事呢？私下分头去找，宫里哪儿都找不到，最后，在茅房发现了姬老先生，原来掉进了粪坑里，已然薨了……

后来有人赞扬说，姬老先生是第一个殉难于厕所的帝王……

一向以文笔简洁有力著称的《左传》，仅用了一句话描写这一事件："将食，涨，如厕，陷而卒。"

不记得谁问过我了，什么叫傻缺？我说，好像就是傻帽儿加缺心眼儿吧。我觉着，下面这位可以竞争死得最傻缺的帝王……

他就是秦国的君王秦武王嬴荡。其实这位国君多好的前途啊，17岁即位，年轻有为，秦国也

国势鼎盛，诸侯皆惧。哪儿哪儿都好，就是有点傻缺，喜欢跟人家比力气，见什么都不服，尤其看不得大玩意儿。23岁那年外出，看见人家洛阳的大鼎，较上劲了，听说姓孟的大力士能举起来，非说自己也能举起来，结果还真举起来了，可是没扛住，掉下来砸断了大腿，由于当时医疗条件也差点，没过两天就死在洛阳了。

你的心目中有更合适的人选么？

嗯，故事讲到这里，我们也该总结总结了，学习历史嘛，就是要以史为鉴，我们学到了什么呢？我以为，有以下几点是我们今后一定要借鉴的：

1. 小两口吵架，不要说气话。
2. 举重是危险运动，没受过专业训练，千万别尝试。

悦客群

刘俞江

当帝王不专心考虑国家大事，整日无所事事，难免就会冒出一些"妖蛾子"。可怜这一个个天之骄子们，何必跟自己过不去呢？

 阅览室

过程的美丽
◇殷 远

一生中会给你留下诸多的过程，青春的、自然的、生活的。在这其间，你感悟着，体会着，在矛盾中挖掘那过程的美好。

有梦的时候，就有了追求，正因如此，年轻时总爱争强好胜地略展自己不值一提的才华，于是会在某次比赛出出风头，显显能耐，直到有一天见识了山外青山楼外楼，才知道自己那点小杂耍太经不起考验。因此，在以后的经历中，让青春接受多种考验，为人的锋芒也渐渐地隐去了些。尽管如此，与生俱来的天性还是掩饰不住内心的活跃，由于自己爱好的广泛，也总是遭到多人的嫉妒。可是，如果因为怕嫉妒就停滞不前，这样不太符合事物的发展。因此，年轻时的梦想一直延续至今，不肯悔改。

童年且不说，因为那时是一个不太懂烦恼的时刻，所以也只能用快乐作答。当真正的生活一步步向我走近时，美丽的幻想也越发模糊时，我才懂得幻想终归是幻想，有时是不会实现的。那是个在逐渐成长的过程中得知的结果。在接受现实的一面，由少年的皮肉上的磕磕碰碰历练到精神上的忍耐与承受。可是，因为人的一生只有一次的道理，所以那走得张狂的、热血的、浮躁的、真实的青春无论曾是怎样的荒唐，无论怎样的让人啼笑，无论怎样的冲动，那都是一份感动、一份生活赋予你的美丽的过程。

河水灌溉秧苗，炊烟袅袅升起，晚秋雨打轩窗，枝头鸟儿窃语……谁会错过这自然的馈赠？谁会躲过淅沥的细雨？鱼儿在水中嬉戏，马儿在草原驰骋，雄鹰在天空翱翔，候鸟的南北迁徙，河塘的蛙鸣连片。大自然原来在我们降生前就已给了那么多美丽，任你的生活再不景气，你也会因为感动而褪去烦恼的外衣，给自己一个洗礼，洗去懦弱，锻造勇气；洗去浮躁，添上稳重；洗去龌龊，净化心灵。再苦的日子，放眼于世界的馈赠，你也会增添无限的信心和重审生活真谛的勇气。再苦再累的过去，你也会寻到那过程的美丽，只要你能在各种境况下学会宽慰别人和自己。

清风绕过你的衣裙，细雨淋洒在你的两鬓，是谁在你的耳边窃窃私语？是谁给了你新鲜的空气？原来世界万物赋予我们人类如此的绚丽，那我们为什么不好好珍惜？不再计较得失，不再烦恼自己，不再怀揣不满，不再满腹怨言，要知道长时间的抱怨不会解决存在的任何问题，只会堆砌自己的烦恼和他人的鄙弃。有人问：你阳光吗？如果不是，就学会它，要知道，没人会喜欢阴霾。改变自己，为未来有个美好的回忆，为自己有个靓丽的过程而努力吧。

现实有时的确残酷，冷暖在世间变换地演绎。为人真的要领悟四季分明的真正含义，生活本就涵盖美与丑，只不过人之初的美让现实洗却了太多罢了。在很多自相矛盾的本体上，我们试图通过自己微薄的力量意想着去改变什么，可是，既然已经承认那种力量的微薄，既然也说是意想，可能适度会让我们相对轻松。在年龄的每个分割点，我们对事物存在的看法和处理的方式都不尽相同。因此，此一时，彼一时，现存的感受或许留存的时间不会很久，但观点如果带有普遍性，也正在证明，现实的不完美是带有其偶然性与必然性的。于是，我们要学会适应的同时，更要学会放大美好。

坐在电脑边感受敲击键盘的投入与执著的同时，我们还要承受那辐射问题带来的身体上的困扰。当优美的旋律在耳边回响的同时，是否在扰乱你写作的思维或是影响他人的休息……矛与盾的并存在考验着你对生活的态度和看法。之所以有把生活比喻为交响乐的说法，是因为生活并不都是华美的乐章，不一定都会激昂，乐曲中的抑扬顿挫，生活中同样会进行着"剽窃"。如同颜色不以黑白定夺般，那绚美的七彩才是真实的生活，于是，在其间我们还会肆意发挥自我的潜能为生活再度调色。

感受生活中过程的美好，如放飞的风筝般写就一种幼稚的憧憬，有寄托的生活不会死寂，有追求的理想不会荒凉。无论是怎样走过的往昔，我们都会努力在其间找寻那过程的美丽。

智慧窗

太阳每天升起落下，河流长久奔腾不息，四季变换轮回。每一个早晨，阳光让你温馨，雨露让你清丽，四季让你在变换中体会神奇。万物复苏昭示生命力，无论你是驻足溪流边不言不语，还是高歌一曲，都会在内心深处体会一种忘我的美丽。

人生其实就是一个复杂的过程，年龄的增长不仅是累加一个数字，同样历练我们的承受力，锻炼我们的机敏，洗涤我们逐渐受污的灵魂。也许这样的感悟只有在如许安静的境况下，才能如擦亮双眼般看清。因为，嘈杂的烦乱总是会制约我们的思考，金钱的亵渎一度让我们忘却做人的本真。是让浊水更浊，还是让清水更清？这值得我们每个人去认真地思考。

（林奇）

幸福生于会痛的心田

　　我在这里，幸福却远远地搁在那里，遥远的，贴心的，一个个字符之间的距离，触手可及，却又相隔万里。很多时候我在想，我们都是活在上一秒的人，从来都是无法看清下一秒的事情。每每当事物经过光线的映射照耀进我们眼内的时候，事物本身就已经在发生改变了，我们和事实之间相差那么一点点的余地，也属于无法企及的境地。时间似乎一直都在如此证明，没有人可以理直气壮地说出准确的预言，如果有，那也只不过是个讨厌的骗局。

翻起一张照片

◇根　慧

　　这真是一项神奇的发明，轻轻按下那个叫快门儿的东西，便会将自己准确地定位在纠葛的岁月里，多少年后翻看时，便能循着这一个点，找到当时的坐标。沿着这个坐标延展开去，拈起一张照片时，如同在一本叫岁月的书中抽出了一张薄薄扁扁的书签，便会毫不费力地穿越扑朔迷离的时空，将对应的那段记忆翻拣出来晾晒，复活一段曾经的时光。

　　谁把当年记起？又见烟雨！凝固的记忆融化后，灿烂的自己，依然如故，鲜艳欲滴。

　　是啊，还有什么事能比翻起一张古旧甚至微微泛黄的照片更让人沉醉呢？翻起照片，便像是处在一个永恒之界和绝对之境的入口，今"我"作为故"我"的上帝在记忆的岚烟与云海中庄严，故"我"作为今"我"的信徒在曾经的轮回中感激涕零……各种标准、法则、尺度在一个似是而非的太虚幻境里飞舞，丈量着得失对错，丈量着幸福的宽度、痛苦的长度，掌控着曾经及未来……

　　真是双重的快乐！

　　不过，辩证地来看待照片，却让人很是伤心了。因为照片也是时间的污点证人，它沉默着，却以它的存在证实着某种令人发指却又无可奈何的犯罪正在进行——时间在点点滴滴地拿走你的生命，甚至是明火执仗地抢劫，并且不曾半点儿停止——虽寂寞无言，却掷地有声。当人们仔细地端详自己曾经的一张照片时，心情那样复杂、甜蜜且忧伤。今"我"看故"我"，韶华只属于过去了，最珍贵的、最辉煌的、最灿烂的，只能活在过去了，活在记忆里，活在不变的照片里，活在一个没有开始、没有结束、没有任何变化可能的过程的点里。也许，这样的点多些、再多些，积累起来，便是所谓的生命了吧！

　　眼看着一种不希望继续进行的事情依旧被岁月牵着踏出沉重的足音向前行，不疾不徐，无法挽回，行进中的坚定让人的心灵绝望得无处依附。即使这件事情的过程再让人兴奋激动，可是最终的事实却是残酷无比的，要以生命的凋败做结局，想想都灰心丧气。

　　不过，这也不能怪那些总爱翻看照片的人们自寻烦恼，年轻人是靠希望活着的，而不年轻的人们则是靠记忆度日。尤其当回忆成为一种习惯时，死亡的感觉就会越逼越近，只能无奈地一遍遍翻看照片，躲在过去里不想出来，如同沙漠里面对危险的鸵鸟。

　　依靠曾经的自己欺骗自己，只能像吸食毒品一样，最后成为一种生理的必需了。

　　人的大脑太复杂了，不经意间就会连自己都骗过。有时，整个世界仿佛都是一个骗局，你骗我，我骗他，他骗你，时间是谎言的缔造者和揭露者，它乐此不疲地教唆人们相互之间骗来骗去，然后毫不留情地逐一亮开骗人者的底牌，在真相的背后偷笑，像个专搞恶作剧的孩子。可悲的是，人们依然不断地重复着被一个看不见的孩子戏耍的过程，日复一日。过程里，却没有真正的赢家。因为，大多数谎言永远要比大多数真话好听。

　　只是，无论是骗人还是被骗还是自欺欺人，真正的事实依旧会到来，而失去的，却是无法挽回的尊严。由生命的起点到终点，看似美妙的轮回，最终会沦落为残缺的圆满。

　　看起来，照片似乎又充当了这样一种道具——用一种炉火纯青的技巧把那个叫曾经的东西复制下来，让它能够最接近真相！其主要适用于自欺欺人者。复制得真实与否，不得而知，也不必深究了。

　　人生最终的结果不是每个人都敢于直面的，有几个人能像美国自由诗的代表女诗人西尔维亚·普拉斯一样奔放地表述着"死是一种艺术，像任何东西一样，我干得特别漂亮"，然后狂热地与死神拥吻？或是像唯美的川端康成在心里默念着"死是最高的艺术，死就是生"，然后口含煤气管离开人世呢？

人来到这个世界上，到底不是为了要留下些什么，而是想带走些什么，只是没有什么东西能真正地属于我们。也许，只有照片？

它先是属于我们，然后才被遗落在世界里。

于是，每当夜晚，握着一张古旧的照片坐在窗前，就会看到散落了一地的银光——冰冷的疼痛。就会想起一条鱼，在地面上挣扎，在飞扬的尘土中日渐干涸，渐渐失去光泽。我们就像那条有气无力的濒死的鱼，鳞片逐张脱落，在老去中等待死亡。岁月从我们身上生生剥落的一块块鳞片，便是那一张张即将积满灰尘的古旧的照片。

智慧窗

一张张积满灰尘的古旧照片上，没有从前和现在，一切都变得单一，一切都停止了。

如果说历史是个舞台，那么走上台去的各色人等最终会划分出主角和配角，而在古旧的照片上，不管你曾经多么的显赫或孱弱，你永远是这个小舞台上的主角。

（刘俊江）

阅览室

天黑黑

◇郑雪丹

在厦门火车站的月台上，人潮汹涌，略微浑浊的空气里夹杂着来自五湖四海的口音。我一直是个渴望行走的孩子，血液里穿梭着游荡的灵魂。我看见人们在站台上挥手，拥抱，告别，很煽情。而我只是沉默，沉默。爸爸从后面接过我手中的行李，一只手拎着，另一只手半环在我的肩上。只是悬空，没有接触。但我依然能觉察到他的体温，那种暖，温热而持久，穿透世间一切距离和障碍，来自这个给予我骨血的男人，这个被我吞噬了青春却无怨无悔的男人。我侧头，看见那只粗糙的、棕褐色的、被岁月的风霜刨出沟壑的手，正在苍老着。我真的不知道，这个世界上还有哪一个肩膀可以这样无私忘我，可以这样让我感觉安全和温暖。我把行李搬到上铺。上铺与车顶的距离让我无法直立。我就这么弯着腰，看着下面的爸妈。妈说，你就别下来了。爸爸赞同地点点头，于是我也点点头。然后，我们就这样彼此对视着。这样灼热的目光，这样绵长的眷恋，仿佛要把这一生的注视都用完。我突然返身下了梯子，我拥抱了妈妈。我一直学不会煽情，我们已经很久很久没有拥抱过。我总是这样独立和自我，我害怕我会依恋上拥抱带来的温情和依靠。我不停地寻找依靠，然后有意无意地放弃每一个依靠。我来了，我路过，我走了。那一刻，妈妈终于泪如雨下。泪水很快打湿了我的肩膀，冰凉冰凉。她其实一直在抑制自己，我知道，可我是有意惹她哭的。生我养我的母亲，我即将放逐她在故乡而一走千里了。我有漂泊的魂灵，我不知道自此一别，什么时候还会停下脚步让她倚着我的肩膀孩子般哭泣。我从不相信圆满，事情可以有结局，却难以圆满。可我还是努力地为她制造一种圆满。爸在那一刻侧过脸去，默默地穿过车厢，穿过嘈杂的人群，走到月台上去。我看见他侧脸时眼里闪动着那个亮晶晶的东西。他总是这样，这样掩饰着自己，不让我看见他的脆弱，无力却固执著。我也总是这样，明了，却从不说穿。火车快开了，爸妈都回到了月台上。他们夹在送别的人群中，随骚动的人群不由自主地前后挪动。他们半依偎着，他们相互搀扶着。我这时才发现，岁月是如此不待人，他们都已不再年轻，微微变形的身材再没有了我记忆中矫健或轻盈的风采。他们栽下青春，拼出我如花的岁月。他们微笑着，泪光闪烁着。痛，并快乐着。火车缓缓启动，人群激动起来，我们挥着手。妈妈像是想起了什么而再次絮絮叨叨着，可是我已经什么也听不到了。我知道那一定是她早已说过千万次却永远也说不够的唠叨，是我行囊里最沉最沉，我一生都还不清的牵挂。

这个黄昏，我终于又看见美丽的火烧云了。日薄西山，落日的余晖张扬地倾泻在蓝得发旧的天幕上，滴在云朵上时却变得粉扑扑的，像极了南方女子的脸，细嫩，柔丽，可人。南方的傍晚是火烧云的剧场，几乎每天准时上映。这在北方，在太原，却是很少见的，今天是第一次。它让我想起故乡的云。我就是在这样煽情的傍晚里收到了爸爸的来信。

停电的夜晚，我平静地等待天黑才和好友希子踏着星光去买蜡烛。耳边是树叶被风拨动时沙沙的声音，很清脆。北方的风总是这样无处无时不在的。爸在信里说每晚新闻联播后你妈都要看天气预报，无论有多忙多累，像每天的祷告。爸还说北方风大，天冷要多加衣服别舍不得花钱，别冻着……爸，妈，我不冷，我很好，你们的温情足以伴我度过生命里每一个冬季。

我们在回来的路上就点起了蜡烛。烛光在风中摇曳，我们看着烛焰忽大忽小，忽明忽暗，兴奋地嚷着，快乐极了。我想起小时候最喜欢做的一件事就是和爸爸妈妈去看花灯。那么多漂亮的花灯，精致的花灯。我用小手抓破一小块灯笼纸，爸爸就拼命地摇着花灯，呼啦呼啦，风来风住。烛焰也是这样忽大忽小，忽小忽大。我看着灯纸上忽明忽暗的米老鼠唐老鸭咯吱咯吱地笑。那时妈就会往我嘴里塞好吃的。多么幸福的时光啊。吃饱了，笑够了，我就在爸爸宽阔温暖的怀里美美地睡去，睡去，一直睡到后来叛逆的少年。黑色的七月，灰色的离别，睡到我独自一人在这个完全陌生的城市里慢慢学会坚强和独立。

智慧窗

父亲是下雨时不顾淋湿自己为你撑伞的人，母亲是为儿女操碎了心、再憔悴也毫无怨言的人，父母是你头顶上那方永远晴朗的天空！

童年生活的点点滴滴，长大后的离别思绪，父母的心里有说不尽道不完的牵挂。思念的泪光闪烁着，盛满往事的容器沸腾着，在这个停电的夜晚，北方特有的干燥而强劲的风夹杂着尘土扫过，如同一个桀骜不羁的孩子。抬起头，星光因为黑暗而显得耀眼，父母不在身边的日子，前面的路，要你坚强走过！

(夏晓菡)

欣赏经典

◇王小波

有个美国外交官，二三十年代在莫斯科待了十年。他在回忆录里写道：他看过三百遍《天鹅湖》。即使在芭蕾舞剧中《天鹅湖》是无可争辩的经典之作，看三百遍也太多了，但身为外交官，有些应酬是推不掉的，所以这个戏他只能一遍又一遍地看，看到后来有点吃不消。我猜想，头几十次去看《天鹅湖》，这个美国人听到的是柴可夫斯基优美的音乐，看到的是苏联艺术家优美的表演，此人认真地欣赏着，不时热烈地鼓掌。看到一百遍之后，观感就会有所不同，此时他只能听到一些乐器在响着，看到一些人在舞台上跑动，自己也变成木木痴痴的了。看到二百遍之后，观感又会有所不同。音乐一响，大幕拉开，他眼前是一片白色的虚空——他被这个戏魇住了。此时他两眼发直，脸上挂着呆滞的笑容，像一条冬眠的鳄鱼——松弛的肌肉支持不住下巴，就像冲上沙滩的登陆艇那样，他的嘴打开了，大滴大滴的哈喇子从嘴角滚落，掉在膝头。就这样如痴如醉，直到全剧演完，演员谢幕已毕，有人把舞台的电闸拉掉，他才觉得眼前一黑。这时他赶紧一个大嘴巴把自己打醒，回家去了。后来他拿到调令离开苏联时，如释重负地说道：这回可好了，可以不看《天鹅湖》了。

如你所知，该外交官看《天鹅湖》的情形都是我的猜测——说实在的，他流了哈喇子也不会写进回忆录里——但我以为，对一部作品不停地欣赏下去，就会遇到这三个阶段。在第一个阶段，你听到的是音乐，看到的是舞蹈——简言之，你是在欣赏艺术。在第二个阶段，你听到一些声音，看到一些物体在移动，觉察到了一个熟悉的物理过程。在第三个阶段，你已经上升到了哲学的高度，最终体会到芭蕾舞和世间一切事物一样，不过是物质存在的形式而已。从艺术到科学再到哲学，这是个返璞归真的过程。一般人的欣赏总停留在第一阶段，但有些人的欣赏能达到第二阶段。比方说，在电影《霸王别姬》里，葛优扮演的戏霸就是这样责备一位演员："别人的"霸王出台都走六步，你怎么走了四步？在实验室里，一位物理学家也会这样大惑不解地问一个物体：别的东西在真空里下落，加速度都是一个 g，你怎么会是两个 g？在实验室里，物理过程要有再现性，否则就不成其为科学，所以不能有以两个 g 下落的物体。艺术上的经典作品也应有再现性，比方说《天鹅湖》，这个舞剧的内容是不能改变的。这是为了让后人欣赏到前人创造的最好的东西。它只能照老样子一遍遍地演。

经典作品是好的，但看的次数不可太多。看的次数多了不能欣赏到艺术——就如《红楼梦》说饮茶：一杯为品，二杯是解渴的蠢物，三杯就是饮驴了。当然，不管是品还是饮驴，都不过是物质存在的形式而已，在这个方面，没有高低之分……

在一生的黄金时代里，我们没有欣赏到别的东西，只看了八个戏。现在有人说，这些戏都是伟大的作品，应该列入经典作品之列，以便流传到千秋万代。这对我倒是种安慰——如前所述，这些戏到底有多好我也不知道，你怎么说我就怎么信，但我也有点怀疑，怎么我碰到的全是经典？就说《红色娘子军》吧，作曲的杜鸣心先生显然是位优秀的作曲家，但他毕竟不是柴可夫斯基……芭蕾和京剧我不懂，但概率论我是懂的。这辈子碰上了八个戏，其中有两个是芭蕾舞剧，居然个个是经典，这种运气好得让人起疑。根据我的人生经验，假如你遇到一种可疑的说法，这种说法对自己又过于有利，这种说法准不对，因为它是编出来自欺欺人的。当然，你要说它们都是经典，我也无法反对，因为对这些戏我早就失去了评判能力。

智慧窗

经典之所以赏心悦目固然是因为它好，但倘若这种好掺杂了无限循环的操作和仪式，经典就会悄悄隐退，反而是其他的东西走上前台。

鲁迅先生说过，在天堂看其大如车的桃花，开始大概还可以做"桃之夭夭，灼灼其华"的诗句，后来也不过觉得平常而兴味索然了。美的欣赏，实际上总有某种期待和想象在里边，当一切都变得确凿无疑，变得精确和机械，美就会像窥透猎人布局的网的鸟儿，翩然地飞走。

然而美不是虚幻的，它是生命最大的丰富性，我们的期待和想象只是为了更好地抵达这种丰富性。重复则是另一回事，它抵达的是科学，是人类在自然造化中显示出来的笨拙的支解。重复美是残酷的，倘若失去了生命内在的丰富性，重复经典不是展示美，而是单调。

（郑荣健）

静静的沉思

◇断　章

落日的余晖温柔地普射大地，橙红的光线透过湛蓝的碧空映红了目光以外的半边天空。

风轻轻地撩动水面，微微荡动的波浪向岸边涌来。夕阳的投影穿过平静的水面绯红了面庞。

翠绿的柳条低垂不语，映入眼帘带来了无限生机。成片的柳林略施粉黛更加旖旎。

思忖良久的夜空缀了点点繁星，伴着情侣的脚步闪闪跳跃。凝望星空好似一颗颗生长在南国的红豆遍布整个宇宙遥寄相思，让一对对分离的有情人若有所思。

耀眼的霓虹光线把迷人的色彩洒向漆黑的角落，给本应宁静的夜晚增添了喧闹与升华，沸腾了人们的思想，解除了白日的劳顿，增加了几分心底的妩媚。

蓦然回首，姹紫嫣红娇嫩迷人，金黄的花蕊招蜂引蝶，把香气传遍人间万巷。晚风徐徐而来，行人的脚步越来越快，乌云覆盖了夜空的锦绣，茫茫黑夜聚拢了一道光线而后打破了沉睡的寂静。

雨滴断落，让人黯然神伤。阴沉的气氛促使眉头紧锁，狂风摇动着地面的小草，雨水捍卫了春的嫩绿。

走出了二月里来，闲云孤鹤把人带进了空旷的野外，感受到了夜的轻柔。伴着飘荡的思绪，享受音乐的多情。

幽静的山谷，少女的身影随着古筝的韵律飘袅而至，山间的溪水没有间断地流淌，清澈的水流净化了万物生灵。

窗外急落的雨点汇成了小溪，吼叫的狂风煽动起阵阵雨浪至南向北，匆匆逝去的夜雨没有痛快地淋洒街面，一种莫名的伤感触痛了沉默的心。

我在静静地思索，做人成功的标准与失败的底线是什么？

泪水在眼里转了很久还是没让它流出来，那是成功的喜悦带来的激动的泪。终于证实了自己的能力，人们投来了信任和真诚的目光，默默地听着赞同与欣赏的话语，真担心泪水不争气地滑落，虽然是喜悦但还是不希望别人看见。

泪水到底是抑制不住了，痛快地大哭一场。做人还是有失败的时候，人都不明白如何才能做得更好。极其心软地对待每个人，可给人留下的印象却是软弱可欺，很多次了，既失望又伤心，做人真的好难。

一颗焦躁的心久久不能平复，眼前的事情已重叠在一起，分不清主次。整颗心疲惫至极，沉重的步伐穿过了街巷，坐在车上该是神经休息的时刻。看到了匆匆忙忙的路人，聆听了每个人富有危机感的心声。

好想把心敞开，什么都不去想，爱怎么样就怎么样！转念一想不可以那样做，否则会越滑越远，永远不能到达制高点。

不知是竞争的激烈还是欲望的无穷，让人的压力越来越大。幸好各种休闲场所提供了放松的机会。

寂静的酒吧内，高雅的职业女性脱掉了整日穿着的职业套装，吊带迷你裙搭着披肩，静静地坐在那里想着心事。

忽然眼泪滴滴答答而落，没有一点声音，职场的精英照样也有苦闷，喝了两杯酒起身走了。也许心里的压抑被泪水冲淡了，起身之时若无其事的样子很洒脱。

QQ前很多人在聊着，转了几个回合发现还在原地踏步。伤感的话语、孤寂的心灵让人们无法走出桃花盛开的风景园林。

也许前生种下了桃花结今生走了桃花运，而网络实实在在地给人们带来了便利。想交多少朋友就多少，从不将任何人拒之门外，结果便看到了一篇篇或长或短夹杂着忧伤情感的文字，解读之后触目惊心。

惊于社会的进步、科技的发达，坐在厅堂演绎着荒诞的爱情故事。失去了做人的准则，挣脱了道德观念的束缚，上演了一幕幕扳倒肖淑妃，打败王皇后，实现古代三妻四妾的离奇故事。

网络让人欢喜让人忧，也许有很多人在梦想着一辈子单身做自由人，无拘无束做自己想做的事，而身边唯有一台电脑足矣！

游戏中人会慢慢地走向衰老，几位上了年纪的老人坐在托老所的观光车上若有所思，当初他们曾经那样的辉煌那样的快乐，可如今呆滞的目光不再显露当年的盛气凌人。

年轻与时尚不会驻留很久，但思想却是要时刻保鲜。日出日落景色依然，花开花谢颜色如故，物是人非心需永恒。

智慧窗

　　人类本来就具有一种思索和探求的力量，寻寻觅觅，思思量量，于是精彩的思考变成了胜利的行动，忧郁的思考变成了倒逆的行动。

　　这一次我们走了远路，在世界无限变小加速发展的另一端——虚拟世界中，心理距离却逐渐遥远。

（刘俞江）

漫　步

◇李　祥

　　墨尔本唐人街毗邻墨尔本市中心最繁华的斯旺斯顿大街商业步行街，主街是 Little Bourke Street。它以其色彩艳丽的建筑风格、风味浓郁的中式餐厅和琳琅满目的工艺品商店，成为旅游观光者的慕名访胜之地。

　　我从唐人街开始漫步墨尔本大街。路上林林总总的中文招牌和许多行色匆匆的华人预示这里又是一个很大的华人聚集地。在小伯克街两头各修起了一座中国式的"袖珍城墙"，把华人区围了起来，街口上还修了牌楼式的城堞。这里有中国商店、中国医院、中国媒体、中文电影院、华语夜总会、中文书店、中医诊所和以中文为主要服务语言的银行、保险公司、律师（移民）事务所、旅行社、免税商店及众多马来西亚饭馆、泰国饭馆、日本饭馆等亚洲餐馆，在这儿可一览东亚甚至东南亚风情。当地人不仅到这里来享受中国的美食，还可以观赏中国的文化艺术和澳大利亚规模最大的记录华人移民历史的澳华博物馆，仿佛自己是在香港。唐人街也是墨尔本的娱乐场所的集中地。其周围有常演歌剧的美琪大戏院和数个电影院。迷人的建筑群、不计其数的餐馆、大红灯笼以及在 Little Bourke Street 的大钟都为墨尔本的唐人街营造了惬意迷人的氛围。

有着近 150 年历史的墨尔本唐人街，当年是中国侨民的聚居地。1853 年当澳大利亚发现黄金的消息传至广东沿岸各地时，一群又一群年轻力壮者便相继背井离乡，南至澳大利亚墨尔本市郊巴拉拉特的素维伦山寻找其黄金梦，部分人索性在此定居下来，这便是墨尔本唐人街的诞生。经过一段时期的演变，唐人街的居住功能开始弱化，商业街市逐渐兴起，居住在唐人街的中国人从唐人街搬迁出来，住到普通澳大利亚居民的环境之中，并竭力去适应澳大利亚这个社会。历史演变的结果，同一城市再形成更多的大大小小的唐人街。墨尔本的利士门、博士山、史宾威等都是华人新的聚居地。

墨尔本唐人街不是传统华埠，集华族社会、经济、文化于一身，是一条中华文化街，是全体华裔同胞团结的象征。街不算长，但意义深远。马路不算宽，却能容纳下 32 万华人。坐落在唐人街内的澳华博物馆，展示着中国人在澳大利亚的历史。四座牌坊于唐人街的入口处，作为欢迎进入一个文化兴旺的地方的标志。宫灯高挂，彩旗飘扬。从不同国家、地区移民来的中国人，都在同一天举行新庆典，请出"大龙"在城里巡回欢腾，群狮共舞，向龙的传人祝福。食品节、龙舟节、中华文房四宝、传统工艺制品、中医中药等，唐人街文化含量的增强，对中国人来讲是凝聚力，对澳大利亚各民族而言是吸引力，随着历史的变迁会更负盛名。

墨尔本唐人街街道不像悉尼唐人街那么分散，那么有气势。它集中在一条窄街里，有些狭窄。这条窄街本身就是一条古街，路面由鹅卵石铺成，街两旁的建筑物大多超过半个世纪，古雅却不沧桑。这里也不像其他地区唐人街牌楼上都刻有中国字，只是在两端街口立了一块无字的牌坊敷衍地表示了一下，与周围的建筑很不协调。而墨尔本唐人街上能反映中国特色的就只是手工艺品店、杂货店、文具店、中医药材店以及珠宝店和橱窗中悬吊了一只只烤鸭的地道的中餐馆了。

著名的餐厅有食为先、万寿宫、小平菜馆等，甚至香港闻名的甜品店"唐朝"，在这里都找得到。据说"食为先"餐厅是成龙、洪金宝等港星在墨尔本的最爱，以港式料理及海鲜闻名，特别是料理澳大利亚特产的帝王蟹尤负盛名；重点是这里虽然名气大，但价格却很实在，每道菜约 16 澳元，且分量颇多。我们一行人试了炒袋鼠肉、鲜虾等产自澳大利亚的菜色，果然料多味美，着实饱餐了一顿。

智慧窗

海外华人在西方的氛围里生活了太久，自然会思念起中国的古韵，而我们对国外的新鲜事物也充满好奇心，也就想都尝试一下。其实无论是中国的还是世界的，都是我们人类文明的一种，都应该好好继承和体味，丢了哪一种，都是我们对历史的犯罪。

(章傅建)

阅览室

聆听是最不花钱的尊重

◇刘 墉

在人们聊天的时候，经常会出现这么一个现象：

其中一人正兴高采烈地对众人讲述，却发现大家突然交头接耳，岔到别的话题，原来的听众似乎一下子全转向了。

正当他尴尬得不知如何是好的时候，如果你能做他唯一的忠实听众，甚至大声地追问："继续说啊！下面的事情怎样发展？"他一定仿佛溺水时突然抓到援手般，眉头一扬，又恢复了精神，续完他的故事。

每个人都可能碰到这样的场面，都可能是那个故事说到一半，不知如何是好的人，也许是那及时为人脱困的朋友，更可能是另起炉灶，岔开他人话题，而换成自己发挥的人。

但是我相信，最令你感激难忘的，应该是那追问你"继续说啊！下面的事情怎样发展？"的朋友。最让你咬牙切齿的，则是泼你半盆冷水，大家突然转变话题的场面。

说话时，使听众注意力集中，是一门学问。

听话时，集中注意力于说话者，更是一门学问。

因为前者是一种才能，后者是一种德性。

这种德性，可能包含着尊重、体谅与忍耐，并不是人人都能做到的。

当我们听演讲或音乐会时，知道要准时入场，中途不能讲话，也不该离座，因为这是对台上人的尊重。

如果这台上人的演出实在差得很，而你能维持风度地听下去，不就是一种忍耐吗？

问题是：忍耐对你来讲只是一时的，如果你半途离场，对台上人的伤害，却可能是永远的。

有位舞台剧的演员对我说，他一辈子也不会忘记有一回在戏中独白到台边，突然听到下面传来嗑瓜子的声音，虽然只有一声，他却气得差点从台上跳下去，掐住那个人的喉咙。

他为什么那样气？

因为他觉得自己没有获得尊重，那嗑瓜子的一声，伤了他的自尊心，而这种伤害常是永远的。

至于我说聆听人讲话，也是一种体谅，就更值得你深思了，因为"事不关己便不关心"，你会发现许多在述说者心中最了不得的事，在外人的耳中，却是极无聊的。

譬如遭遇情感问题的人，谈她少收到几封信、白打了几通电话。得意的父母，说他的孩子又考了多少第一，得了几个优；甚至沉迷于宠物的，谈他的猫狗如何通灵懂事。如果你没有体谅，知道情人心、父母心乃至宠物心，再加上忍耐与尊重，是极可能无法长久听下去的。

我有一位朋友，曾在长途车上，以几个钟头说他研究制作纸花的心得，仿佛他已经是世界上最伟大的纸花艺术家，并计划如何打开全球市场。

隔了几个月，他又改变话题，说他得到一种"祖传秘方"，将可以大量生产，且会得到诺贝尔奖。事后同行的人怪我，为什么一直听下去，而且有搭有唱，明明知道他在做梦，为什么不戳穿，又何苦做他的唯一听众。

我说：因为这是他再三遭遇挫折后，唯一做梦的机会，有些人的梦可以早早打断，有些人做梦的权利，却不是我们应该去剥夺的。

这种听话的耐力，是因为我了解他的苦，也可以说是一种体谅。

聆听人讲话，是一门多大的学问！你要学着去尊重、去容忍、去谅解，也必然会因此而获得对方衷心的感激。

　　文章于普通的生活现象中洞悉人情，从交往中观察对人格的尊重，让一种在生活中司空见惯又鲜为人知的道理赢得人心——"聆听是最不花钱的尊重"。

　　生活的芜杂，现实的冷漠，早已让心封闭了门窗，而唯一开启的钥匙就在那一番倾情交流的话语中。请你学会倾听，学会容忍，学会谅解，敞开你的心房去接纳对方的话语，让人们在一种倾诉与倾听中架起一道爱的桥梁吧。

（标尺）

欢乐吧

＊大学 BBS 搞笑跟帖

◇水　木

先是一个女生写的：
一日黄昏漫步，见一男生装酷，呕吐，呕吐，只想低头撞树。
然后又见一男生写的：
一日自习深处，见一女生撞树，呕吐，呕吐，恐龙也敢摆酷。

以下为回帖：
今日黄昏奇遇，见有两人呕吐，装酷，装酷，一不留神撞树。
一日闲庭信步，忽见三人呕吐，何故，何故？只为都在水木。

无事闲逛水木，惊闻四人撞树，愤怒，愤怒，罚你四人植树！

那日四人植树，还有一人监督，残酷，残酷，惨状不堪入目！

都怪有人撞树，害得满版酸句，删去！删去！免得大家发怒。

你笑我闷气堵，害我搜肠刮肚，佩服，佩服，咬牙切齿想哭！

忽闻一人痛哭，不知这是何故，嘀咕，嘀咕，只缘恐龙撞树！

昨晚饭后散步，忽有两人呕吐，跑路，跑路，又遇恐龙撞树。

今天校园过路，忽然发现没树，罪过，罪过，大家爱惜树木！

近来真是添堵，水木烂人无数，何苦，何苦，都来撞俺老树！

竖看是一葫芦，横看是一酒壶，咕咚，咕咚，越喝越觉糊涂。

路上拾到葫芦，便想饱了酒肚，糊涂，糊涂，只是一瓶白醋。

大家成了文儒，挖空心思回复，辛苦，辛苦，肚里一坛酸醋。

大水发到此处，众人跟风摆酷，追溯，追溯，只因恐龙呕吐。

悦客群

阿莱

学校的生活就是这么丰富多彩，尤其是 BBS 里的争吵讨论，更是让人忍俊不禁久久回味。被学习课程压抑了的学子们，这里也许是抒发感受让思想飞翔的最好平台了。

 阅览室

走向虫子

◇刘亮程

一只八条腿的小虫，在我的手指上往前爬，爬得极慢，走走停停，八只小爪踩上去痒痒的。停下的时候，就把针尖大的小头抬起往前望，然后再走。我看得可笑。它望见前面没路了吗？竟然还走。再走一小会儿，就是指甲盖，指甲盖很光滑，到了尽头，它若悬崖勒不住马，肯定一头栽下去。我正为这只小虫的短视和盲目好笑，它已过了我的指甲盖，到了指尖，头一低，没掉下去，竟从指头底部慢慢悠悠向手心爬去了。

这下该我为自己的眼光羞愧了，我竟没看见指头底下还有路——走向手心的路。

人的自以为是使人只能走到人这一步。

虫能走到哪里？我除了知道小虫一辈子都走不了几百米，走不出这片草滩以外，我确实不知道虫走到了哪里。

一次我看见一只蜣螂滚着一颗比它大好几倍的粪蛋，滚到一个半坡上。蜣螂头抵着地，用两只后腿使劲往上滚，费了很大劲才滚动了一点点。而且，只要蜣螂稍一松劲，粪蛋有可能再滚下去。我看得着急，真想伸手帮它一把，却不知蜣螂把它弄到哪。朝四周看了一圈也没弄清哪是蜣螂的家，是左边那棵草底下，还是右边那几块土坷垃中间。假如弄明白的话，我一伸手就会把这个对蜣螂来说沉重无比的粪蛋轻松拿起来，放到它的家里。我不清楚蜣螂在滚这个粪蛋前，是否先看好了路，我看了半天，也没看出朝这个方向滚去有啥去处。上了这个小坡是一片平地，再过去是一个更大的坡，坡上都是草，除非从空中运，或者蜣螂先铲草开一条路，否则粪蛋根本无法过去。

或许我的想法天真，蜣螂根本不想把粪蛋滚到哪去。它只是做一个游戏，用后腿把粪蛋滚到坡顶上，然后它转过身，绕到另一边，用两只前爪猛一推，粪蛋骨碌碌滚了下去，它要看看能滚多远，以此来断定是后腿劲大还是前腿劲大。谁知道呢？反正我没搞清楚，还是少管闲事。我已经有过教训。

那次是一只蚂蚁，背着一条至少比它大二十倍的干虫，被一个土块挡住。蚂蚁先是自己爬上土块，用嘴咬住干虫往上拉，试了几下不行，又下来钻到干虫下面用头顶，竟然顶起来，摇摇晃晃，眼看顶上去了，却掉了下来，正好把蚂蚁碰了个仰面朝天。蚂蚁一骨碌爬起来，想都没想，又换了种姿势，像那只蜣螂那样头顶着地，用后腿往上举。结果还是一样。但它一刻不停，动作越来越快，也越来越没效果。

我猜想这只蚂蚁一定是急于把干虫搬回洞去。洞里有多少孤老寡小在等着这条虫呢。我要能帮帮它多好。或者，要是再有一只蚂蚁帮忙，不就好办多了吗？正好附近有一只闲转的蚂蚁，我把它抓住，放在那个土块上，我想让它站在上面往上拉，下面的蚂蚁正拼命往上顶呢，一拉一顶，不就上去了吗？

可是这只蚂蚁不愿帮忙，我一放下，它便跳下土块跑了。我又把它抓回来，这次是放在那只忙碌的蚂蚁的旁边，我想是我强迫它帮忙，它生气了。先让两只蚂蚁见见面，商量商量，那只或许会求这只帮忙，这只先说忙，没时间。那只说，不白帮，过后给你一条虫腿。这只说不行，给两条。一条半，那只还价。

我又想错了。那只忙碌的蚂蚁好像感到身后有动静，一回头看见这只，二话没说，扑上去就打。这只被打翻在地，爬起来仓皇而逃。也没看清咋打的，好像两只牵在一起，先是用口咬，接着那只腾出一只前爪，抢开向这只脸上扇去，这只便倒地了。

那只连口气都不喘，回过身又开始搬干虫。我真看急了，一伸手，连干虫带蚂蚁一起扔到土块那边。我想蚂蚁肯定会感激这个天降的帮忙。没想它生气了，一口咬住干虫，拼命使着劲，硬要把它再搬到土块那边去。

我又搞错了。也许蚂蚁只是想试试自己能不能把一条干虫搬过土块，我却认为它要搬回家去。真的，一条干虫，我会搬它回家吗？

也许都不是。我这颗大脑袋，压根不知道蚂蚁那只小脑袋里的事情。

智慧窗

　　漫漫人生路，总有疲惫伤心的时候，不要认同那些伪装的酷和变异的另类，那是那些无事可做的人找出来放任自己的借口，真正的酷是来自内心的，真正的另类是优异别人的特别，要有强大的信念，任凭时间流逝，不会怨天叹地和屈服的信念。伤心委屈的时候要号啕大哭，哭完了洗洗脸然后用手拍拍，挤个笑脸给自己看。

(章傅建)

阅览室

我的葱友们

◇惜月飘零

　　小时候就喜欢吃葱，长大了依然热爱葱。每每小炒、吃面、喝汤都少不了来一点小葱，有了她便有了胃口。有了她，便有了心情。

　　上次回家的时候，母亲特地从地里给我挖了几窝葱。母亲知道我喜欢吃葱，母亲说城里的葱没家里的好吃。家里的葱味道十足，一根葱就能香好几里路。这是母亲的原话，母亲说吃了葱的人会变聪明。因了"葱"与"聪"谐音。

　　葱跟随我从老家过来，原本打算就把她一顿给解决了。后来想到小弟"家"的葱生长得郁郁葱葱。转念，我舍不得吃了。我把葱安放在一个旧盆子里，我去楼下找来了一捧泥土。给她们安置了新家，终于"落叶归根"了。她们可争气了，长得很健康，很绿、很嫩。每天早晨起床第一件事我便去窗边阳台看望她们，看她们精神好不好呀，看她们有没有生病呀，看她们有没有受伤呀，看她们有没有新朋友呀……

　　我和葱有着亲密的联系，她们就像我的孩子。夏天，我担心她们中暑；于是，我每天早上定时给她们饮水。晚上下班回家又给她们补充水分。八月的时候，由于生病我回家待了段时日。临走的时候我好舍不得这些葱，我把她们安放在阴凉处，我给她们灌足了水分。一周后我回家，才发现她们都变了样，个个都瘦骨伶仃的。明显的是细胞缺水，她们的家园开裂了，有一条长长的伤口。那时，她们是多么希望我能回来救救她们的命。还好，我回来的时候她们还有一口气，幸好我赶到及时。不然我们就真的永别了。

　　回家不久，又一场暴雨亲临了她们的家园。我的葱友们被雨水给淋湿了身子，受了点凉，有些感冒，个个没精打采的。没了精神，有些萎靡不振，他们互相依靠着，小的靠着大的，强的照顾弱的，后来集体撑不住了都弯了腰。我担心死了，于是想到了给她们补充营养液。或许是因为长时间在医院工作，对于营养不良的病人每次治疗都少不了输脂肪乳和氨基酸注射液。于是，我让她们也享受一次患者的"待遇"，不知她们能不能给我这个面子。那天，我花了一百块钱在药房买了一瓶脂肪乳和一瓶氨基酸。回家后，我便用自来水稀释几十倍。每次我都很小心，一次给她们注射十毫升。我知道她们很柔弱，所以不敢来得太猛。皇天不负有心人呐，终于一周后她们都痊愈了，开始有了先前的皮肤，有了先前的外貌，有了先前的娇嫩，有了先前的精神……我开心的笑了，心里觉得很有成就感。因为我也当了一回医生，真是"妙手回春"啊！嘻嘻……祝贺我的葱友们又恢复了原来的面貌！

最近越来越喜欢吃面条了，每次都少不了加点葱花。在家煮面的时候我准会走近阳台，小心翼翼的摘下几根葱叶，生怕把一旁的葱友给惊醒。我细细观察后，知道她们跟我们人类一样，她们也要睡觉，她们也要休息，她们也有她们的语言，她们也有她们的舞姿……我发现葱友们在白天是要睡觉的，她们也要午休，一般来说午饭后便是她们休息的时候了。那时候，她们是不会动的，她们也懒得动；因为她们要养足精神，好在以后的时间好好成长。她们总是健康的成长，谁也不想拖后腿，因为她们一生都想给人类造福。

说到葱，我定会被她们的肤色所迷惑。绿色一直是我向往的色彩，绿色代表生机。我认为葱绿是大自然中最美的色彩。在你累的时候，你可以去亲近她，亲近她就是亲近大自然。在你疲了的时候，你可以看看她们的脸，顿时疲倦没了，心情也舒畅了。

每每坐在电脑前，一坐就是几个小时。特别是写字的时候，很容易疲倦的，尤其是我们的眼睛。这时候我们就需要大自然来拯救我们了。每次，我都会去瞧瞧我的葱友们。只有她们可以医治我的疲劳！谢谢葱友对我的爱戴！因为你们的到来，我的生活增添了无限得生机；因为你们的到来，我的生命长河才会如此美丽！

最后我要为葱友们高歌一曲，因为你们的爱，我们的世界更加美好！你们无私奉献的一生令我们折服。你们的伟大无人能比，你们的精神无人能比，你们的美丽无人能比！向你们致以崇高的敬意！

我会好好照顾你们，我会让你们繁衍更多的后代，我会把你们的故事流芳百世。我爱你们——我的葱友们！我们一起成长吧，我们一起生活吧！来吧，来我的怀里，我想拥抱你们！来吧，来我的心里，我想记住你们！

夜已深，我见你们都睡着了。于是，我停下了手中的笔。晚安，我的葱友们！

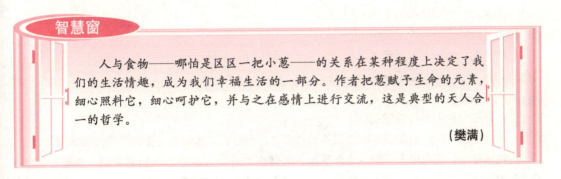

智慧窗

人与食物——哪怕是区区一把小葱——的关系在某种程度上决定了我们的生活情趣，成为我们幸福生活的一部分。作者把葱赋予生命的元素，细心照料它，细心呵护它，并与之在感情上进行交流，这是典型的天人合一的哲学。

(樊满)

蜘蛛的智慧
◇哥尔斯密

在我观察过的独居的昆虫中，蜘蛛最聪明。它的动作，就是对曾经专心研究过它们的我来说也似乎难以置信。这种昆虫的形体天生是为了战斗，不仅和其他昆虫，而且和它们的同类相斗。

大自然似乎就是为了这种生活景况而设计了它们的形体。

它们的头和胸覆以天然的坚硬甲胄，这是其他昆虫无法刺破的。它们的身躯裹以柔韧的皮甲，可以抵挡黄蜂的蜇刺。它们的腿部末端的强壮，与龙爪类似，并且脚爪之长简直像矛一般，足以对付远处的进攻者。

蜘蛛的几只眼睛，宽大透明，遮以某些有刺物质，但这并不妨碍它的视线。这种良好的装备，不仅是为了观察，而是为了防御敌人的袭击；此外，在它的嘴巴上还装备一把钳子——这是用以杀死在它脚爪下或网里的捕获物。

凡此种种，都是装备在蜘蛛身上的战斗武器，而它编织的网更是它主要的武器，因此，它总是要竭尽全力，把丝网织得尽善尽美。天然的生理机能还赋予这种动物以一种胶质液体，使之能拉出粗细均匀的丝。

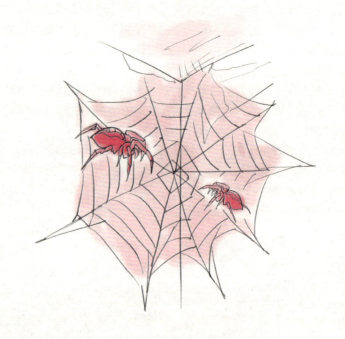

当蜘蛛开始织网时，为了固定其一端，它首先对着墙壁吐出一滴液汁，慢慢硬化的丝线就牢固地粘在墙上了。然后，蜘蛛往回爬，这根线越拉越长；当它爬到线的另一端应该固定的地方，就会用爪把线聚拢来以使线绷紧，也像刚才一样固定在墙壁的另一端上。它就这样牵扯丝拉线，固定了几根相互平行的丝，这就是准备好了意想中的网的经线。为了做成纬线，它又如法炮制出一根来，一端横粘在织成的第一根线（这是整个网圈子最牢固的一根）上，另一端则固定在墙壁上。所有这些丝线都有黏性，只要一接触到什么东西就可以胶住；在这个网上容易被毁损的部分，我们的织网艺术家懂得织出双线以加固之，有时甚至织成六倍粗的丝线来加大网的强度。

大约四年前，在我屋子里的一个角落上，我观察到一个大蜘蛛正在织它的网；虽然，那个仆人举起她致命的扫帚瞄准这个小动物要毁灭它的劳动成果，但很幸运，我立即制止了这一厄运的发生。

三天以后，这个网就完成了；我不禁想到这个昆虫在新居过活，一定欢乐无比。它在周围往返地横行着，仔细检查丝网每一部分的承受力，然后，才隐藏在它的洞里，不时地出来探视动静。不料想它碰到的第一个敌手，竟是另外一个更大的蜘蛛。这个敌手没有自己的网，也可能已经耗尽了积蓄下来的汗液，因而现在不得不跑来侵犯它的邻居。

于是，一场可怕的遭遇战立刻由此展开。在这场拼搏中，那个侵略者似乎占了体大的上风，这个辛勤的蜘蛛被迫退避下去。我观察到那个胜利者利用一切战术，引诱它的对手从坚强的堡垒中爬出来。它伪装休战而去，不一会儿又转身回来，当它发现计穷智竭以后，便毫不怜惜地毁坏了这个新网。这又引起了另一次战斗，并且，同我的估计相反，这个辛勤的蜘蛛终于反败为胜成了征服者，杀死了它的对手。

在被侵略者占领时，它以极度的忍耐等了三天，又几度修补了蛛网破损的地方，却没有吃什么我能观察到的食物。但是，终于有一天，一只蓝色苍蝇飞落到它的陷阱里来，挣扎着想飞走。蜘蛛使苍蝇尽可能把自身胶黏起来，可是蜘蛛最终怎能缚住这只强有力的苍蝇呢？我必须承认，当我看见那只蜘蛛立即冲出，不到一分钟，就织成了包围它的俘虏的罗网，我真有点诧异。一会儿工夫，蝇的双翅就停止了扇动；当苍蝇完全困乏时，蜘蛛就上前将它擒住，拉入洞中。

根据这种情景，我发现，蜘蛛是在一种并不安全的状况中生活的。因而，大自然对这样的一种生活好像作了适当的安排。因为一只苍蝇就够维持它的生命达一周之久，有一次，我把一只黄蜂放进一个蛛网中，但当蜘蛛照常出去捕食时，先是观察一下来的是个什么样的敌人，根据量力的原则，制服不了的对手，它立刻主动上去解除紧紧束缚对手的丝线，以放走这样一个强大的敌手。当黄蜂得到自由后，我多么希望那个蜘蛛能抓紧修理一下网的被破坏的部分；可是，它似乎认定网已无法修补了，便毅然抛弃了那个网，又着手去织一个新网。

我很想看看一只蜘蛛单独靠自己的储备能够完成多少个丝网。因此，我破坏了它织就的一个又一个的网，那蜘蛛也织了一个又一个。当它的整个储存消耗殆尽，果然不能再织网了。它赖以维持生存的这种技艺（尽管它的生命已被耗尽！）确实令人惊异无比。我看见蜘蛛把它的腿像球一样旋动，静静地躺上几小时，一直小心翼翼地注视着外界的动静；当一只苍蝇碰巧爬得够近时，它就忽然冲出洞穴，攫住它的俘获物。

但是，它不久就厌倦了这种生活，并决心去侵占别的蜘蛛的领地，因为它已不能再织造自己的罗网了。于是，它奋起向邻近蛛网发动进攻，最初一般都会受到有力的反击，但是，一次败绩，并不能挫其锐气，它继续向其他蛛网进攻，有时长达三天之久，最后，消灭了守护者，它便取主人而代之。

有时，小苍蝇落入它的陷阱时，这个蜘蛛并不急于出击，它只是耐心等待着，直到它有把握捕捉对方时，它才动手。因为，如果它立刻逼近苍蝇，将会引起这个苍蝇更大的惊惧，还可导致这个俘虏奋力逃走；所以，它学会了耐心等待，直到这个俘虏由于无效地挣扎而精疲力竭，就变成一个玩弄于股掌间的战利品啦！

我现在描述的这只蜘蛛已经活了三年了，每年，它都要更换皮甲，生长新腿。有时，我拔去了它的一只腿，两三天内，它又重新长出腿来。起先，它还惊惧于我挨近它的网，但是，后来，它变得和我如此亲密，甚至从我的手掌中抓去一只苍蝇，当我触着它的丝网的任何部位时，它就会马上出洞，准备防卫和向我进攻。

为了描绘得完善一点，我还要告诉诸位，雄蜘蛛比雌蜘蛛细小得多。当雌蜘蛛产卵时，它们就得把网在蛋下铺开一部分，仔细地把蛋卷起，宛如我们在布上卷起什么东西一样，于是，它们就可以在它们洞里孵育小蜘蛛了。遇到侵扰，它们在没有把一窝小蜘蛛安全转移到别的地方以前，是绝不考虑自己逃遁的，正由于这样，它们往往会因父母之爱而死于非命。

这些小蜘蛛一旦离开父母为它们营造的隐蔽所后，就开始学习自己织网，几乎可以看到它们日长夜大。如果碰上好运气，长一天，就可捉到一只苍蝇来饱餐一顿。但是，它们也有一连三四天得不到半点食物的时候，碰上这样的情况，它们也能够继续长得又大又快。

然而，当它们老了以后，体积就不会继续增加，只是腿长得更长一点。当一只蜘蛛随着年龄的增长而变得僵硬时，它就不可能捕捉到俘获物，最后就将死于饥饿。

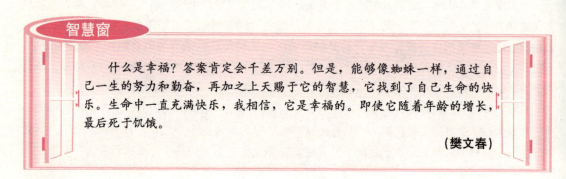

智慧窗

　　什么是幸福？答案肯定会千差万别。但是，能够像蜘蛛一样，通过自己一生的努力和勤奋，再加之上天赐于它的智慧，它找到了自己生命的快乐。生命中一直充满快乐，我相信，它是幸福的。即使它随着年龄的增长，最后死于饥饿。

（樊文春）

阅览室

有一天，我想成为别人

◇曾　忆

　　深秋时节，一朵惊魂未定的蒲公英仍在红尘里颠簸，飘飘落落。飘过荒原，飘过沙漠，飘过湖水，也飘过靡靡之音的殿堂，然而她只能留住她的向往，脚步仍在风里徘徊。或许，她只是为了奔波而生，然而她身不由自己，风，牵绊着她的脚步。

　　如果没有风，她便只能望着天空眨眼睛；如果没有风，她的记忆只能躲进遥遥无期的梦境；如果没有风，她只是一粒灰尘淡淡的身影。

　　风给了她心灵的生命，风让她擦着梦境的身体匆匆而过，她不知道对风是爱，还是恨，就像她不理解这次生命的远行。她在纠结的苦痛里怀念春天，因为那时，她还在一个温暖的怀抱里，那里有她咿呀学语的曾经。

　　她希望光阴逆转，光阴却带着她的焦虑匆匆行走，像一列不知回头的火车。曾经在她远行的焦虑中，一点点的变小模糊，像一座看不见的坟，那里埋藏着她关于春天的梦。

　　起风了，她行走在睡梦里。她多想有一天能够成为别人，享受着别人的快乐。在她看来，无论是谁都比她幸福。她习惯地看着天空，将视线延伸到看不见的地方，她告诉自己："太遥远了，就是虚无，虚无就是一场梦。"云在她的头顶上飘过，开始叹息。她对云说："谢谢你对我的同情，但我更愿意你祝福我，祝福我来世做一朵云，随心所欲，清闲自由。"云说："我的叹息是为自己，我叹息自己为什么不是一棵树？""做云有什么不好吗？"她问。云说："我的爱在地上，当我遇见他时，我已变成了泥水，在他心中，永远爱着那朵浮云。"

　　她想对云说些什么，可是还没来得及开口，风便拖着她开始匆匆赶路。她看着云，在相对的视线里离开，她留下了对云的祝福，祝福她来世做一棵树，与她的爱相伴。她相信她的祝福云懂，因为她们属于相同的洁白。

在一棵树上，风停了。她遇到了一棵高大伟岸的树。他的根深深地扎入泥土，风带不走他，白云热爱着他。她想起一首歌，歌里有她遥不可及的梦，想着想着不由自主地唱了出来："我想有个家，一个不需要多大的地方，当我疲倦的时候，我会想到它。"树在她的头顶叹息。她对树说："谢谢你对我的同情，但我更需要你的祝福，需要你祝福我来世做一棵树，不怕风，不怕雨，坚定不移。"树说："我叹息的是我自己，我的爱在湖心，可我只能在夕阳西下的时候将我的影子偎依在湖面，我的爱让泥土抓得太紧。也许有一天，我会遇见她，那时可能我已变成了筏，在她心里永远喜欢那棵高大的树。"

湖水激滟，波光粼粼。在水天一色的交相辉映中显得那样自然、安逸、恬淡，宛若一个粉装素裹的女子。湖心有船经过，在船的一侧无人问津的角落里一朵蒲公英的花在顾影自怜，湖水里的倒影让她感到陌生，完全认不出自己。她再也找不到曾经毛茸茸的单纯的自己。望着湖面，她问自己："我是否成了别人？我想要的自己去了哪里？"一粒石头落入水中，她听见了湖水的叹息。她对湖水说："谢谢你对我的同情，但我更需要你为我祝福，祝福我来世做一汪湖水。"湖水说："我叹息的是我自己，曾经有人把我叫做海，后来我成了江，曾经有人叫过我江，后来我成了湖，也许有一天人们会把我叫做泉。我的爱在岸边的草地，'野火烧不尽，春风吹又生。'有一天我死去的时候，我的身体上会生长着他们，他们又怎会想到，他们的脚下曾经是一片湖水？"

船行，花飞，有人唱歌，"有人说，高山上的湖水，是地球表面的一滴眼泪⋯⋯"

秋风起，惊醒岸边熟睡的青草，茫茫草野每一次欠伸都似一排排波浪。她艳羡草的生活，她想起一位诗人的话，在树叶沙沙落下的旋律里，她吟咏起来；"美丽的睡姿，一睁眼便是一个春天，新绿又是一年。"她听到了草的叹息，她对草说："谢谢你对我的同情，但我更需要你的祝福，祝福我来世做一棵草，秋去春来，生生不息。"草对她说："我叹息的是我自己，任人践踏，任牛羊啃噬，这样的生活难道不是一种屈辱？我的爱在蒲公英的花上，她带着我飞翔的梦。"

蒲公英随风而起，飞扬在草儿的视线里，她没想到熟悉的身影却是陌生的擦肩而过。想到云的爱，树的爱，湖的爱，草的爱，她感到爱只是一个幻影，那样的近，又是那样的远，那样的清晰，又是那样的模糊。也许，爱只是一个遥不可及的渴望。

她望着天空，发现天空是一个变了形的圆，那么在天空的眼里呢？她想着，有一天她能够成为别人，享受别人的生活，她却没想到，她也点缀着别人的梦境，别人又有多少人想要成为她。

风送走了蒲公英的花，她遇到了一座高高的山，她再也爬不过去了，在山脚转了转，她便消失了。

她的一生，有人爱她，有人恨她，有人对她既爱又恨，她在消失前只留下了一句话："爱恨本身就是一种束缚。"

智慧窗

在蒲公英的艰辛旅行中，看到了很多想要成为别人的东西。其实我们自身就是一个精彩，又何必为了成为"别人"而束缚住自我的灵魂？娴熟的文笔，不疾不徐的文字，给予我们深刻的启示。

（章傅建）

寻找那一份清高
◇周长森

长期以来，我以寻找的姿态写文章。长期以来，我先在花鸟虫草和空气中寻找，在自己的记忆里寻找，继而在人是物非里寻找。不是努力刻板地寻找，很自然的，随遇而寻的，一直依赖心性的。我寻找什么呢？

我知道，我在寻找一种最珍贵的东西，那是我的皈依，身心的皈依，得着它我便找到了人性的根本，成为于事物皆能豁然开朗的智者，不为事物障阻思绪神态的流畅，而为事物所随处随时眷顾。那东西便是清高，清虚至高而成清澈的空域，有形而抓不到，无形而有态，可与万事物合分自如，可独处自如，可心生万事物，也可心灭万事物。此清高乃清澈心性为高人之意味。

它可以是花，静如处子，动若风铃，但又不是花，而是花影性情。它可以是蝶，落与飞是它的事情，我只欣赏，我只感知，我只禅悟其中哲意美学，我或者也如蝶一样与花吻，与风伴舞。它可以是一位女子，美的我望其美，丑的我望其质，发现原来美丑无非外形，包装一样的血肉骨骼和不一致的心性，故美丑各得存理，各有所胜，各有佛经。它可以是叶，生而蓬勃、壮而尚稳、老而干脆、飘而洒脱，一直那样自得其位、自得其状，与周围和谐无争、争而和谐，点缀风景而不伤风雅，自安其作为一个过程的命。它可以是海，包容着可包容，却以温婉的胸与臂膀，以一个平面对待立体，平面下却是丰富的底蕴与适应，此之藏功为我景从。它可以是山，曾经的剧烈运动凝聚所成，厚重而不忘记接受草木于自己的胸襟里有枯有荣，落寞而不忘记涧水山风流动，不忘记坚硬下的柔骨侠情，热闹也不忘记自己是山的身份，因而不到处走动，也不手舞足蹈。山站得高，高者愈清，清在心，清在风骨，算得了清的逻辑。

其实，人自有人的意识始，至土地上多个丘山和树木，过程就是个寻找的过程。寻找一个自由的我，思想与人体完整结合的我，从而得了灵魂安适的我。我不容许身心分裂，身要是清澈身，心要是高洁心，人要是自由人。身心合一，一乃万物之元始，我便清而为虚，虚是完美善极的门，我居住在门的内里，享受着我得的性质。性质者，有形无形之内部不变应万变的元始。

我的清高，我一旦得了，或我得的过程里，我便是个避开恶浊而趋寻美雅的人，所以我在寻找的过程里流出的文字，陈述着我的寻找，那一定是鞭析芜秽的文字，也一定是解析美建构美的文字。正因为如此，我能表现为一个美善的形象与内质。此为一些朋友误解，以为我在标榜自己。对此，我懒得去辩解，我以为辩解本身就是六根不净或玷染六根的事务，分明是阻挠自己寻找的前路。但我在这里袒露给这些朋友看如下的文字：非我是美，乃是我为美尚美完美的过程，故而我与我的文字便也美起来。

我不辩解，是个很自然的心态与行为的取向，证明着我于清高上已然到了我自得的源水。那是我寻找的业果。

我的清高，我的本色，是我灵魂的真善美。我的清高，是活出自我的那份精彩。因为对生活还尚存热情并抱有希望，因为不想某种渺小的本质被压抑，因为还想对自己持着那份不被扭曲和歪解的忠诚。

　　回过头去看一看国内外已经流传弥久而且家喻户晓的著作，毋庸讳言，那些活着的文学作品，虽也有我所嘀咕的社会内涵，但它们的创作、出世和流传，在根本上不是为了盈利和流通而来的，而是作者对人生、社会乃至虚幻世界倾注了激情和热血的写照。

（章傅建）

生命的抉择

◇唐　思

　　生命对一个人多么重要，以致每个人都是如此珍视和热爱它。我像那只再生的鹰一样，将续走今后人生的旅程，也许仍会遇到许多艰难险阻，但重要的是要有一个积极的生存心态。

　　一次偶然，我了解了以前所不知的关于鹰的一些常识，并深深地被其奋斗的过程所打动。

　　鹰是世界上寿命最长的鸟类，一生的年龄可达 70 岁。可是很少有人知道，要活这么长的寿命，在其生命的中期必须做出艰难却重要的决定。因为鹰活到 40 岁的时候，它的爪子开始老化，无法有效地抓住猎物；它的喙变得又长又弯，翅膀也越加沉重，飞翔十分吃力。这时，它只有两种选择：一是等待死亡；二是重整后再生。

　　选择做重整后再生的鹰，要经过一个痛苦更新的过程。它首先要努力地飞到山顶，在悬崖筑巢，在那里度过漫长而又痛苦的 150 天。这段时间，要用力地用又长又弯的喙击打岩石，直到完全脱落，然后等候新的喙长出来；再用长出的新喙将指甲一根一根地拔出来；新指甲长出来后，再将羽毛一片一片地拔掉。待新的羽毛长出后，鹰又可以翱翔于广阔的天空，续走后 30 年的生命旅程。

　　鹰的故事，给予我很大的启迪，人生何尝不是这样呢？

　　一切都是命运的安排，仅仅在两年内，30 多岁的我便相继做了两次有惊无险的手术。就在第二次手术不久，婆婆被诊断为脑垂体瘤，我也被两家大医院疑为前期脑瘤。婆婆的脑垂体瘤已长到鹌鹑蛋大小，严重影响了左眼视神经，几乎近于盲视。医生说我的只是一个点，我们便决定先给婆婆看，然后我再看。我和婆婆相互鼓励着，婆婆乐观地住进了医院。就在婆婆动手术三天后，因手术失败，我们眼睁睁地看着婆婆去了另一个世界。我和家人沉浸在悲痛里。

　　也许因婆婆的离去，身边的亲人、朋友更为我多了一份担心，他们想尽办法劝我到更好的医院尽快治疗，我一一拒绝了，用抵触的情绪对抗着围绕周身的善意。夜深人静的时候，我时常默默地落泪，也曾感叹命运如此不公。办完婆婆丧事后，父母电话通知我回去吃饭，看着满桌我爱吃的饭菜，我竟一口也吃不下去。

　　那段时间，身边的朋友、亲人小心地呵护着我，父母不知从哪要来医治肿瘤的偏方，他们默默地为我做着一切。每次闭上双眼，眼前便像过电影一样，一遍遍地重放：一位两鬓花白的老母亲，为了给女儿配药方，一大早奔走于每一个菜摊，恳求人家留下南瓜把；65岁的老父亲为了给女儿寻找皂角树，骑着自行车在远离厂区数公里外的乡间土路四处找寻，双臂还被坚硬的皂角刺划出一道道长长血痕……我知道，他们深爱着自己的女儿，这是怎样的一份厚重的爱啊！他们耐心地为我熬制着药水。终于，我抑制不住感情的闸门，躲在小屋里大声哭泣，也就是在这一刻，浓浓的亲情、厚厚的友情和甜甜的爱情让我妥协。

我将和40岁的鹰那样，做出一生中重要的抉择，放弃等待死亡，以积极的心态正视病魔，战胜病魔。在亲人、朋友祝福的目光中，我和丈夫踏上了去京的旅途。经全面复查，专家郑重地告诉我，脑部片子上没有脑瘤的迹象。也许是误诊？也许是父母用爱心熬制的药水感动了上苍！

智慧窗

　　关于生命，有这样一个有趣的比喻，健康是"1"，而意志、勤奋、努力、踏实都是"0"，有了健康就有了"1"，有了健康再有意志就是"10"，再有勤奋就是"100"，再有其他积极因素就可以变成"1000""10000"……如果拿走了健康，即使你有再多的"0"，仍是一无所有。真正富有的人不是拥有钱财最多的人，而是拥有健康的人。

　　珍惜生命，那是我们追逐梦想过程中最重要的砝码。

（俐君）

阅览室

活出爱
◇史铁生

　　我曾经写过：人与猪的自然差别是一个定数，人与人的心理差别却无穷大。所以，人与人的交往多半肤浅。或者说，只有在比较肤浅的层面上，交往是容易的。一旦走向复杂，人与人就是相互的迷宫。这大概又是人的根本处境。

　　我常常感到这样的矛盾：睁开日的眼睛，看很多人很多事都可憎恶；睁开夜的眼睛，才发现其实人人都在苦弱地挣扎，唯当互爱。当然，日的眼睛并非多余，我是说，夜的眼睛是多么重要。

　　人们就像在呆板的实际生活中渴望虚构的艺术那样，在这无奈的现实中梦想一片净土、一段完美的时间。这就是宗教精神吧。在这样的境界中，在沉思默想向着神佛皈依的时间里，尘世的一切标准才被扫荡，于是看见众生都是苦弱的，歧视与隔离唯使这苦弱加重。那一刻，人摆脱了尘世附加的一切高低贵贱，重新成为赤裸的亚当、夏娃。生命中必须有这样一段时间、一块净土，尽管它常会被嘲笑为"不现实"。但"不现实"未必不是一种好品质。比如艺术，我想应该是脱离实际的。模仿实际不会有好艺术，好的艺术都难免是实际之外的追寻。

　　当然，在强大的现实面前，这理想（梦想、净土）只能是一出非现实的戏剧，不管人们多么渴望它，为它感动，为它流泪，为它呼唤，人们仍要回到现实中去，并且不可能消灭这惩罚之地的规则。

　　我可能是幸运的。我知道满意的爱情并不很多，需要种种机遇。我只是想，不应该因为现实的不满意，就迁怒于那亘古的梦想，说它本来没有。人若无梦，夜的眼睛就要瞎了。说"没有爱情"，是因为必求其现实，而不大看重爱情更是需要信奉的。不单爱情如此，一切需要信奉的东西都是这样，美满了还有什么好说的？不美满，才是需要智慧和信念的时候。

上帝把一个危险性最小的机会（因为人数最少）给了恋人，期待他们"打开窗户"。上帝大约是在暗示：如果这样你们还不能相互敞开心扉，你们就毫无希望了；如果这样你们还相互隔离或防范，你们就只配受永恒的惩罚。所以爱情本身也具有理想意义。艺术又何尝不是如此？它不因现实的强大而放弃热情，相反却乐此不疲地点燃梦想。

我越来越相信，人生是苦海，是惩罚，是原罪。对惩罚之地的最恰当的态度，是把它看成锤炼之地。既是锤炼之地，便有了一种猜想——灵魂曾经不在这里，灵魂也不止于这里，我们是途经这里！宇宙的信息被分割进肉体，成为一个个有限或残缺，从而体会爱的必要。

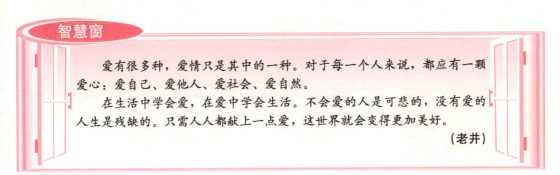

智慧窗

爱有很多种，爱情只是其中的一种。对于每一个人来说，都应有一颗爱心：爱自己、爱他人、爱社会、爱自然。

在生活中学会爱，在爱中学会生活。不会爱的人是可悲的，没有爱的人生是残缺的。只需人人都献上一点爱，这世界就会变得更加美好。

（老井）

阅览室

树 的 怀 想

◇杨发恒

去年九月的一天，哥哥在电话里说，家门口的那棵桐树的枝叶都干了。我不解，哥哥说，是树死了。有这样的事吗？我心痛啊，哪儿肯信。然而，这却是真的。

失去的桐树，是哥哥一手种下的。那一年的春天，哥哥在堤岸上拣回一棵被雨水冲掉了的桐树苗，扔了怪可惜，做柴又不起旺火，就连一碗水也烧不开，实在没有法子了，就种在了一个地方。似乎是为了感谢小主人的救命之恩，也好像和我家有缘，树苗落地生根，见土发芽，当年就长出了一片新绿。桐树在老屋和厨房的夹角里，家里人都在看护着它，殷殷地投去一份期待。猪拱不着，羊啃不到，只有不肯出门的鸡抖动着翅膀在树下觅食。孩大变乖，树大自直。桐树一天天长大，树冠遮住了大半个院子，原本麻花一样的腰身伸直了，萎萎缩缩的丑陋一扫而光。又从没受过伤，树干显得少有的光溜瓷实，闪动着土褐色的光。

老屋早已消失，母亲离开我们也十几年了，只有日见挺拔的桐树还在，像一位忠实的老仆，守护着只存留在记忆中的家园。每次从遥远的南方回家，走进村子首先看到的就是高高耸立着的桐树，看到它，无限往事涌上心头。桐树，成了我生命中不可取代的标志。

母亲对待小树，像照顾自己的子女一样。每到旱季，只要人有水吃，母亲就不会让树渴着，她把树下泼得湿漉漉的，树的枝叶从不见萎蔫。我家的宅基高，地势显，雨下再大，落到地上，浸不湿地皮就滚走了，所以，也涝不了。桐树怕淹，许多人家雨后都在树下刨一个坑，把根露出来，名曰"晾根"。树下积水，潮气不退，不这样做，过不了几个时日，树根就会沤得变质腐烂，树也就有命难保了。在母亲的守护下，桐树长大了，成材了，高高大大的，成了村里的一景，成为夏季纳凉、雨天避雨的好去处。农闲时聚会聊天，生意人下乡做买卖，也到树下来。一年四季，树底下没断过人。

我家的院子不大，树种得却多。院子的东南角，有棵大桑树，和桐树南北相照。桑树长得慢，成材周期长，但木质密实，是无处不可用的"硬料"，殊为难得。也是我们那儿木料中的上品，可与松柏相媲美。初省人事时，桑树就是村子里同类树种中最大的，而且多少年来也没有哪棵能赶上它。树是有很长的年头了，父亲也说不清它的岁数，他小时候就搬了凳子站上去摘桑葚吃。树老了，树梢焦了，只有一边细小的枝桠，依然枝繁叶茂，显示出生命的神奇与不朽。结出的紫色葚子，个大味美，玛瑙一般，一嘟噜一嘟噜的，摘一粒填嘴里，连牙缝里都是甜的。桑树成六十度角倾斜着，像一把利剑，身姿遒劲，直指苍穹。我们叫它"剑桑"。有养蚕的人家，纷纷前来采桑叶喂蚕。桑葚成熟的时候，树下站满了人，争抢葚子吃，大人孩子都有。大概在我十一二岁的时候，由于村里要修路，桑树正在要开通的路的中央，便被伐掉了。从此，我不再吃桑葚。

农家院子的树，都有用处，好像约好了似的，都不在院子里白白地生长。我曾写过家门前的那棵臭椿。它的来历更有传奇色彩，一棵椿树被伐去一年后，离它生长的地方足有四五米远的地方，由它的"路根"发出的小芽芽长成。就是这样一棵树，为我们家带来了不少好处。冬天母亲手脚冻裂了，就在树身上取下一块"胶"，用来黏手，疗效很好。牲畜得了消化不良症，父亲就折下一截带叶的树枝来喂，很快就能消滞祛痛，转危为安，其作用类似于人服用的"顺气丸"。这是父亲的一大发明。臭椿树汁苦味臭，人不愿意接近它，却招惹一种身披彩衣的"崩崩虫"的喜爱。夏去秋来，艳阳高照，秋风送爽，也正是"崩崩虫"繁衍滋生的最佳时机，从树干到枝桠，都能看到它叮爬的身影。喝苦水长大的虫子，长出的肉却出奇的香，我们捉来用火烤着吃。柴火就是树上落下的叶子，虫子小，过火就熟，香味飘得很远。童年的乐趣，至今难忘。

离家二十几年了，现有的房屋，都是我离开家后才盖起来的。和老屋风风雨雨、相生相伴多年的树，也早已成了家园的一部分，成了我每次回去寻找昔日家园的参照。如今，随着最后一棵桐树的消失，故园彻底成了记忆。然而，故园宛若古典的花开放在时光深处，永不凋谢。

记忆中，还有几棵这样的树，令我牵肠挂肚，念念不忘？令人怀想的树啊！

 智慧窗

　　故乡是魂牵梦绕的地方，是你无论走了多远也永远不会忘记的地方。因为那里留下了你童年的回忆，留下了你的梦想，留下了父母的期待，留下了乡亲们的希望。更何况那里有你走到哪里都想念的食物，走到哪里都没有你童年的、故乡的饭菜可口。

　　日子如流水，不经意间故乡的岁月就从新鲜的图画变成了陈旧的相片，可是在我们的心底里那个图画永远不会陈旧。

（樊文春）

欢乐吧

＊ 猎狗和猎人的故事

◇阿　蒙

　　一条猎狗将兔子赶出了窝，一直追赶他，追了很久仍没有捉到。

　　牧羊看到此种情景，讥笑猎狗说："你们两个之间小的反而跑得快得多。"

　　猎狗回答说："你不知道我们两个的跑是完全不同的！我仅仅为了一顿饭而跑，他却是为了性命而跑呀！"

　　这话被猎人听到了，猎人想：猎狗说得对啊，我要想得到更多的猎物，得想个好法子。

　　于是，猎人又买来几条猎狗，凡是能够在打猎中捉到兔子的，就可以得到几根骨头，捉不到的就没有饭吃。这一招果然有用，猎狗们纷纷去努力追兔子，因为谁都不愿意看着别人有骨头吃，自己没得吃。就这样过了一段时间，问题又出现了。大兔子非常难捉到，小兔子好捉。但捉到大兔子得到的奖赏和捉到小兔子得到的骨头差不多，猎狗们善于观察，发现了这个窍门，专门去捉小兔子。慢慢地，大家都发现了这个窍门。猎人对猎狗说：最近你们捉的兔子越来越小了，为什么？猎狗们说：反正没有什么大的区别，为什么费那么大的劲去捉那些大的呢？

　　猎人经过思考后，决定不将分得骨头的数量与是否捉到兔子挂钩，而是采用每过一段时间，就统计一次猎狗捉到兔子的总重量。按照重量来评价猎狗，决定一段时间内的待遇。

　　于是猎狗们捉到兔子的数量和重量都增加了。猎人很开心。

　　但是过了一段时间，猎人发现，猎狗们捉兔子的数量又少了，而且越有经验的猎狗，捉兔子的数量就下降得越厉害。于是猎人又去问猎狗。

　　猎狗说："我们把最好的时间都奉献给了您，主人，但是我们随着时间的推移会老，当我们捉不到兔子的时候，您还会给我们骨头吃吗？"

　　猎人做了论功行赏的决定。他分析与汇总了所有猎狗捉到兔子的数量与重量，规定如果捉到的兔子超过了一定的数量后，即使捉不到兔子，每顿饭也可以得到一定数量的骨头。猎狗们都很高兴，大家都努力去达到猎人规定的数量。一段时间过后，终于有一些猎狗达到了猎人规定的数量。这时，其中一只猎狗说："我们这么努力，只得到几根骨头，而我们捉的猎物远远超过了这几根骨头。我们为什么不能给自己捉兔子呢？"于是，有些猎狗离开了猎人，自己捉兔子去了。

　　猎人意识到猎狗正在流失，并且那些流失的猎狗像野狗一般和自己的猎狗抢兔子。

情况变得越来越糟，猎人不得已引诱了一条野狗，问他到底野狗比猎狗强在哪里。

野狗说："猎狗吃的是骨头，吐出来的是肉啊！"接着又道："也不是所有的野狗都顿顿有肉吃，大部分最后骨头都没得舔，不然也不至于被你诱惑。"于是猎人进行了改革，使得每条猎狗除基本骨头外，可获得其所猎兔肉总量的 n%，而且随着服务时间加长，贡献变大，该比例还可递增，并有权分享猎人总兔肉的 m%。就这样，猎狗们与猎人一起努力，将野狗们逼得叫苦连天，纷纷强烈要求重归猎狗队伍。

日子一天一天地过去，冬天到了，兔子越来越少，猎人的收成也一天不如一天。而那些服务时间长的老猎狗们老得不能捉到兔子，但仍然在无忧无虑地享受着那些他们自以为是应得的大份食物。终于有一天猎人再也不能忍受，把他们扫地出门，因为猎人更需要身强力壮的猎狗……

被扫地出门的老猎狗们得了一笔不菲的赔偿金，于是他们成立了 MicroBone 公司。他们采用连锁加盟的方式招募野狗，向野狗们传授猎兔的技巧，他们从猎得的兔子中抽取一部分作为管理费。当赔偿金几乎全部用于广告后，他们终于有了足够多的野狗加盟。公司开始赢利。一年后，他们收购了猎人的家当……

猎人凭借出售公司的钱走上了老猎狗走过的路，最后千辛万苦要与 MicroBone 公司谈判的时候，老猎狗出人意料地答应了猎人，把 MicroBone 公司卖给了猎人。老猎狗们从此不再经营公司，转而开始写自传《老猎狗的一生》，又写《如何成为出色的猎狗》《如何从一只普通猎狗成为一只管理层的猎狗》《猎狗成功秘诀》《成功猎狗 500 条》《穷猎狗，富猎狗》，并且将老猎狗的故事搬上屏幕，取名《猎狗花园》，4 只老猎狗成为家喻户晓的明星 F4，收版权费，没有风险，利润更高。

悦客群

阿莱

如今时兴市场运作、产业包装，大家都把自己当成事业去经营，这本不是坏事，但要是总把包装和炒作当成第一位，就难免有点舍本求末，最终吃亏的只能是自己。

 阅览室

我的梦中城市

◇德莱塞

它是沉默的，我的梦中城市，清冷的、静穆的，大概是由于我实际上对于群众、贫穷及像灰砂一般刮过人生道途的那些缺憾的风波风暴都一无所知的缘故。这是一个可惊可愕的城市，这么的大气魄，这么的美丽，这么的死寂。有跨过高空的铁轨，有像峡谷的街道，有大规模升上壮伟城市的楼梯，有下通深处的踏道，而那里所有的，却奇怪得很，是下界的沉默。又有公园、花卉、河流。而过二十年之后，它竟然在这里了，和我的梦差不多一般可惊可愕，只不过当我醒来时，它是罩在生活骚动底下的。它具有角逐、梦想、热情、欢乐、恐怖、失望等的哗鸣。通过它的道路、峡谷、广场、地道，是奔跑着、沸腾着、闪烁着、朦胧着，一大堆的存在，都是我的梦中城市从来不知道的。

关于纽约，——其实也可以说关于任何大城市，只是说纽约更加确切，因为它曾经是而且仍旧是大到这么与众不同的，——在从前也如在现在，那使我感着兴味的东西，就是它显示于迟钝和乖巧、强壮和薄弱、富有和贫穷、聪明和愚昧之间的那种十分鲜明而同时又无限广泛的对照。这之中，大概数量和机会上的理由比任何别的理由都占得多些，因为别处地方的人类当然也并无两样。不过在这里，所得从中挑选的人类是这么的多，因而强壮的或那种根本支配着人的，是这么这么的强壮，而薄弱的是那么那么的薄弱——又那么那么的多。

我有一次看见一个可怜的、一半失了神的而且打皱得很厉害的小小缝衣妇，住在冷街上一所分租房子厅堂角落的夹板房里，用着一个放在柜子上的火酒炉子在做饭。在那间房的四周，也有着充分空间可以大大地跨三步。

"我宁可住在纽约这种夹板房里，不情愿住乡下那种十五间房的屋子。"她有一次发过这样的议论，当时她那双可怜的没有颜色的小眼睛，包含着光彩和活气，是我在她身上从来不曾看见过，也从来不再见到的。她有一种方法贴补她的缝纫的收入，就是替那些和她自己一般下等的人在纸牌、茶叶、咖啡渣之类里面望运气，告诉许多人说要有恋爱和财气了，其实这两项东西都是他们永远不会见到的。原来那个城市的色彩、声音和光耀，就只叫她见识见识，也就足够赔补她一切的不幸了。

而我自己也不曾感觉到过那种炫耀吗？现在不也还是感觉到了吗？百老汇路，当四十二条街口，在这些始终如一的夜晚，城市是被西部来的如云的游览闲人所拥挤。所有的店门都开着，差不多所有酒店的窗户都开得大大的，让那种太没事干的过路人可以看望。这里就是这个大城市，而它是醉态的，梦态的。一个五月或是六月的月亮将要像擦亮的银盘一样高高挂在高墙间。一百乃至一千面电灯招牌将在那里眨眼。穿着夏衣戴着漂亮帽子的市民和游人的潮水；载着无穷货品震荡着去尽无足重轻的使命的街车；像嵌宝石的苍蝇一般飞来飞去的出租汽车和私人汽车。就是那轧士林也贡献了一种特异的香气。生活在发泡，在闪耀；漂亮的言谈、散漫的材料。百老汇路就是这样的。

还有那五马路，那条歌唱的水晶的街，在一个有市面的下午，无论春夏秋冬，总是一般热闹。当正二三月间，春来欢迎你的时候，那条街的窗口都拥塞着精美无遮的薄绸以及各色各样的缥缈玲珑的饰品，还再有什么能一样分明地报告你春的到来吗？十一月一开头，它便歌唱起棕榈机、新开港以及热带和暖海的大大小小的快乐。及到十二月，那么同是这条马路上又将皮货、地毯，跳舞和宴会的时候，陈列得多么傲慢，对你大喊着风雪快要来了，其实你那时从山上或海边回来还不到十天哩。你看见这么一幅图画，看见那些划开了上层的住宅，总以为全世界都是非常的繁荣、独出而快乐的了。然而，你倘使知道那个俗艳的社会的矮丛，那个介于成功的高树之间的徒然生长的乱莽和丛簇，你就觉得这些无边的巨厦里面并没有一桩社会的事件是完美而沉默的了！

我常常想到那庞大数量的下层人，那些除开自己的青春和志向之外再没有东西推荐他们的男孩子和女孩子，日日时时将他们的面孔朝着纽约，侦察着那个城市能够给他们怎样的财富或名誉，不然就是未来的位置和舒适，再不然就是他们将可收获的无论什么。啊，他们的青春的眼睛是沉醉在它的希望里了！于是，我又想到全世界一切有力的和半有力的男男女女们，在纽约以外的什么地方勤劳着这样那样的工作——一爿店铺，一个矿场，一家银行，一种职业，——唯一的志向就是要去达到一个地位，可以靠他们的财富进入而留居纽约，支配着大众，而在他们认为是奢侈的里面奢侈着。

你就想想这里的幻觉吧，真是深刻而动人的催眠术哩！强者和弱者，聪明人和愚蠢人，心的贪馋者和眼的贪馋者，都怎样的向那庞大的东西寻求忘忧草，寻求迷魂汤。我每次看见人似乎愿意拿出任何的代价——拿出那样的代价——去求一啜这口毒酒，总觉得十分惊奇。他们是展示着怎样一种刺人的颤抖的热心。怎样的美愿意出卖它的花，德性出卖它的最后的残片，力量出卖它所能支配范围里面一个几乎是高利贷的部分，名誉和权力出卖它们的尊严和存在，老年出卖它的疲乏的时间，以求获得这一切之中的不过一个小部分，以求赏一赏它的颤动的存在和它造成的图画。你能听见它们唱它的赞美歌吗？

智慧窗

关于幸福和伤痛的文章似乎能够穿越时代和地理空间，抵达每个旅居大都市的人们的内心，尤其是在时代转型期的中国，太多的人们怀揣梦想涌入那些充满现代气息、高楼林立、灯火绚烂的大都市。大都市成了现代人的一个梦想的灯塔，但是在熙熙攘攘的人流中，很多人却忘了梦想本身是什么，还是说仅仅被简单地替换为一个"大都市"的华丽图腾？作者在文中并没有旗帜鲜明地表述自己的爱憎，事实上每一个怀揣梦想进入都市的人都是值得尊重的，只是他们在大都市所缔造的资本的世界中，在消费主义的泡沫中，不自觉的异化、物化，直至失却当初的理想，成为资本世界里一颗默默无闻的螺丝钉……而这让人心酸的景象，却是人类进化历史中无法避免的生存悖论。

（周倩雯）

终极的旨归

　　向着人性、欲望、思想的深处求索，这既是哲学终极旨归，亦是实现了的幸福之痛。我们需要一颗强大的、冷静的心灵。或许，幸福的模样，就是现实中没有止境的忙忙碌碌，就是寻寻觅觅里回眸凝望的那一瞬清闲。它潇潇洒洒吟咏着大江东去，它对镜自怜慨叹着青春不回。它是我心中的一首诗，悄然延续着岁月写不完的浪漫。它是我唇边的一抹笑，甜美地滑落着轮回的四季。

阅览室

有一种感动叫平实

◇刘简行

在央视兔年春晚中，最让人感动的，是通过"我要上春晚"栏目选拔出来的三个"小人物节目"。草根明星的出现，尤其旭日阳刚组合《春天里》的嘶哑呐喊和西单女孩《想家》的浓浓温情，制造了春晚历史上为数不多的真情时刻，许多观众和网友被感动得流泪。

春晚是一台和谐盛世的欢歌，我们听惯了山河红、祖国美的美好词汇，却难得有机会听到"如果有一天，我老无所依"这样发自肺腑的辛酸之言，因此，《春天里》的歌词出现在春晚的舞台上，尤其珍贵。这是一份平实，而正是这种平实，却硬生生地让人感动。

我们曾为北京奥运会成就了全体中国人的梦想而感动，我们曾为运动赛场上飘扬的五星红旗而感动，我们曾为世博会带给世界一片异彩而感动，我们曾为神舟七号一飞冲天而感动……但这些感动不是因为平实，更多的是来自一名国人的骄傲。

我们曾为汶川、玉树地震中无数抗灾英雄的壮举而感动，我们曾为富豪陈光标裸捐的善举而感动，我们曾为临湘鞭炮厂爆炸、大连油管爆炸事件中牺牲的消防战士的英勇行为而感动……但这些感动也不是因为平实，更多的是来自心灵的震撼！

想到了《感动中国》那档节目。《感动中国》自2002年始播，9年来观众的热情是一浪高过一浪。在这个经济高速发展的时代，人们过于追求物质的大势下，当人们可以用感动来诱骗、当施舍不再是一种崇高，感动又来自何处？我在这里找到了一个目前最为完美的答案：那便是一种真情，一种平实，一种柔软却很有力量的情绪波动。《感动中国》的节目组没有以"崇高和伟大"来渲染，没有用力量来征服数十亿的中国观众，相反，他们真实地、从不同的生活面录制了这些平凡人的细节，他们是活生生的人，非常普通的人，是我们非常熟悉的典型，就生活在我们身边。他们不是高不可攀的，更不具有神一样的力量，就是这样一些人，他们以真情、正义、善良、平实谱写了一曲生命的赞歌，启示和激活了潜藏在我们内心的某种渴望。

有这样一句话："在平实中体会感动，在感动中升华人生。"很多时候，不经意地会有些感动掠过心海，这些感动出现在生活的每一天、每一刻、每一处风景中，浸润着我们的心灵。

每次看到父亲斑白的两鬓，母亲那爬满皱纹的额头，我就会生出许多的感动。父母有着最平凡的人生，走过最平常的路，有着最平常的情感，更有着最平凡的对家的依恋和付出，也平常地拥有了孩子——我们以及对我们始终如一的抚爱，有着父母最平常的感受——眼里的我们永远是孩子！伴着有爱的平常的人生，没有太多的激情，没有出生入死的坎坷，却常让我怀有感受围绕身边爱的馨香时滋生的感动。

上班下班，早出晚归，日复一日，平凡工作，我也会生出许多感动。

我的同事，因为研发"房产交易控税"软件，加班至深夜，有抽烟习惯的他在没烟可抽的情况下，从地上拣烟头抽驱走困意。我被他的敬业而感动。

我的同事，面对因故错过了征纳期的一户个体工商户不愿接受处罚时的黑脸，她一边为他办手续，一边面带笑容地说："是我们的宣传工作没做到位，以后到了征期，我们就会提醒您按时纳税。"我被她的微笑而感动。

我的同事，一次给一个体建材业户送限期纳税通知书，男业主刚喝过酒，接过通知书就扔到地上。他捡起通知书放在办公桌上，耐心向业主讲明限期不纳税的后果。这名男业主借着酒劲，一把拽住了他的衣领，而且还掏出刀子扬言："我就是不缴税，看你能把我怎么样？谁再说让我缴税，我就捅谁……"在场的人都为他捏了一把汗，而他临危不惧，继续耐心细致地做政策宣传，阐明暴力抗税的严重后果。我被他的正气所感动。

我曾为全民运动会上，地税方队整齐通过主席台的步伐而感动；我曾为艺术节上，地税方阵高亢雄浑的歌声而感动；我曾为迎新春联欢会上，从没跳过舞的女税官跳出优美整齐的舞姿而感动；我曾为全县诗朗诵大赛上，我和同事吟诵的《税月如歌》的豪迈意境而感动……

有人对感动做过这样的诠释：感动是对生命之美的关注，就是对生命灵魂之美的悸动，是对刹那间永恒的希冀。正因为我们有了感动，我们才有了更多对世界的热爱，对朋友的珍惜，对亲人的关心，才使我们对自己的灵魂变得更加透明和纯洁，更加洁净和清澈。这个世界是一个熙熙攘攘的世界，我只是其中的一粒尘埃。人有时心累，有时身累，但当别人的举动，传递给我美好的信息时让我感动，更让我获得了瞬间的成长！

感动，如沁人心脾的甘泉，畅饮甘泉，我们的内心变得澄澈而又明亮；感动，如熏人如醉的海风，倾听海风，我们的内心变得纯净而又宽敞；感动，如令人心折的白雪，领略白雪，我们的内心变得安静而又平和。感动在平实之中！

智慧窗

幸福的终极意义是一种感动，来自心灵的震撼，来自某个不经意间。作者的文字将"感动"做了最好的诠释：感动在平实之中！文学就像是一道雨后的彩虹，给天空带来了一抹奇妙的颜色。如果生活中没有了文学，那么世界会黯然失色。正因为有了文学，世界才会变得美好。而这种美好带给我的不仅仅是感悟，更多的是感动。

(章傅建)

 阅览室

灵魂的距离

◇雪小禅

在东北的高山密林里有一位猎手，只要他看到的猎物，几乎都躲不过他的猎枪，就连凶猛的豺狼也是一样，所以，他受到很多人的尊敬，而他自己，又常常为自己这样的战绩而骄傲着。

一天，他又去森林里打猎了，像往常一样，只要进入他视线的猎物，总能被他一枪击中。而此时进入他视线的，是一只狼，一只两眼闪着绿光的绝望的狼。

大概那只狼是饿极了吧，他想。因为它看起来惊恐万状，而且十分的狼狈，而此时天又下着小雨，森林里十分的泥泞。猎手和狼对峙着，因此彼此感到了对方的压力。

让他想不到的是，就在他举起枪的刹那，狼忽然流出了眼泪。狼居然流眼泪？他不解地看着眼前的狼，想起那些寓言故事中的狼，几乎都是凭着那种伪善让猎人上了当，而最后把猎人吃掉的。

他再度举起了枪。

更让他震惊的是，此时，狼忽然两腿跪下来，显得极为哀怨，极为无奈。

他想，这只狼一定是饿极了，一点力气都没有了，此时不开枪更待何时？

于是，枪响了。

果然，一枪即中，他不愧"神枪手"的称号。当他疲惫地把狼拖到家中时，发现狼的眼睛居然还睁着。他想，这狼还真是死不瞑目啊。

第二天，在解剖这只狼的时候，当刀锋利地划开狼的肚皮时，他呆住了——狼的肚子里，有两只像拳头一样大的狼崽子！

原来，那些眼泪、跪拜，那些哀戚，那些祈求全是为了腹中的这两只狼崽子。

而他做了什么？一个扼杀生命的杀手，一个杀了狼母亲的罪人，他流着眼泪把狼的肚子缝上，然后轻轻地把它的眼睛合上，找了一块干净的草地把这母子三个葬在了一起。

一起下葬的，还有他几乎用了一生的猎枪。

从此以后，这个猎人不再打猎了，他在下葬那只狼的草地上种了一块玉米，每年秋天的时候，都能收获很多的玉米。那个时候，他总是把最好的玉米放在埋葬了狼的地方，作为一种祭奠。虽然知道它们根本不吃玉米，但他总是孩子似的说，吃吧吃吧，这是我给你们种的。

因为他知道，有时，所有动物都一样，灵魂的距离，只有咫尺之遥。

智慧窗

　　有一种爱是不分国界，不分种族，甚至不分物种的，那就是父母对子女的爱，一种发自本能的爱。

　　不管是人类还是动物，我们都无权对这种爱表示轻视，或者忽视它的存在。尊重这种爱，就是尊重生命。

(李利星)

阅览室

勾下的那些日子
◇董玉洁

刚 11 月下旬，广告宣传单上就有了新年日历。彩印把未来的日子渲染得极为精致。漫不经心地浏览日历，提起笔，勾下一些日子。

1 月 22 日，春节。哎，又一年了！无论是盼还是怕，这都是个上心的日子。2004 年的春节来得急，差不多和元旦挤在了一起，似乎把生命的日程折扣去了一截儿。

3 月 22 日，妻子的生日。我勾得浓墨重彩，可不能再忘了。她生日的前一天是星期日，有时间的话去买礼物——如果我没忘，或者女儿肯提醒的话。

2 月 14 日，结婚纪念日。我和妻与 14 有缘：相识在 8 月 14 日；婚期被一位算命的盲老先生掐定在 2 月 14 日；女儿降生在 5 月 14 日。

女儿降生是在子夜，接产医师拉长了声音饱满地唱喊："千金花一朵——"我双腿一软似乎被抽去了腿筋。此前我曾无数次暗怕：如果是个女孩儿，我怎么受得了！如今，当女儿进入梦乡时，我悄悄在她床边坐下，俯身面对那天使般纯净的脸蛋、那百灵鸟般的嘴巴、那如月的眉，我庆幸生下的是个女儿。如果是个坏小子，我怎么受得了!

6月17日，父亲的生日。父亲是在最热的日子里来到这世界的，我是在最冷的日子里来到这世界的。在我成年后，如果与父亲待得太近太久，张弛与对峙就会时不时地涌动。如果我们保持微妙的距离，父子间就荡漾着知冷知热的理解。读中学时母亲对父亲说"你儿子像你"，父亲说"我才不会是他这样子"。成人后与父亲再次发生争执，母亲对父亲说"你儿子像当年的你"，父亲说"我当年绝不会是这副德性"。父亲60岁生日的酒桌上，在谈及一件举国皆惊的大案时，我的观点与父亲相去甚远。父亲抿了一口酒，叫着我的乳名说："明伢儿，你奶奶、你妈她们说得对……太像我了……"10岁时我对老师说"我长大了绝不会像我父亲"，10岁时我对同学这样说，30岁时我对妻子也这样说。一年前的一个黄昏，陪父亲在村里转悠，我突然意识到自己骨子里太像父亲了! 从此，我开始自豪地向人讲起乡下父亲的那些故事。

母亲的生日是腊月二十二。因为临近春节放假了，母亲生日我们大都不会专程回老家。有一年，我出差顺道回老家一趟正赶上母亲生日，只待了一晚上就离开了。4天后又携妻子返回过春节。母亲嗔怪我："那么忙、那么远，两天儿就回来了，还专门回来一趟!"母亲嗔怪得很认真。拜年时来客了，母亲又多次唠叨，说我不会算计。从那以后，10多年了，母亲生日我们就再没回去过。去年，父亲才告诉我："其实，每年腊月二十二，你妈总要准备好多菜，有事没事往村口望，怕万一你们回来呢!"听了这话，我忙摸出手机佯装接电话，我不想让父亲看到他30岁的儿子的眼泪。

7月25日，结婚那年也是星期日。那天晚上我被一辆失控的汽车撞昏了半个多小时。妻子呼天唤地叫着我的名字。多年后，我到过出事附近的村子，好多人还记得那晚的哭声有多揪心，那晚的上弦月怎么会那么亮。勾这日子干吗? 不是又醒过来了吗? 但妻子的眼泪和哭泣让这个日子湿润并蔓延开来。

8月下旬，我画下一片日子。我实在记不起18年前具体是哪个日子。那个晚上，我和弟弟在院角数星星。天气骤变，一阵风不知从何而来，檐下吊着的灯泡丢了魂似的晃荡起来。奶奶长长地叹出了最后一口气。奶奶是80岁时患上绝症的，她是苦苦地挨了4年后才告别人世的。

我停下笔来。以后的日子都是奶奶不在的日子。失去奶奶已让我的世界残缺不全，我不想再失去任何一位亲人。

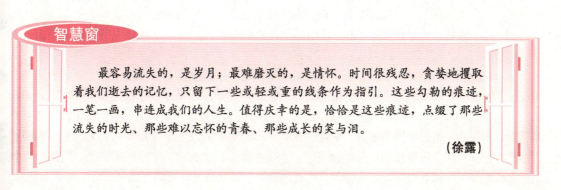

智慧窗

最容易流失的，是岁月；最难磨灭的，是情怀。时间很残忍，贪婪地攫取着我们逝去的记忆，只留下一些或轻或重的线条作为指引。这些勾勒的痕迹，一笔一画，串连成我们的人生。值得庆幸的是，恰恰是这些痕迹，点缀了那些流失的时光、那些难以忘怀的青春、那些成长的笑与泪。

(徐露)

阅览室

人就这么一辈子

◇邹 强

　　人就这么一辈子，真的，没有前世来生。人，就这么一辈子。

　　来到世上，是寄生在母腹里的一个生命再走向死亡的过程，这就是人生。人生之路，无论怎么走，都有尽头，那就是坟墓。老老实实地走，是君子；争争斗斗地走，是小人。人生的路有坎坎坷坷，从每次的失败中参悟，说明你更能掌握生存的本能，人生本来就是在面对一个一个的挑战，能逐步使自己绕过别人走过的坎，那就是学聪明了。知识学来是要用的，先能看透自己再学习别人，那你的人生路就会比较平坦。怎么走，都是一辈子，为使自己快乐，那就歌唱；为使自己坦荡，那就善待他人；为使自己即使身体死去而灵魂还留在世上，那就去爱，爱你的亲人，爱你身边的人，爱你想爱的人。爱要说出来，爱，才是人生之路的唯一生存理由，也是让我们留恋这世界的唯一理由。电影《人证》中那个唱着《草帽歌》的黑孩子，我还记忆犹新。记得当时很小，问父亲，他为什么要活，父亲说："我工作是为了让你们更好地生活，讨饭的人要活着，因为他们还想看到明天的太阳，人怎么活只是个活法，人不能绝望，爱是让人留恋世界的唯一理由。"还有一部电影，里面一个金融投机家破产自杀了，我又感到疑惑不解，便问父亲：他起码不用讨饭呀？为什么也选择了死？"因为绝望。"父亲说。我曾经濒临绝望的境地，当我感到心灰意冷的那一刻，我想到的只有爱人离去的悲痛，当我念及还有爱人和孩子时，我放弃了自暴自弃的念头。我不能离开这个世界，因为亲人们希望每天看到我。

　　人就这么一辈子，人生路上会遇到很多事情，无非就是如意和失意。不要用眼泪浸泡叹息，那是无价值地折磨自己。成功没有标准，得意时不要傲然目空一切。不怕受挫折，每次的挫折，就是对生活的理解加深一层，失误能让人醒悟，不幸和磨难能让人对世间的认识更加成熟，对成功的内涵的领悟更加透彻。爸爸说过："我十几岁就是孤儿，是不幸；但我比别的孩子苦也是一种幸运，因为我比别的孩子更珍惜幸福，更具有顽强的生存能力，同样的幸福相比，我觉得我比他们得到的多。"人不能祈求太多，世界对每个人都是公平的，只要你努力，有付出就有获得。我觉得已经很幸福了，我这么对自己说，我贫穷，因为我没有强取豪夺不属于我的东西。我病痛，可是我的亲人对我不离不弃，我在关爱中很快恢复健康。我悲伤，因为我懂得爱才享受那最纯的感情。三十几个春秋，对于我，不是几句参悟道得尽，那是承受过多少人生路上的失败和打击还有伤痛得来的心语。过节时，和刚从外地工作回来的父亲坐下来小酌，父亲忽然停下筷子，端详我一会儿，伸过手来拍拍我的脑门。从父亲的眼神里，我不仅仅读到了古稀之年的父爱，也读到了印在父亲心里的我的坎坷人生故事。就那么一个眼神，那么一个动作，令我也读懂了自己，参悟到整个人生的真谛。"不要怕，爸爸就是用这三个字的信念走过前半生，无论是面对生活、事业还是感情，不要怕，想想今天的得失，毕竟还有明天可以争取。现在老爸很幸福，无论是疾病还是自然规律把我带走、离开你们，我都会用这三个字来留给我也送给你们——不要怕。人的一生就是一部长篇小说，都有结局，不管你怎么走过，要学会说服自己，锻炼自己，被自己感动和征服，那才是人生的升华和成熟。"

人就这么一辈子，爱自己就要爱得正确健康，给自己自由，要时时倾听自己内心的对话，诚实地面对内心深处的欲念。多给自己一次机会，了解自己渴望的东西，不要压抑情爱。有的人惧怕面对婚姻的痛苦，有的人害怕面对孤单的寂寞，有的人担心难以面对外界的诱惑，为此他们拒绝爱。可是，人就这么一辈子。爱，就去追求。爱，就说出口。珍惜现在拥有的，追求想要的幸福。人生的精彩篇章才刚刚抒写。

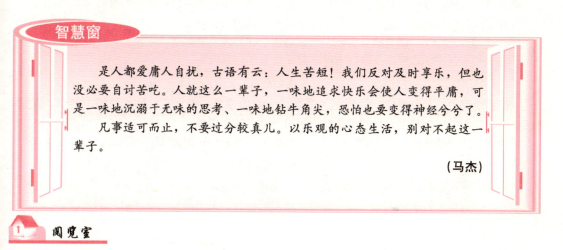

智慧窗

是人都爱庸人自扰，古语有云：人生苦短！我们反对及时享乐，但也没必要自讨苦吃。人就这么一辈子，一味地追求快乐会使人变得平庸，可是一味地沉溺于无味的思考、一味地钻牛角尖，恐怕也要变得神经兮兮了。

凡事适可而止，不要过分较真儿。以乐观的心态生活，别对不起这一辈子。

(马杰)

阅览室

爱 之 路
◇屠格涅夫

落 难

"这些声音意味着什么呢？"

"意味着我感到痛苦，强烈地痛苦。"

"当小溪的流水碰到石头的时候，你听见过它的潺潺声吗？"

"听见过……但这说明了什么呢？"

"说明这潺潺声和你的呻吟声都一样是声音，而不是别的什么东西。所不同的是：小溪的潺潺声使人悦耳，而你的呻吟声，却引不起任何人的怜悯。你不必忍住呻吟，可是你记住吧：这反正是声音，声音，像树木被折裂的嘎吱声一样的声音……声音——而不是什么别的东西。"

乞 丐

我在街上走着……一个乞丐——一个衰弱的老人挡住了我。红肿的、流着泪水的眼睛，发青的嘴唇，粗糙、褴褛的衣服，醒龊的伤口……呵，贫穷把这个不幸的人折磨成了什么样子啊！他向我伸出一只红肿、肮脏的手……他呻吟着，他喃喃地乞求帮助。我伸手搜索自己身上所有口袋……既没有钱包，也没有怀表，甚至连一块手帕也没有。我随身什么东西也没有带。但乞丐在等待着……他伸出来的手，微微地摆动着和颤动着。我惘然无措，惶惑不安，紧紧地握了握这只肮脏的、发抖的手……"请别见怪，兄弟；我什么也没有带，兄弟。"乞丐那对红肿的眼睛凝视着我；他发青的嘴唇微笑了一下——接着，他也照样紧握了我的变得冷起来的手指。"哪儿的话，兄弟，"他吃力地说道，"这也应当谢谢啦。这也是一种施舍啊，兄弟。"我明白，我也从我的兄弟那儿得到了施舍。

明天，明天

度过的每一天，几乎都是那么空虚，那么懒散，那么毫无价值！它给自己留下的痕迹是多么少！这些一点钟又一点钟消逝了的时间，又是多么没有意义，多么糊里糊涂啊！

然而，人却要生存下去；他珍惜生命，他把希望寄托在生命，寄托在自己，寄托在未来上面……噢，他期待着将来什么样的幸福呀！

可是，他为什么设想，其他后来的日子，将不会同刚刚过去的这一天相似呢？

他就是没有料想到这一点。他向来不爱思索——他做得很好。

"啊，明天，明天！"他安慰着自己，一直到这个"明天"把他送入坟墓。

好啦——一旦在坟墓里——你就不得不停止思索了。

爱之路

一切感情都可以导致爱情，导致热烈爱慕。一切的感情：憎恨，怜悯，冷漠，崇敬，友谊，畏惧，——甚至蔑视。是的，一切的感情……只是除了感谢以外。

感谢——这是债务；任何人都可以摆出自己的一些债务……但爱情——不是金钱。

空　话

我害怕，我避免空话；但对空话的畏惧——也是一种自负。

于是，在这两个外来词之间，在自负与空话之间，我们复杂的生活在流逝着和变动着。

纯　朴

纯朴！纯朴！人们把你视为神圣的。可是，神圣——这不是人类的事。

谦逊——这才是。它抑制着，它战胜着骄傲。但不要忘记：胜利感本身就蕴藏着自己的骄傲。

你哭……

你哭的是我的悲痛；而我哭，是由于同情你对我的怜悯。

然而，要知道，你哭的也是自己的悲痛，因为只有你在我身上看到了自己的悲痛。

爱　情

大家都说：爱情——这是最高尚、最特殊的感情。别一个的"我"，深入到你的"我"里：你被扩大了——你也被突破了；现在从肉体上说你是很超然了，而且你的"我"被消除了。可是甚至连这样的消亡，也使一个有血有肉的人愤懑。只有不朽之神才能复活啊。

啊，我的青春！啊，我的活力！

啊，我的青春！啊，我的活力！——果戈理

"啊，我的青春！啊，我的活力！"我有的时候也曾经这样感叹。不过，当我发出这个感叹的时候，我自己还年轻和充满活力。

那时，我不过是想以忧郁的情绪来投自己所好，表面上是在怜悯自己，暗地里是在高兴。

现在，我缄口不语，不再为那些失去的东西唉声叹气，难过伤心……那些失去的东西，本来就以不能明说的烦恼经常折磨着我。

"嘿！最好别去想吧！"男子汉们坚决地说。

我怜悯……

我怜悯我自己，别人，所有的人，野兽，鸟类……一切有生命之物。

我怜悯孩子们和老年人，不幸者和幸运者……怜悯幸运者甚于不幸者。

我怜悯常胜的、凯旋的首领们，怜悯伟大的艺术家、思想家、诗人们。

我怜悯杀人犯和他的受害者，怜悯丑与美，怜悯被压迫者和压迫者。

我怎样从这怜悯中解脱出来呢？它不让我安稳地生活……它，还有这烦恼。

哦，烦恼，烦恼，充满了怜悯的烦恼啊！人千万不能陷入烦恼之中。

真的，我最好还是羡慕吧！我就羡慕——岩石。

处世法则

你想成为心情安宁的人吗？那么，去同人们交往吧，不过要一个人生活，对任何事情都不要着手去做，对任何事情都不惋惜吧。

你想成为幸福的人吗？那你首先要学会吃苦。

谁之罪

她向我伸出了她那温暖的双手、苍白的……我却粗鲁无情地推开了她。年轻、可爱的脸庞上，表现出疑惑不解的神情；年轻、善良的眼睛，带着责备的目光注视着我；年轻、纯洁的心，并不理解我。

"我的罪过是什么？"她喃喃着说。

"你的罪过？在最光辉灿烂的苍穹深处，最快活的安琪儿，可能比你更容易犯下罪过呢。"

"可是，在我面前，你的罪过依然是很大的。"

"你想知道它，知道这个你不可能了解，我无法给你解释明白的罪过吗？"

"这个罪过就在于：你——正当青春年华；我——已是老年。"

智慧窗

人生是痛苦的，我们永远不可能超于其外，那么我们是否就此否定此生呢？当我们白天身处凡世的时候，面对无数个陌生的面孔在面前匆匆走过，一种怅然之情无法抹去，个人好像沧海一粟，你我命运的流转变换，对于命运的把握成为笑谈。今天光环无数的时代宠儿也许一夜之间所有的一切都付之东流，反之，也许今天的街头流浪儿明天就会跻身社会名流……

命运的变数太大，我们不能把握，于是就会有人与人之间的尔虞我诈，钩心斗角，渐渐地迷失本性，丧心病狂。然而，不管我们怎么样去面对生活，面对人生，生命的终极归宿是不变的，想到此节，就不能不让人坠入人生价值的绝对虚无之中，任何的追求都丧失其所存在的价值。

(周倩雯)

阅览室

满目春光伴诗飞

◇张扬芬

春天来了！

一提起春天的话题，首先出现在我眼前的并不是那"春光明媚""春风和煦""春意盎然""春暖花开"的自然景象，而是那描写春天景色的诗句。

那醉人的春景，只有在春季才能领略到，人们所描绘的"四季如春"只能是一厢情愿罢了。

再说，如果没有夏的炎热、秋的收获、冬的积聚，人类的食物又该从哪里来？人类的生计又该如何解决？四季更迭、寒来暑往，才符合大自然的规律，才有利于人类的生存和发展。

而那经过诗人细腻的观察、准确的描绘、源于自然而又高于自然的诗句，却如同一颗颗珍珠，无论是白天还是黑夜，无论是酷暑还是严寒，都时时闪耀着熠熠的光辉，令人百读不厌，给人以美的享受！无论是什么季节，只要我们吟诵起那些描写春日佳景的诗句，那满目春光就会伴诗飞舞，展现在我们眼前。这就是诗的灵性，这就是艺术的魅力所在！

君不见，当我们还未从严冬的氛围中苏醒过来时，那敏感的诗人就已经发现并为我们报告春的消息了，"侵陵雪色还萱草，漏泄春光有柳条"（唐·杜甫《腊日》）。是呀，在还有雪色笼罩的时节，枝头的杨柳就已泄露出了春的消息！从这看似平朴的诗句中，足以见到杜甫观察之细腻，描绘之准确。他被人们奉为"诗圣"，当之无愧啊！

描写早春的诗句不胜枚举，而唐代诗人杨巨源的"诗家清景在新春，绿柳才黄半未匀"（《城东早春》）的诗句却令人读之难忘。我们可以细细品味，还有什么能比那"才黄半未匀"的枝头柳芽，更能衬托出了"新春"的"清景"啊！

在描写早春的诗中，唐韩愈的《早春呈水部张十八员外》亦属上乘之作，其"天街小雨润如酥，草色遥看近却无"的描绘，让我们领略到了早春季节的那种朦胧美！

闭目吟咏这些诗句时，一幅幅清新宜人的早春图，不就清晰地浮现在我们的面前了吗？

斗转星移，日月更新，季节来到了仲春，那描写仲春的诗句也同样是俯拾皆是啊。在这些诗句中，南宋诗人叶绍翁的"春色满园关不住，一枝红杏出墙来"（《游园不值》）可谓独占鳌头，领尽风骚，历来为人们所传诵。通过一枝出墙的杏花，写尽满园的春色，叶绍翁可谓惜墨如金，但却有事半功倍之妙！

在描写仲春的诗句中，唐代诗人贺知章的《咏柳》，也同样是一首老幼皆知的诗篇。阳春二月，正是惊蛰、春分时节，已经进入仲春。此刻，大地回暖，万物复苏，那池边、路旁的柳树，已经从"绿柳才黄半未匀"蜕变为"碧玉妆成一树高，万条垂下绿丝绦"了，而正是这万千条绿丝绦，给大地换上了新装，昭示了春天的活力。

那红得耀眼的杏花，那青翠欲滴的柳色，浓妆淡抹，相映成趣，让人们在这景色宜人的仲春季节享受着大自然的恩赐！

春天是美好的，即使是到了暮春，也不失其娇媚之态，依然令文人骚客赞叹不已。唐代大文学家韩愈的《晚春》，就生动地描绘出了晚春时节大自然的热闹景象："草木知春不久归，百般红紫斗芳菲。杨花榆荚无才思，惟解漫天作雪飞。"韩愈在这首诗中采用了拟人手法，把晚春季节的草木茂盛、万紫千红、满园春色、群芳斗艳的景象描写得淋漓尽致。看到这些斗艳的群芳，我们不也心潮澎湃、随之起舞吗？

在描写晚春的诗作中，唐代诗人孟浩然的《春晓》更是别具一格："春眠不觉晓，处处闻啼鸟。夜来风雨声，花落知多少？"作者通过自己春晓时的感觉，从欢快的鸟啼声中透露出明媚宜人的大好春光。但从其第三、四句诗中，作者又透出隐隐的惋春之意，风雨毕竟要摇落春花，带走春光啊！

在吟诵着古人这些描写春天的诗句时，我们不也随其进入了那明媚的春光之中了吗？

春天来了，她就还会走的。可对春的归去，又何惜之有，她迎来的不是那火红的夏天吗？

春天和诗，都是令人陶醉的幸福，因为他们在骨子里都存上了幸福的因子。

夏天和炎热，都是令人烦闷的期待，因为他们在身体里酝酿幸福的汗水。

秋天和硕果，都是令人快乐的收获，幸福在这一刻放在了人们脸上。

（章傅建）

＊无心的失误

◇韩 东

有一次，同学询问我另一个同学在医院是哪一科的，我记不太清楚了，觉得又像是内科又像是针灸科，结果就说她是内疚科的。

我中学时候的团支书特别不会说话，我入团的时候，只有我和另一个女生。我们团支书主持的时候毫不犹豫地说：今天是两位同学大喜的日子。其余同学全体笑翻。过了一个学期，又是这位老兄主持另一位同学的入团仪式，他说道："欢迎×××同学加入到我们这个神秘的组织中来……"

大学时候，一同学和我争论问题，一时处于下风，情急中一拍桌子起身大叫："你胡说，我又不是不傻！"

我一哥儿们去相亲，回来大家问他怎么样，哥儿们讲：这个女孩真糙。中午到了饭点，两个人进了一家牛肉拉面馆，女孩对师傅大声说道："嘿，给拉两碗。"拉面的师傅说："你吃吗？吃我就拉。"我哥儿们赶紧说："一碗，您拉一碗就行了。"据说，当时在饭馆的人都哈哈大笑。

有次我妹妹给我推荐一支曲子，她说叫《少女的衬

那个××同学是哪个科的？？

她呀！！好像是内疚科的。

裤》，我心下诧异，拿过 CD 来一看，是《少女的祈祷》……

小学老师在公开课之前"抚慰"我们紧张的心情，说道："大家不用紧张，到了课堂不要东张西望，台下坐的还不都是人，不都是长着两只鼻子，一只眼睛嘛！"

小时候，卖冰棍雪糕的一般都是推着自行车叫卖。有一次，在屋子里听一阿姨喊："新来的雪糕，热乎的。"（估计阿姨以前是卖油饼油条的）

我一个同学给另一个朋友打电话，对方的爷爷接的，那同学不知道在想什么，张嘴就是："爷爷，我是奶奶……"突然觉得不对，哐一下就把电话挂了。

小时候我和妹妹在家玩儿，她假装一个侠女，很警觉地竖着耳朵听听外面，然后一脸警惕地跟我说："哎？不对大头啊！"

单位同事看报纸，说×××明星没结婚就生了个孩子，叫云云。我们赶忙拿着报纸找，不见。她走过来给我们指，一看，是"×××明星在那个年代，就曾说过很现代的言论，诸如一辈子单身，但不结婚也可以生个孩子云云……"

悦客群

刘俞江

科学证明，人在某些时候大脑会短暂缺氧，处于半休眠状态，这时候人们会做出许多不可思议的事情，比如这些可笑的口误。

即使是心思缜密的人，也会遇到这样尴尬的时刻。就当是上帝开的一个玩笑，轻松一下吧。

 阅览室

过同蒲路

◇陈学昭

我们在某村停留二天，准备过同蒲铁路。在抗战时期，一般人过这条铁路叫做过封锁线，因为沿整个铁路敌人满布了据点，五里路一个碉堡，配备着人员和重武器。敌人虽然已经投降，由于国民党不准许八路军接受日军的投降，更由于阎锡山勾结敌人，把日军用做对抗共产党的骨干，同蒲路的敌人据点里，不但依旧布满着敌军，有几处还比敌人投降以前加多了，他们四出扰乱，抢劫老百姓的财物。

我们到达那村庄时，正是"四围山色中，一鞭残照里"，老百姓这里那里到处在打场，我不是画家，却也被这幅辛勤、生动的景色所感动，使我联想起米兰的油画《秋收》。

这一带的物产不丰富，——包括五寨在内，只生产荞麦、胡麻和山药蛋。"吃荞面，睡热炕，"这就是晋西北老百姓生活的概括。我第一次看见荞麦和荞面，也不知道这东西应该如何吃法，只好请老百姓帮我们做。我住的那家老百姓，妯娌俩很高兴地帮我们做，一边做荞面，一边和我谈着天，她们把我从没有见到过荞麦这件事当做一个笑话，因而问这问那，想象我是什么都没有见过，而是过着一种异样的生活。她们把荞面揉好之后，做成小小的一个一个卷，放在蒸笼里蒸熟，这就可以吃了。她们告诉我，荞面是耐饥的，照本地的习惯，吃荞面必需吃配菜或吃酸菜汤，这地方老百姓家家户户自己做有酸菜。她们把自己做的酸胡萝卜切成丝，浸在酸汤里，拿来请我，虽不爱吃酸味却也觉得很可口。新蒸的荞面卷有一种引人的香味，倒像那新烤出炉的面包香味。她们和我谈，在敌人占领时，老百姓是没有吃的，每垧地至多只能收一百多斤，但敌人要他们缴三百多斤，老百姓把家里一切所有都收集起来送缴敌人，自己只好拔野草吃。现在，他们能吃到荞面和洋芋，还储藏着几缸酸菜。她们欢天喜地地谈到减租减息的好处："现在租减啦，种庄稼的也有得吃啦！"当然，他们对革命的政权是拥护的，对革命的八路军队也有认识，总说："八路军不让咱们老百姓吃亏。"她们的家庭看去是个和睦的大家庭——这也是一定的，农民的生活得到了保障，家庭也就自然和睦了，女人被打骂，成为出气的对象这类情形也没有了，所以在我遇到的新老解放区的妇女，没有一个不赞扬八路军。革命政权和革命军队带给妇女的好处实在多，这因为在过去，中国妇女是一向受着双重压迫的缘故——翁姑都健在。两个当家人都在前两天因事出外去了。那年近六十的老汉，高高而多皱的额角和乌黑的眼睛，高大的个子，显得很有神采。他好像怕惹人讨厌似的，不声不响、悄悄地从他家人身边走过。我发现他是一个善会人意而有着细致感情的老农民。他为我向他的侄儿换得一个骑鞍，用着他那发颤的手替我修理鞍上的皮带并告诉我应该注意的地方，使我觉得那么亲切。同行的马夫是一个急躁而脾气暴烈的人，这一路来，当他挥动着鞭子，口里大声吆喊着咧咧咧的时候，不单牲口害怕，连我也真觉得是惊心动魄的；每在我跌跤的时候，生怕被他看见了，要被当作一个错误来受他批判似的。这个老汉却使我想象，如果作为旅途的同行者，一定是不讨厌的。青春从来是美丽的，但我更爱高贵的品质和智慧。

当我坐在他们院子里的荞麦秸上，暖和的太阳照着，用铅笔随意地记一下我的旅程时，他们九岁的大孙子，不管大人们如何喊他走开，不要打扰我，他还是依靠在我的膝头，看着我写。"喜欢念书吗？"我问他。"喜欢。"他回答。"为什么你不念书呢？这里有小学堂吗？""过去是有的，咱们不念他们鬼子的鬼书，全是鬼话，"老汉走过接下说："以后你可以念书了，念咱们自己的书，中国人的书！"我抚着孩子的头说，"日本鬼子到你家来过吗？""来过。""他们来做什么呢？""他们跑进我们家里来，说'请教请教的'，把我们鸡棚里的鸡捉走了，荞麦也装走了，鸡蛋也拿去了。他们什么都要，我的裤子他们也要。"小孩说，"他们还拔出刺刀问我爷爷：'什么的干活？……'把我爷爷打倒在地上。"老汉感慨地说："受够罪了！偏偏还不死！""你不能这样说，你还要活呢！还要让你看见一个繁荣的新中国，还应该让你过一些快乐的日子！"我对他说。

在那里人和牲口都吃饱饱的，休息够了之后，我又上路。黄昏时分，到一个小村，我们停下休息并饮水；忽然，我转过头来，看见一个背枪的人，紧紧地立在我的身旁，不觉怔了一下，问："你是做什么的？""我是来保护你的。"他傲然地说。"你几岁了？叫什么？""我叫马三笑，二十岁。"他回答。"你是什么时候参加八路军的？""已经参加了四年。今夜我的任务是送你安全地过路去。"我为他坦率的傲然的口吻所感动，同时却觉得需要一个才二十岁的青年来保护，好像自尊心受了伤似的有些不好意思起来。但我是了解这位青年战士的心理的，这么年轻，他已有了四年的战斗历史。做一个革命军队的战士，是多么的光荣，多么值得骄傲的事！用不到我来替他们宣传或夸赞，他们自己的行动都将是一个正确的证明。八路军是这样好的军队，同了他们纪律的严格以及他们对于老百姓的爱护，他们是中国这一代优秀青年的代表！我衷心尊敬他们。"这样说来，我们已经到了危险地带了？"我问。"还没有。"他回答的话都是斩钉截铁的，一个字不多，一个字不少。

我们出发不久就过一条河沿，我的牲口竟顽强地不肯过河去，好像被什么东西所惊吓，尽在河沿乱窜着。我用力打它，但柳条鞭子一点也不生效力——这一路来，每天上路总要找一根树条，把驴子打着走，同伴们笑我"出洋相"——幸而马三笑的枪托一下就把它赶上了前边的人。整个夜行军中，都是依靠他的枪托使我不至于离前边的人太远；但我觉得很抱歉，因为显然这绝不是他的任务。牲口跑着跑着，跑过高山，跑过碎石子路，它迅速地跑着，竟使我觉得在这夜里，牲口的脚仿佛矮了似的，矮得已经接近地面。四周是静寂的，只有马蹄得得的声音，单调地从地面上滑过。马三笑一直在我的旁边。我们只听到敌人的六响掷弹筒，什么事情也没有遇到就过了同蒲路。

人们不是被瞌睡，就是被口渴所困，多数是被瞌睡所困；有的人甚至因在马上朦胧而跌下来。但我却清醒地望着那闪烁在天空的北斗星，好像发光的眼睛，不禁痴痴地想：今夜，可曾有远方的朋友，当埋头在工作中的不眠之夜里，想到有人是在跑着路过夜的么？

当我伸手从棉军装袋里摸出两个饼子，递送一个给马三笑时，不知什么时候，他已离我而去了。

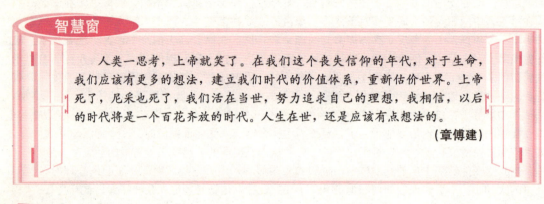

智慧窗

　　人类一思考，上帝就笑了。在我们这个丧失信仰的年代，对于生命，我们应该有更多的想法，建立我们时代的价值体系，重新估价世界。上帝死了，尼采也死了，我们活在当世，努力追求自己的理想，我相信，以后的时代将是一个百花齐放的时代。人生在世，还是应该有点想法的。

（章傅建）

阅览室

烟花三月下溱潼

◇卞毓方

　　猴年暮春三月，也是烟花三月，我与林非、王充闾、刘宝柱三位先生同访溱潼。当天上午，主人安排游溱湖。湖面的风物，恕我就不作描绘了；读者这些年走南闯北，谁的心海没叠印十湾八湖，总之是偌大的一片水域，镶之以花草亭台，衬之以小艇轻舟。我们自谓年纪老大，不敢乘快艇兜风，挑的是一艘画舫，马达一响，宛似一辆水上公共汽车。导游是一位本地少女，腰细而面黑，有点类似印巴一带的棕色皮肤，她说都是湖风染的，才从中专毕业，来这湖上不到仨月，就已变得"远看一朵花，近看老姐姐"了。此处"老姐姐"的"姐"，她用的是方言，读如"假"。她说的不错，湖上有十来艘往来表演的篙船，篙手无论男女，无论长幼，都一律面似舞台上的包公，只少眉心那一弯月牙。画舫使人和湖面亲近，又和湖面疏远，坐在舱里，浪舔不到，风吹不到，日头也晒不到，但你却可从从容容、仔仔细细地为云看相，为水把脉。

　　溱湖要我把脉，首先是水质不错，望上去清冽可人，谁要是没带矿泉水，直接可以用手捧了喝。但，也还不是最好。何谓最好？在工业化、现代化浪潮的裹挟冲刷下，也许那渌渊镜净、一尘不染的好光景永难再现，只能留梦于《诗经》中的涟漪，《楚辞》中的浪花。溱湖，你懂得我的悲凉么？你谅解我的煞风景么？其次，便数这眼前的篙船，这是会船节的余兴。岳阳有龙舟节，溱潼有会船节，这都是国家级的民俗活动。龙舟节纪念屈原沉江，那不该死的死了，他的死，尤其是他的歌哭，他的《离骚》，在人心引起骚动，人心就要起波澜，就要借不朽以实证不朽，讴歌不朽。会船节也有纪念，而且有多种版本，往往版本越多，越证明它的魅力四射，因魅力才众说纷纭，才引得好事者争相穿凿附会。关于会船节，导游介绍了数种不同的来历，我因为东想西想，心不在焉，仅仅听进去了一个：在忘记了具体年月的古代，在清明节的第二天，溱潼百姓相约划着自家的小船，为四港八汊无主的孤坟添土洒饭，烧化纸钱。这个创意好，它显出了溱潼人的贤良和公德，难怪它能一传十、十传百地推而广之，难怪它能流传到今天，又光大发扬为全社会的牵挂和投入。

午后游溱潼古镇，我是来过一趟，在一月前的那场淅沥冷雨中，出游如同赴宴，在我，一向不关心厨师端上的是什么，而在乎今天与谁同桌，精神的因素显然大于物质，此番因系陪三位先生同游，心情愈加雀跃，又亦步亦趋地沿着前番的路线走了一遭：麻石老街、院士旧居、民俗风情馆，以及古茶古井、古槐古寺。叫我吃惊的，是我前番的"莅临"，已经被摄成图像，加以装潢，悬挂于一处景点。惭愧，经如此一炮制，我也就成了"到此一游"的名士。溱潼她沉默得太久了。溱潼她开放得太迟了。她就像锁闭在水网中的孤岛，在这大喧哗大造势的年代，终于也耐不住寂寞，渴望外界的足音。这不是错，社会毕竟是一个整体，你要与时俱进，就得敞开胸襟，迎接八面来风。瞧，我前番仅仅匆匆一过，就心照神交，转身便给她请来了三位朋友，两位擅长诗文，一位专攻书法，对于前者，我无意拿他俩与写出《桨声灯影里的秦淮河》的朱自清、俞平伯相比，对于后者，我也不当他是写出"一声肠断溱湖水，何事将归不问家"的高二适，何必那般俗气，那般功利，相识相知全凭灵犀一点，诸事不妨随缘。

身边备有相机，傻瓜型，一路张罗给三位先生立此存照。因为是大家，并不是任何场合都可让你摆弄的，整个过程，我只成功了两次。一次是在"花影清潭"，说白了就是有一个小院，院内有一株茶树，寿长逾千年，花开逾万朵，茶树旁又有一口古井，井壁青苔斑驳，井底水莹如镜，三位不仅在茶树前欣然留影，还分别弯腰探头，和幽幽的井水照了一个多情的面。你来照井，井也必定照你，你看到的是水中天，井留下的是身外身。另一次是在"绿院垂槐"：院是寺院，槐是官槐，院内曾创办过书院、义学，而后又设立小学，是古镇教育事业的

滥觞，官槐不仅沐过宋朝的风，元代的雨，还系着天仙配的传说，据说当年七仙女下凡配董永为妻，就是它老人家做的媒。也许你还记得黄梅戏，树洞里飞出婉转缠绵的戏文："树上的鸟儿成双对，绿水青山带笑颜"，"你我好比鸳鸯鸟，比翼双飞在人间"。三位先生往槐树前一站，嘴里俱念念有词，是许愿吧，我不知他们默许的是什么，按动快门的刹那，眼睛一眨，仿佛镜头锁定的是三株大树，不，四株。绝非矫情，生活的原色，生命的底色，本该是这般浑然一碧，浓翠盈目。

次日上午，细雨方霏霏，我们参观了高二适纪念馆。高氏是那种生前看着不高、而死后愈仰

愈高的学者、诗人兼书法家。他是溧潼的邻居，又是溧潼的女婿，关系自然非同寻常。高氏"独学自成"，没有背景，没有台阶，一介寒儒，好钻研而"不求人知"，然而，骤然而起的一桩"兰亭公案"，却不由分说地把他推到前台，置于众目睽睽。话说 1965 年，值兰亭盛会召开之际，郭老沫若抛出《由王谢墓志的出土论到〈兰亭序〉的真伪》一文，指出享誉千古的《兰亭序》乃是赝品，为后世所依托。鉴于郭老的社会地位和学术威望，黄钟一启，万籁噤声。当是之时，唯独高二适挺身而出，撰写《〈兰亭序〉真伪驳议》，与郭老据理力争。高二适的精湛见解，尤其是他的"一士谔谔"、不畏权贵的风骨，倾倒士林，"公案兰亭岂驳迟？高文一出万人知"。（苏渊雷诗）连毛泽东也被他的激情感染，毛曾为此事专门致信郭沫若，强调说"笔墨官司，有比无好"。

纪念馆建在两水相交的半岛。雨中，城乡的背影若有若无。主人公的塑像在迎门而笑，绿树环拥，回廊的碑刻龙飞凤舞，展厅，半是书法，半是丹青。以为这就是全部了，谁知出得旧馆，又见新馆，博敞而宏丽，沿阶梯步上三楼的平台，脚下踩踏的是坚实，胸中翻滚的是浩叹。不要说唐代的边塞诗人高适———那位二适先生的本家兼同行———生前死后，从未拥有如许气派，就是当代的诸多硕儒宏彦，包括曾占了什么主席书记宝座，得了什么国内国外大奖的，也鲜能享受此等殊荣。这一切自然要归功于溧潼人的景仰，真想在楼头迎风长啸啊，高二适有幸结缘于溧潼，百载之下，果然"适吾所适"。

智慧窗

　　古人曾有过的感叹，大雅久不作，不知是在什么状态下的生发，却一句名言千古传诵。文坛期盼大作，读者青睐高雅之作是常理。是的，浸润文学中，"却顾所来径，苍苍横翠微"，总有这样那样的感喟，既有苛求也有欣喜。

　　该文体现了作家对于深重文化历史的关注。无论是家乡情怀，还是他乡的游子心绪，对于中华的文化都寄情遥深，无论是历史的勘察，还是现实的观察，从中华文化的背景中找寻家园故国的精神之源，更为重要的是，在过去曾多为人所描写的历史故地，作家注重新发现新感受。

（章傅建）

阅览室

时　光
◇冯骥才

　　一岁将尽，便进入一种此间特有的情氛中。平日里奔波忙碌，只觉得时间的紧迫，很难感受到"时光"的存在。时间属于现实，时光属于人生。然而到了年终时分，时光的感觉乍然出现。它短促、有限、性急，你在后边追它，却始终抓不到它飘举的衣袂。它飞也似的向着年的终点扎去。等到你真的将它超越，年已经过去，那一大片时光便留在过往不复的岁月里了。

　　今晚突然停电，摸黑点起蜡烛。烛光如同光明的花苞，宁静地浮在漆黑的空间里；室内无风，这光之花苞便分外优雅与美丽；些许的光散布开来，蒙蒙依稀地勾勒出周边的事物。没有电就没有音乐相伴，但我有比音乐更好的伴侣——思考。

可是对于生活最具悟性的，不是思想者，而是普通大众。比如大众俗语中，把临近年终这几天称作"年根儿"，多么真切和形象！它叫我们顿时发觉，一棵本来是绿意盈盈的岁月之树，已被我们消耗殆尽，只剩下一点点根底。时光竟然这样的紧迫、拮据与深浓……

　　一下子，一年里经历过的种种事物的影像全都重叠地堆在眼前。不管这些事情怎样庞杂与艰辛，无奈与突兀。我更想从中找到自己的足痕。从春天落英缤纷的京都退藏到冬日小雨中的雅典德尔菲遗址；从重庆荒芜的红卫兵墓到津南那条神奇的蛤蜊堤；从一个会场到另一个会场，一个活动到另一个活动中；究竟哪一些足迹至今清晰犹在，哪一些足迹杂沓模糊甚至早被时光干干净净一抹而去？

　　我瞪着眼前的重重黑影，使劲看去。就在烛光散布的尽头，忽然看到一双眼睛正直对着我。目光冷峻锐利，逼视而来。这原是我放在那里的一尊木雕的北宋天王像。然而此刻他的目光却变得分外有力。它何以穿过夜的浓雾，穿过漫长的八百年，锐不可当、拷问似的直视着任何敢于朝他瞧上一眼的人？显然，是由于八百年前那位不知名的民间雕工传神的本领、非凡的才气；他还把一种阳刚正气和直逼邪恶的精神注入其中。如今那位无名雕工早已了无踪影，然而他那令人震撼的生命精神却保存下来。

　　在这里，时光不是分毫不曾消逝吗？

　　植物死了，把它的生命留在种子里；诗人离去，把他的生命留在诗句里。

　　时光对于人，其实就是生命的过程。当生命走到终点，不一定消失得没有痕迹，有时它还会转化为另一种形态存在或再生。母与子的生命的转换，不就在延续着整个人类吗？再造生命，才是最伟大的生命奇迹。而此中，艺术家们应是最幸福的一种。唯有他们能用自己的生命去再造一个新的生命。小说家再造的是代代相传的人物；作曲家再造的是他们那个可以听到的迷人而永在的灵魂。

　　此刻，我的眸子闪闪发亮，视野开阔，房间里的一切艺术珍品都一点点地呈现。它们不是被烛光照亮，而是被我陡然觉醒的心智召唤出来的。

　　其实我最清晰和最深刻的足迹，应是书桌下边，水泥的地面上那两个被自己的双足磨成的浅坑。我的时光只有被安顿在这里，它才不会消失，而被我转化成一个个独异又鲜活的生命，以及一行行永不褪色的文字。然而我一年里把多少时光抛入尘嚣，或是支付给种种一闪即逝的虚幻的社会场景，甚至有时属于自己的时光反成了别人的恩赐。检阅一下自己创造的人物吧，掂量他们的寿命有多长。艺术家的生命是用他艺术的生命计量的。每个艺术家都有可能达到永恒，放弃掉的只能是自己。是不是？

　　迎面那宋代天王瞪着我，等我回答。

　　我无言以对，尴尬到了自感狼狈。

　　忽然，电来了，灯光大亮，事物通明，恍如更换天地。刚才那片幽阔深远的思想世界顿时不在，唯有烛火空自燃烧，显得多余。再看那宋代的天王像，在灯光里仿佛换了一个神气，不再**那**样咄咄逼人了。

　　我也不用回答他，因为我已经回答自己了。

智慧窗

　　每个人都曾沐浴幸福和快乐，也会历练坎坷和挫折。幸福快乐时，我们总是感觉时间的短暂；而痛苦难过时，我们却抱怨度日如年。幸福和痛苦本来就是双胞胎，上帝是公平的，痛苦往往是伴随幸福并存。会享受幸福，也要学会享受痛苦，享受幸福会增加你的成就感，享受痛苦则会提高你的自信心和忍耐力。身陷痛苦的囹圄，你的心灵颤抖了吗？地处绝望的深渊时，你坚持了吗？这就要看你有没有坚定信念和意志力。当我们遇到坎坷、挫折时，不悲观失望，不长吁短叹，不停滞不前，把它作为人生中的一次历练。把它看成是一种人生中的常态，这将助你更好地谱写出自己的精彩人生。人生必有坎坷和挫折！挫折是成功的先导，不怕挫折比渴望成功更可贵。

（章傅建）

阅览室

菩提树
◇吴冠中

　　"一方水土养一方人"，此话已经不新鲜。

　　"全靠这公园养我们这方的老人和儿童。"一位邻居指着我们楼群中的小公园感慨地说。

　　我们这个公园长约数百米，宽约百米，布满高大的垂柳、雪松、槐树、泡桐及各种形态和色彩的丛丛灌木，到处缠绕着枝藤，点缀着花朵，既郁郁葱葱，又疏密掩映，颇有山间丛林的氛围，四周的高楼因而被推向了遥远。林木花草引来老人，持手杖的、扶双拐的、坐轮椅的、驼了背仍艰难地独自迈步的、面壁似的面对松柏吸精气的，显然，老人们都在为生命的延续而挣扎。老太太们不爱走路，大都扎堆坐着聊天，各人的拐棍搁在一边，歪歪斜斜，像放下的武器。她们专注于交头接耳聊天，如果忽视其满脸皱纹的衰老与憔悴，单看那一群银白、灰白的头发之交错，倒是颇具特色的美丽的绘画色调。

　　人过中年，就有各种疾病来叩门，因而公园里中老年人的锻炼队伍日益扩大，一群群、一组组，在集体做各式各样的功，有摇臂拍掌的，有扭腰踢腿的，还有坐地朗诵的。公园里仅有三个类似袖珍广场的小空地，挤不下太多集体活动，因而我注意到从清晨6点到9点之间，他们是轮班活动的，像从深海到浅海的鱼群，各自固定在自己的时空定位里。中午前后公园里很寂静，偶有骑自行车来相拥抱的情人，在此找到他们的伊甸园。下午4点以后，虽仍有老人来漫步，但主要是婴幼儿的乐园了，各家的阿姨带着各家的孩子，孩子蹦跳穿梭，像一簇簇流动的花朵。有些婴儿尚躺在坐车里，婴儿的坐车往往与老人的轮椅狭路相遭遇！

夏末秋初，树叶的颜色开始递变，黛绿间疏黄，残红隐现。地面撒落着细长的柳叶、阔大的桐叶，以及像桂花似的不知名的黄色碎点……统统织入树枝的网状投影里。一年一度春秋，老人们依然在攀登他们的人生之路，虽然明知体质一年不如一年了，谁也违抗不了自然规律。其实景物也一样，今天的春花秋叶已不是去年的她们。十年树木，这个公园的开辟不足十年，已森森然；百年树人，婴儿与老人间似乎遥远，但今天相遇在小小的公园里，却展现了人生的短促。人们只见到眼前老人的多病痛，看不到他们已为人类社会付出的艰辛。人老了，人老得如此快，极少人能躲过老年的病痛与孤独，诚然，人生最苦是晚年。在这个小小的公园里，释迦牟尼看到了生、老、病、死，因之他出家成佛去，为了永生吧！确乎，躯体必将消灭，但却有永不消灭的思想，思想即佛，佛即思想，思想者立地成佛。

　　我又想到释迦牟尼成佛之菩提树下。我先前没有见过菩提树，五十余年前经过锡兰（今斯里兰卡）科伦坡，像印度一般的民俗风貌，小贩卖点心有用菩提树叶包托的，我触景记下了感受："南国、古国、佛国，邈遥与乌黑。今日人间穷个不得了，科伦坡犹如及普的（非洲一港口），无端向人讨来一片菩提叶。"

　　光阴似箭，今日自己也老了，被无情的岁月推入了老年的行列。无奈激情不肯老，适应不了老年生活规律，打牌、下棋、养鸟、种花都不能吸引我。到这公园来漫步，是等待成佛的唯一通道吗？我在此寻找菩提树，没有。有，发现棵棵都是菩提树，菩提树的根，原来伸展在各人的心脏深处。

智慧窗

生命是自己的，前程是自己的，幸福也是自己的。我们要珍爱生命！挫折有利亦有弊，它能够让人进步、积累经验，同时也能让人坠入万丈深渊，我们要以正确的心态去看待。正确认识挫折的客观性和优越性，变挫折为力量，战胜生活中的挫折与坎坷，把宝贵的生命用于为祖国作贡献……人生中，快乐带给我们愉悦，痛苦则带给我们回味。在人的一生中，真正的快乐，我们很难想起，但痛苦却往往难以忘记。既然痛苦不可避免，我们又无法抗拒，为什么不学会面带微笑迎对痛苦的来临呢？时间会告诉过去，痛苦也能告别回忆。生活恬淡、心境平静是一种极值的朴素美，如果在这种美上再加上享受，就会锦上添花，美上更美。学会接受，学会忍受，学会享受，学会宽容，学会慈爱，学会珍惜，这样将会使你的人生更加光彩照人。

（章傅建）

阅览室

画　虎

◇朱　湘

　　"画虎不成反类狗，刻鹄不成终类鹜"，自从这两句话一说出口，中国人便一天没有出息似一天了。

　　这两句话为后人奉作至宝。单就文学方面来讲，一班胆小如鼠的老前辈便是这样警劝后生：学老杜罢，学老杜罢，千万不要学李太白。因为老杜学不成，你至少还有个架子；学不成李的时候，你简直一无所有了。这学的风气一盛，李杜便从此不再出现于中国诗坛之上了。所有的只是一些杜的架子或一些李的架子。试问这些行尸走肉的架子，这些骷髅，它们有什么用？光天化日之下，与其让这些怪物来显形，倒不如一无所有反而好些。因为人真知道了无，才能创造有；拥着伪有的时候，决无创造真有之望。

　　狗，鹜。鹜真强似狗吗？试问它们两个当中，是谁怕谁？是狗怕鹜呢，还是鹜怕狗？是谁更聪明，能够永远警醒，无论小偷的脚步多么轻，它都能立刻扬起愤怒之呼声将鄙贱惊退？

　　画不成的老虎，真像狗，刻不成的鸿鹄，是像鹜吗？不然，不然。成功了便是虎同鹄，不成功时便都是怪物。

　　成功又分两种：一种是画匠的成功，一种是画家的成功。画匠只能模拟虎与鹄的形色，求到一个像罢了。画家他要深入创形的秘密，发现这形后面有一个什么神，发号施令，在陆地则赋形为劲悍的肢体、巨丽的皮革，在天空则赋形为飘疾的翮翼、润泽的羽毛；他然后以形与色为血肉毛骨，纳入那神，传成他自己的虎鹄。

拿物质文明来比方：研究人类科学的人如若只能亦步亦趋，最多也不过贩进一些西洋的政治学、经济学，既不合时宜，又常多短缺。实用物质科学的人如若只知萧规曹随，最多也不过摹成一些欧式的工厂商店，重演出惨剧，肥寡不肥众。日本便是这样，它古代摹拟到一点中国的文化，有了它的文字、美术；近代摹拟到一点西方的文化，有了它的社会实业：它只是国家中的画匠。我们这有几千年特质文化的国家不该如此。我们应该贯注物质文明的内心，搜出各根柢原理，观察它们是怎样配合的，怎样变化的。再追求这些原理之中有哪些应当铲除，此外还有些什么原理应当加入，然后淘汰扩张，重新交配，重新演化，以造成东方的物质文化。

东方的画师呀！麒麟死了，狮子睡了，你还不应该拿起那支当时伏羲画八卦的笔来，在朝阳的丹凤声中，点了睛，让困在壁间的龙腾越上苍天吗？

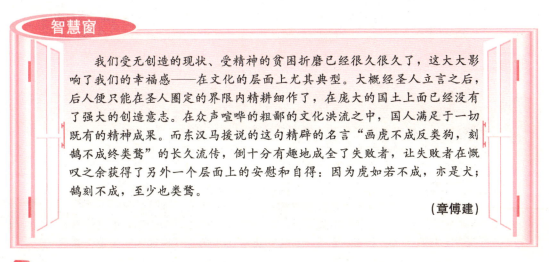

智慧窗

我们受无创造的现状、受精神的贫困折磨已经很久很久了，这大大影响了我们的幸福感——在文化的层面上尤其典型。大概经圣人立言之后，后人便只能在圣人圈定的界限内精耕细作了，在庞大的国土上面已经没有了强大的创造意志。在众声喧哗的粗鄙的文化洪流之中，国人满足于一切既有的精神成果。而东汉马援说的这句精辟的名言"画虎不成反类狗，刻鹄不成终类鹜"的长久流传，倒十分有趣地成全了失败者，让失败者在慨叹之余获得了另外一个层面上的安慰和自得：因为虎如若不成，亦是犬；鹄刻不成，至少也类鹜。

(章傅建)

阅览室

每一棵草都会开花

◇丁立梅

去乡下，跟母亲一起到地里去，惊奇地发现，一种叫牛耳朵的草，开了细小的黄花。那些小小的花，羞涩地藏在叶间，不细看，还真看不出。我说，怎么草也开花？母亲笑着扫过一眼来，淡淡说，每一棵草，都会开花的。愣住，细想，还真是这样。蒲公英开花是众所周知的，开成白白的绒球球，轻轻一吹，满天飞花。狗尾巴草开的花，就像一条狗尾巴，若成片，是再美不过的风景。蒿子开花，是大团大团的……就没见过不开花的草。

曾教过一个学生，很不出众的一个孩子，皮肤黑黑的，还有些耳聋。因不怎么听见声音，他总是竭力张着他的耳朵，微向前伸了头，做出努力倾听的样子。这样的孩子，成绩自然好不了，所有的学科竞赛，譬如物理竞赛，化学竞赛，他都是被忽略的一个。甚至，学期大考时，他的分数，也不被计入班级总分。所有人都把他当残疾，可有，可无。

他的父亲，一个皮肤同样黝黑的中年人，常到学校来看他，站在教室外。他回头看看窗外的父亲，也不出去，只送出一个笑容。那笑容真是灿烂，盛开的野菊花般的，有大把阳光息在里头。我很好奇他绽放出那样的笑，问他，为什么不出去跟父亲说话？他回我，爸爸知道我很努力的。我轻轻叹一口气，在心里，有些感动，又有些感伤。并不认为他，可以改变自己什么。

学期要结束的时候，学校组织学生手工竞赛，是要到省里夺奖的，这关系到学校的声誉。平素的劳技课，都被充公上了语文、数学，学生们的手工水平，实在有限，收上去的作品，很令人失望。这时，却爆出冷门，有孩子送去手工泥娃娃一组，十个。每个泥娃娃，都各具情态，或嬉笑，或遐想。活泼、纯真、美好，让人惊叹。作品报上省里去，顺利夺得特等奖。全省的特等奖，只设了一名，其轰动效应，可想而知。

学校开大会表彰这个做出泥娃娃的孩子。热烈的掌声中，走上台的，竟是黑黑的他——那个耳聋的孩子。或许是第一次站到这样的台上，他神情很是局促不安，只是低了头，羞涩地笑。让他谈获奖体会，他嗫嚅半天，说，我想，只要我努力，我总会做成一件事的。刹那间，台下一片静，静得阳光掉落的声音，都能听得见。

从此面对学生，我再不敢轻易看轻他们中任何一个。他们就如同乡间的那些草们，每棵草都有每棵草的花期，哪怕是最不起眼的牛耳朵，也会把黄的花，藏在叶间，开得细小而执著。

智慧窗

为什么我们总是觉得痛苦大于快乐；忧伤大于欢喜；悲哀大于幸福。原来是因为我们总是把不属于痛苦的东西当作痛苦；把不属于忧伤的东西当作忧伤；把不属于悲哀的东西当作悲哀；而把原本该属于快乐、欢喜、幸福的东西看得很平淡，没有把它们当作真正的快乐、欢喜和幸福。人最大的困难是认识自己，最容易的也是认识自己。很多时候，我们认不清自己，只因为我们把自己放在了一个错误的位置，给了自己一个错觉。所以，不怕前路坎坷，只怕从一开始就走错了方向。幸福是一个谜，你让一千个人来回答，就会有一千种答案。有人说：幸福是拥有一个美满的家庭；有人说，幸福是一生平安；有人说，幸福是衣食无忧；有人说，幸福是一辈子健康；也是人说，幸福是每一天都快乐……幸福是不能全部描写出来的，它只能体会，体会越深就越难以描写，因为真正的幸福不是一些事实的汇集，而是一种状态的持续。幸福不是给别人看的，与别人怎样说无关，重要的是自己心中充满快乐的阳光，也就是说，幸福掌握在自己手中，而不是在别人眼中。幸福是一种感觉，这种感觉应该是愉快的，使人心情舒畅、甜蜜快乐。

（章傅建）

阅览室

水问
◇简 嫃

台大的醉月湖记载着一个故事，关于一名困情女子投水的传说。我想，深情即是一桩悲剧，必得以死来句读。而这种死也是最纯洁的。我是名弱者，欣赏了悲剧也扮演过悲剧，却在最后一幕潜逃，人是活着，热情已死。因此我写下水问。纪念那位女子并追悼自己。

那年的杜鹃已化作次年的春泥，为何，为何你的湖水碧绿依然如今？

那年的人事已散成凡间的风尘，为何，为何你的春闺依旧年年年轻？

是不是柳烟太浓密，你寻不着春日的门扉？

是不是栏杆太纵横，你潜不出涕泣的沼泽？

是不是湖中无堤无桥，你泅不到芳香的草岸？

传说太多，也太粗糙：说你只不过是曾经花城的孤单女子，因不慎而溺于爱的歧流断脉之中，说你的失足只是一种意外。说有人见你午夜低徊于水陆的边缘，羞怯地向陌生的行人诉说你破碎的心肠，说你千里迢迢要来赴那人的盟约，然而千里迢迢怎是你所能跋涉？日夜的次序又怎能容你轻易嵌入？你已不属于时间空间，你因而被镇于湖心水湄，再不敢向人间，向你钟爱的人间殷殷探询。你于是成了一只冷僵了的蝴蝶标本，在图鉴上注明因求偶不成而自戕，被传阅于唇齿残香的茶余饭后。

要问你：

天空这么温柔地包容着大地，为何你不送走今日且待明日？

大地这么宽厚地载育着万物，为何你不掘穴别居另成家室？

人间婚姻的手续这么简单，为何你独独择水为你最后的归宿？

是不是你信念着，有一种无缘由而起的宇宙最初要持续到无缘由而去的宇宙最后的一种约誓，让你飘零过千万年的混沌，于此生此身为人，要在人间相寻相觅？你是离群的雁，甘愿于人间的尘网，折翅敛羽，要寻百年前流散于洪流乱烟中的另一只孤雁？你走过多少个春去秋来，多少丈人间红尘，你来到那人面前，虽然人间铸他以泥泅，你依旧认出那疲惫的面容正是你的魂梦所系，那沙哑的嗓音正是你所盼望的清脆。你从他的眼眸看出你最原始的身影，你知道，那是你们唯一的辨认。

人间的鹊桥，虽不如天庭的绚丽，而你们愿意一砖一瓦地建筑。

人间的气候，虽不如天庭的清朗，而你们羽翼同飞要共地坼天裂的风暴。

人间的箪食瓢饮，虽不如天庭的琼浆玉液，而你们饭蔬食饮甘之如饴。

生命的意义原本就模糊不清，在纷杂的爱之国度中，你们愿意凸显爱情为你们心中的殿堂。以千年的姻缘，作最坚固的奠基，以信任与尊敬，作不朽的钢架，深挚的痴爱，是你们的铜墙铁壁。不渝的贞操，是避风的屋顶是挡雨的门窗。人们只能依你们的声音容貌，批评这样的茅茨土屋。而你们温婉地相待，且让人们去追求他们所谓的富与美，在你们崇高的人格花园里，自然生长着四季繁花，清风朗月。此去，此去经年，千山万水，永不相离，生老病死，永不相弃。

而是不是今日的下弦曾是十五的月圆？

是不是眼前的沧海曾是无际的桑田？

是不是来自于生的终归于死，痴守于爱的终将成恨？

是不是春到芳菲春将淡，情到深处情转薄？

你坚信的约誓，是四月残缺的柳絮。你溯回的记忆，是荆棘丛生的刑地。你眼见手成茧足结痂，而人间的鹊桥已成废墟。你于是放眼苍茫，要天地为你卜卜"天长地久"：山川静默蜿蜒，说这一卦，不在人间，只在天上。你披发行吟，跟跟跄跄去熙攘的市井探询，你说："借问，借问怎么回去我的殿堂，我的恋之初……"好心的行人摇摇头，说没有这样一条路，没听说过这个方向……你想起了千年前的流离，盼到今生才又聚，为何不能同羽同翼？为何曾经的约誓亡佚成短简残篇的流离？为何地能久天能长，人间的爱情却离了又聚聚了又散？

当太阳再升起，所有的杜鹃萎身谢礼，化成声声的杜宇，唤你不如，不如归去，你仰首看着今日的天空，似乎和昨日并无差别：你舒开手中的书卷，一样的道理，一样的铅字，而你的殿堂已是前尘，你的爱情已成往事。就把一款款的道理还给线装的书架，把一滴滴的泣血流给春泥，把一身姿态给验尸的风雨，夜半湖心，秋虫唧唧……当太阳再升起，所有的杜宇声声唤你，所有的人间恩爱，你已双手归还而去。

是不是湖水如翡翠，依然是你不死的柔情，涨潮于干旱的季节？

是不是满湖莲韵，是你含辞吐语，字字的叮咛？

是不是一帙帙的书卷，有你不忍撕毁的、海市蜃楼的模型，要给另一对情侣的注解的提醒？

是不是年年杜鹃的鲜红，是你遗传的爱情的色泽？当那一对对的足印踏过花冢春泥，你是不是愿意他们在举足之间，牢牢记取，聚与散在人间，都要相待以礼？

且守护无源的川流，爱字不易写，但愿你湖心风纹，勾勒一笔一画。且让萍水相逢的，在湖畔栏杆，拟下他们的约誓。

且让相识的，用你的神话湘绣成他们的嫁纱。

让常年分离的，偶然相聚。

让幽怨的，冰释所有的尘土泥沙，让他们知晓，聚是一瓢三千水，散是覆水难收……

而今夜，且让我来冠冕你，花城曾经痴守爱情的女子，魂归来兮。

智慧窗

悼念一位为情殉死的女学生，与其说是悼念他人不如说是提前追悼自己（包括我们每一位在世者），为我们每一个鲜活的生命，为我们为生命所做的一切。整篇文章就像是一篇长诗，句与句之间的呼应，每个句尾的合辙。

惊叹于文中用词的连续与华丽；惊叹于文字背后的心痛与思念；惊叹于人间曾有那样的一个幽怨女子。那逝去的容、尚存的情以及留在人间的爱与恨，一份牵挂一份不舍丝丝入扣。去年杜鹃今年泥，湖水碧绿今依然，似若古时诗句"人面不知何处去，桃花依旧笑春风"，读来一样的令人怅然与无奈。

（章傅建）

阅览室

春 酒

◇琦 君

农村的新年，是非常长的。过了元宵灯节，年景尚未完全落幕。还有个家家邀饮春酒的节目，再度引起高潮。在我的感觉里，其气氛之热闹，有时还超过初一至初五那五天新年呢。原因是：新年时，注重迎神拜佛，小孩子们玩儿不许在大厅上、厨房里，生怕撞来撞去，碰碎碗盏。尤其我是女孩子，蒸糕时，脚都不许搁住灶孔边，吃东西不许随便抓，因为许多都是要先供佛与祖先的。说话尤其要小心，要多讨吉利，因此觉得很受拘束。过了元宵，大人们觉得我们都乖乖的，没闯什么祸，佛堂与神位前的供品换下来的堆得满满一大缸，都分给我们撒开地吃了。尤其是家家户户轮流的邀喝春酒，我是母亲的代表，总是一马当先，不请自到，肚子吃得鼓鼓的跟蜜蜂似的，手里还捧一大包回家。

可是说实在的，我家吃的东西多，连北平寄来的金丝蜜枣、巧克力糖都吃过，对于花生、桂圆、松糖等，已经不稀罕了。那么我最喜欢的是什么呢？乃是母亲在冬至那天就泡的八宝酒，到了喝春酒时，就开出来请大家尝尝。"补气、健脾、明目的哟！"母亲总是得意地说。她又转向我说："但是你呀，就只能舔一指甲缝，小孩子喝多了会流鼻血，太补了。"其实我没等她说完，早已偷偷把手指头伸在杯子里好几回，已经不知舔了多少个指甲缝的八宝酒了。

　　八宝酒，顾名思义，是八样东西泡的酒，那就是黑枣（不知是南枣还是北枣）、荔枝、桂圆、杏仁、陈皮、枸杞子、薏仁米，再加两粒橄榄。要泡一个月，打开来，酒香加药香，恨不得一口气喝它三大杯。母亲给我在小酒杯底里只倒一点点，我端着、闻着，走来走去，有一次一不小心，跨门槛时跌了一跤，杯子捏在手里，酒却洒在衣襟上了。抱着小花猫时，它直舔，舔完了就呼呼地睡觉。原来我的小花猫也是个酒仙呢！

　　我喝完春酒回来，母亲总要闻闻我的嘴巴，问我喝了几杯酒。我总是说："只喝一杯，因为里面没有八宝，不甜呀。"母亲听了很高兴。她自己请邻居来吃春酒，一定给他们每人斟一杯八宝酒。我呢，就在每个人怀里靠一下，用筷子点一下酒，舔一舔，才过瘾。

　　春酒以外，我家还有一项特别节目，就是喝会酒。凡是村子里有人急需钱用，要起个会，凑齐十二个人，正月里，会首总要请那十一位喝春酒表示酬谢，地点一定借我家的大花厅。酒席是从城里叫来的，和乡下所谓的八盘五、八盘八（就是八个冷盘，五道或八道大碗的热菜）不同，城里酒席称之为"十二碟"（大概是四冷盘、四热炒、四大碗煨炖大菜），是最最讲究的酒席了。所以乡下人如果对人表示感谢，口头话就是"我请你吃十二碟"。因此，我每年正月里，喝完左邻右舍的春酒，就眼巴巴地盼着大花厅里那桌十二碟的大酒席了。

　　母亲是从不上会的，但总是很乐意把花厅给大家请客，可以添点新春喜气。花匠阿标叔也巴结地把煤气灯玻璃罩擦得亮晶晶的，呼呼呼地点燃了，挂在花厅正中，让大家吃酒时划拳吆喝，格外的兴高采烈。我呢，一定有份坐在会首旁边，得吃得喝。这时，母亲就会捧一瓶她自己泡的八宝酒给大家尝尝助兴。

　　席散时，会首给每个人分一条印花手帕。母亲和我也各有一条，我就等于得了两条，开心得要命。大家喝了甜美的八宝酒，都问母亲里面泡的是什么宝贝。母亲得意地说了一遍又一遍，高兴得两颊红红的，跟喝过酒似的。其实母亲是滴酒不沾唇的。

　　不仅是酒，母亲终年勤勤快快的，做这做那，做出新鲜别致的东西，总是分给别人吃，自己却很少吃。人家问她每种材料要放多少，她总是笑眯眯地说："大约摸差不多就是了，我也没有一定分量的。"但她还是一样一样仔细地告诉别人。可见她做什么事，都有个尺度在心中的。她常常说："鞋差分、衣差寸，分分寸寸要留神。"

今年，我也如法炮制，泡了八宝酒，用以供祖后，倒一杯给儿子，告诉他是"分岁酒"，喝下去又长大一岁了。他挑剔地说："你用的是美国货葡萄酒，不是你小时候家乡自己酿的酒呀。"

一句话提醒了我，究竟不是道地家乡味啊。可是叫我到哪儿去找真正的家醅呢？

智慧窗

宠辱不惊闲看庭前花开花落，去留无意漫随天外云卷云舒。这是一种境界，一种心灵达到的最高境界，是痛彻心扉之后的豁然开朗，是俯瞰生命的一种态度，是云端上的思索。正视痛的存在，就是在修补本身的错误、谬误，措置的越自然也就越完美。懂得了这些，你就会懂得，其实痛也是一种难于预定的人生体验，是一种臻于成熟的打磨。当我们经历了这些痛楚，年深月久，沉淀之后，我们会一生受用他的启迪，他的指引，他的教诲。我们就明了，总有一些痛要去面对，就像一棵树要面对剪枝，痛着但挺直，因挺直而斑斓着。人生因经历痛而完美，有些痛我们总要去面对。痛——也是一种别致的幸福。

幸福，应该是心灵深处微妙的感受，是一个人真真切切的感受。在你颓丧无助时，路人的一个微笑，一句问候，都带给你幸福；幸福是你口渴难耐时一捧甘甜的泉水；幸福是你筋疲力尽时一张松软的大床；幸福是你孤寂时一封远方的素笺；幸福是你噩梦后一张慈祥的笑脸。幸福是一种心态，一种感觉。其实，幸福每时每刻都伴随我们左右，关键是如何去发现它、理解它、感受它、创造它。

阅览室

拾荒梦
◇ 三 毛

在我的小学时代里，我个人最拿手的功课就是作文和美术。也许老师对我的作文实在是有些欣赏，一上作文课，就会说："三毛，快快写，写完了站起来朗诵。"

有一天老师出了一个每学期都会出的作文题目，叫我们好好发挥，并且说："应该尽量写得有理想才好。"

等到大家都写完了，离下课时间还很长，老师坐在教室右边的桌上低头改考卷，顺口就说："三毛，站起来将你的作文念出来。"

小小的我捧了本子大声朗读起来：

"我的志愿——

我有一天长大了，希望做一个拾破烂的人，因为这种职业，不但可以呼吸新鲜的空气，同时又可以大街小巷地游走玩耍，一面工作一面游戏，自由快乐得如同天上的飞鸟。更重要的是，人们常常不知不觉地将许多还可以利用的好东西当做垃圾丢掉，拾破烂的人最愉快的时刻就是将这些蒙尘的好东西再度发掘出来，这……"

念到这儿，老师顺手丢过来一只黑板擦，打到了坐在我旁边的同学，我一吓，也放下本子不再念了，呆呆地等着受罚。

"乱写！乱写！什么拾破烂的！将来要拾破烂，现在书也不必念了，滚出去好了，对不对得起父母……"老师大拍桌子惊天动地地喊。

"重写！别的同学可以下课。"她瞪了我一眼便出去了。

结果我只好胡乱写着："我长大要做医生，拯救天下万民……"老师看了十分感动，批了个甲，并且说："这才是一个有理想、不辜负父母期望的志愿。"

我那可爱的老师并不知道，当年她那一只打偏了的黑板擦和重写的处罚，并没有改掉我内心坚强的信念。这许多年来，我虽然没有真正以拾荒为职业，可是我是拾着垃圾长大的，越拾越专门，这个习惯已经根深蒂固，什么处罚也改变不了我。当初胡说的什么拯救天下万民的志愿是还给老师保存了。

说起来，在我们那个时代的儿童，可以说是没有现成玩具的一群小孩儿。树叶儿一折当哨子，破毛笔管化点肥皂满天吹泡泡，五个小石子下棋，粉笔地上一画跳房子，粗竹筒开个细缝成了扑满，手指头上画小人脸，手帕一围就开唱布袋戏，筷子用橡皮筋绑紧可以当手枪……那么多迷疯了小孩子的花样都是不花钱的，说得更清楚些，都是走路放学时顺手捡来的。

拾荒人的眼力绝对不是一天就培养得出来的，也不是如老师所说，拾荒就不必念书，干脆就可以滚出学校的。我自小走路喜欢东张西望，尤其做小学生时，放学了，书包先请走得快的同学送回家交给母亲，我便一个人在田间小径上慢吞吞地游荡，这一路上，总有说不出的宝藏可以拾起来玩。

捡东西的习惯一旦慢慢养成，根本不必看着地下走路，眼角闲闲一瞟，就知哪些是可取的，哪些是不必理睬的，这些学问，我在童年时已经深得其中滋味了。

不再上学之后，曾经跟其他三个单身女孩子同住一个公寓，当时是在城里，虽然没有地方去捡什么东西，可是我同住的朋友们丢掉的旧衣服、毛线，甚而杂志，我都收拢了，夜间谈天说地的时候，这些废物，在我的改装下，变成了布娃娃、围裙、比基尼游泳衣……当时，看见自己变出了如此美丽的魔术，拾荒的旧梦又一度清晰地浮到眼前来，那等于发现了一个还没有完全枯萎的生命，那份心情是十分感动自己的。

拾荒的趣味，除了不劳而获这实际的欢喜之外，更吸引人的是，它永远是一份未知，在下一分钟里，能拾到的是什么好东西谁也不知道，它是一个没有终止，没有答案，也不会有结局的谜。

有一天我老了的时候，要动手做一本书，在这本书里，自我童年时代所捡的东西一直到老年的都要写上去，然后我把它包起来，丢在垃圾场里。如果有一天，有另外一个人，捡到了这本书，将它珍藏起来，同时也开始拾垃圾，那么，这个一生的拾荒梦，总是有人继承了再做下去，垃圾们知道了，不知会有多么欢喜呢。

智慧窗

罗素说，参差就是幸福。梦的颜色也是斑斓的，每一种参差就是一种幸福的源起。

"我的梦想是……""我长大了要做……"这样的语句可以成为我们生命的鲜活见证，从生命的伊始，到此生的终结，我们在一次次不同的"宣誓"中接近成熟的生灵。

每一个人都有属于自己的梦想，憧憬如飞鸟般高飞，或者乐于做一个满足现状的小人物。有的人，倾尽一生也不能圆梦，但梦始终是一盏灯，一盏心灯。它会在你陷入冰谷时给予温暖，在你失意时给予方向。那个梦，也许是海市蜃楼，永不可及，但它却是永恒的召唤。

梦因参差而美，不要轻易因异样的目光而放弃你的梦。请相信，梦只属于你自己，能让你在无限的虔诚中傲视岁月和他人的不解。

(杨书)

欢乐吧

＊我也拍广告
◇梁　晶

如果你请不起明星大腕做广告，这回你算是来着地儿了，请参考下列策划。

猴子进了玉米地，右手掰下一个，夹在左腋下，又发现了个更好的，于是左手再掰一个夹在右腋下，如此往复，猴子忙了半天，仍然没有停下的迹象。这时在一旁放哨的同伴急了："行了行了，找到好的了吗？"掰玉米的猴子回过头来，认真地说："没有最好，只有更好！"

一群猴子首尾相连，探着身子在河里捞月亮，一而再，再而三，始终不能成功。一个不懂事儿的小猴急了："我们什么时候才能捞到月亮啊？""你没看见吗？"猴王正色道，"我们一直在努力。"

狐狸老远就看到了满架熟透的葡萄，它远远地便开始助跑、起跳。一次，两次，三次……最终只能悻悻地放弃。站在高处的乌鸦说道："狐狸先生，敢情这葡萄还是酸的吧。"狐狸咽了咽口水，叹了口气："好吃，看得见。唉！"

乌鸦找到半瓶果奶，它的嘴显然无法喝到这些甜美的液体。它想了想，决定用嘴衔起小石块，一块一块地往瓶子里扔，经过不懈的努力，水面上升了，乌鸦美美地喝上一口。这时又有几只小鸟飞了过来，乌鸦舔了舔嘴，看着大家："今天你喝了没有？"

猴子对主人朝三暮四的喂食计划显然很不满意，不免闹出情绪来，主人为了安抚它们，决定改为朝四暮三，猴子们很是高兴了一阵子，但很快发现又上当了，因为总量并没有增加，猴子们觉得被人耍了，它们集体与主人谈判。猴子们满怀希望地看着主人说："怎么样啊，这回给我们多少？"主人愤怒地拿着食物，在手里掂了掂："早一粒，晚一粒。"

一只老鼠爬到了油瓶口，将尾巴伸进瓶里，油顺着尾巴一滴一滴往下滴，另一只老鼠在下面贪婪地吃着，舍不得离开。放哨的老鼠急了："喝够了没？味道怎么样啊？"喝油的老鼠咂咂嘴："滴滴香浓，意犹未尽!"

老虎将信将疑地跟着狐狸走了一遭,果然,森林里的小动物见了狐狸个个噤若寒蝉。老虎见此,不禁羡慕起来:"可以啊你!"狐狸得意地笑道:"我的光彩来自你的风采。"

老虎请狼吃饭,少不了要征求狼的意见:"你喜欢吃什么?"狼一听激动得手舞足蹈:"羊羊羊!"

鳄鱼毫不费力地咬断了野牛的脖子,大快朵颐起来。鳄鸟飞了过来:"老兄好胃口啊。"鳄鱼头也不回:"牙好胃口就好,吃嘛嘛香。"

鳄鸟道:"让我来为你剔牙吧。""为什么?"鳄鸟神秘地说:"我们的目标是——没有蛀牙。"

蛤蟆好不容易从井里跳了出来,看到外面广阔的世界,不免感慨起来:"原来生活可以更美的!"

这时一群天鹅从天空飞过,蛤蟆目不转睛地盯着天鹅,嘴里流出了口水。一旁的青蛙不解:"大哥,你在想什么啊?"蛤蟆的目光一直没有离开天鹅的身影,道:"我心飞翔。"

青蛙摇摇头:"别瞎寻思了,这是不可能的。""不!"蛤蟆严肃起来,"一切皆有可能。"

"可是,从来就没有哪只蛤蟆能吃到天鹅肉。"青蛙不屑。"我能!蛤蟆鼓起自己的脖子,意志非常坚定。"

悦客群

林奇

　　广告能反映一个国家的经济发展水平和整体的国民素质。当我们的经济飞速发展时,我们的广告却一直缺乏好的创意。这样看来,让动物们当上广告的主角没准儿也能是个不错的选择。

蝉与纺织娘

◇郑振铎

　　你如果有福气独自坐在窗内,静悄悄地没一个人来打扰你,一点钟、两点钟地过去,嘴里衔着一支烟,躺在沙发上慢慢地喷着烟云,看它一白圈一白圈地升上,那么在这静境之内,你便可以听到那墙角阶前的鸣虫的奏乐。

　　那鸣虫的作响,真不是凡响;如果你曾听见过曼杜令的低奏,你曾听见过一支洞箫在月下湖上独吹着,你曾听见过红楼的重幔中透漏出的弦管声,你曾听见过流水淙淙地由溪石间流过,或你曾倚在山阁上听着飒飒的松风在足下拂过,那么,你便可以把那如何清幽的鸣虫之叫声想象到一二了。

　　秋虫之声，大都在蝉之夏曲已告终之后出现，那正与气候之寒暖相应。但我却有一次奇异的经验：在无数的纺织娘之鸣声已来了之后，却又听得满耳的蝉声。我想我们的读者中有这种经验的人是必不多的。

　　我在山中，每天听见的只有蝉声，鸟声还比不上。那时天气是很热，即使在山上，也觉得并不凉爽。正午的时候，躺在廊前的藤榻上，要求一点凉风，却见满山的竹树梢头，一动也不动，看看足底下的花草，也都静静地站着，如老僧入了定似的。风扇之类既得不到，只好不断地用手巾来拭汗，不断地在摇挥那纸扇了。在这时候，往往有几缕蝉声在槛外鸣奏着。闭了目，静静地听了它们在忽高忽低，忽断忽续，此唱彼和，仿佛是一大阵绝清幽的乐队在那里奏着绝清幽的曲子，炎热似乎也减少了，然后，蒙眬地睡去了，什么都不觉得。良久，良久，清梦醒来时，却又是满耳的蝉声。山中的蝉真多！绝早的清晨，老妈子们和小孩子们常去抱着竹竿乱摇一阵，而一只两只的蝉便要跟随着朝露而落到地上了。每一个早晨，在我们滴翠轩附近，至少有百只以上的蝉是这样地被捉，但蝉声并不减少。

　　常常地，一只蝉两只蝉，叽的一声，飞入房内，如平时我们所见的青油虫及灯蛾之飞入一样。这也是必定被人所捉的。有一天，见有什么东西在槛外倒水的铅斗中咯笃咯笃地作响，俯身到槛外一看，却又是一只蝉，这当然又是一个俘虏了。还有好几次，在山脊上走时，忽见矮林丛中有什么东西在动，拨开林丛一看，却也是一只蝉。它是被竹枝竹叶挡阻住了不能飞去。我把它拾在手中。同行的心南先生说："这有什么稀奇，放走了它吧。要多少还怕没有！"我便顺手把它向风中一送，它悠悠扬扬地飞去很远很远，渐渐地不见了。我想不到这只蝉就是刚才从地上拾了来的那一只！

　　初到时，颇想把它们捉几个寄到上海去送人。有一次，便托了老妈子去捉。她在第二天一早，果然捉了五六只来放在一个大香烟纸盒中，不料给依真一见，她却吵着，带强迫的要去。我又托那个老妈子去捉。第二天，又捉了四五只来。依真的纸盒中却只剩下两只活的，其余的都死了。到了晚上，我的几只，也死了一半。因此，寄到上海的计划遂根本打消了。从此以后，便也不再托人去捉，自己偶然捉来的，也都随手放去了。那样不经久的东西，留下了它干什么用！不过孩子们却还热心地去捉。依真每天要捉至少三只以上用细绳子缚在铁杆上。有一次，曾有一只蝉居然带了红绳子逃去了；很长的一根红绳子，拖在它后面，在风中飘荡着，很有趣味。

　　到了一夜，狂风大作，雨点如从水龙头上喷出似的，向槛内廊上倾倒。第二天还不放晴。再过一天，晴了，天气却很凉，蝉声乃不再听见了！全山上的鸣唱着的却换了一种咕嘎……咕嘎……急促而凄楚的调子，那是纺织娘。

　　"秋天到了。"我这样说着，颇动了归心。

　　再一天，纺织娘还是咕嘎咕嘎地唱着。

　　然而，第三天早晨，当太阳晒得满山时，蝉声却又听见了！且很不少。我初听不信：叽……叽……叽格……叽格……那确是蝉声！纺织娘之声却又潜踪了。

　　蝉回来了，跟它回来的是炎夏。从箱中取出的棉衣又复放入箱中。下山之计遂又打消了。

　　谁曾于听了纺织娘歌声之后再听见蝉的夏曲呢？是我的一个有趣的经验。

智慧窗

　　"草木无情，有时飘零。人为动物，惟物之灵，百忧感其心，万事劳其形，有动于中，必摇其精。"（欧阳修《秋声赋》）有几人能像欧阳修、郑振铎一样在繁忙的事务中保持着对大自然的一颗敏感之心呢？想必很多人都像欧阳修的书童一样，问之"莫对，垂头而睡，但闻四壁虫声唧唧，如助余之叹息"。童子倒头大睡，根本不闻秋声之妙。同样有趣的是，当李清照在《如梦令》中感于"雨疏风骤"后"绿肥红瘦"时，问她的婢女如何，婢女"却道海棠依旧"，同样对自然界的变化一无所感。

　　四季交替，花开花谢，道旁的法国梧桐落下了它的最后一片叶子。有感恩的心，有欢笑，有泪水，不在碌碌的平庸生活中磨掉敏锐的直觉，才会有惊喜的发现。

（杨书）

 阅览室

去台湾看父亲
◇缪新亚

　　20世纪40年代末我们一家三口被迫分离，父亲去了台湾，母亲回到长沙，后来他们就各自成家，我则留在上海。失散40年后虽彼此有过几次见面，但毕竟像一段打过补丁的亲情，无法复原。直到最近，我终于有了一个机会去台湾探望父亲。

　　台北，金碧辉煌的圆山饭店大堂，冷飕飕的，酒吧里不时飘出悠扬的乐曲。我端坐在沙发上眼睛直直地盯住大门，等着同父异母的弟弟驾车来接我。又有一支乐曲曼妙地奏起，绵长而哀怨。我并不懂音乐，然而当耳畔响起这首乐曲时，我似乎听懂了。自从去年探望生母之后，总有一种说不清、道不明的感觉凝结在心头，此时，似乎一下子化解了，一种甜蜜而又微带酸楚的滋味开始浸润我的整个肺腑，传递到周身的每一根神经。出于好奇，我很想知道这首乐曲的名字。问了好几个侍应生才告诉我，曲名竟然就叫《我的父亲，我的母亲》！世上竟有这等巧事？也许是冥冥中的偶然，也许是混沌中的必然！

　　感叹之中，却瞥见大门口有一群人拥进。定睛一看，是弟弟、弟媳扶着手拄拐杖、蹒跚而行的父亲，后面是妹妹搀着母亲，我急忙起身迎上去。6年未见的父亲，由于疾病的折磨，变得更加衰老和病态：双颊深深地塌陷，眼睛混沌而无神，嘴巴经常半张着，不时流着口水。只见他看到我的一刹那，眼睛瞬间变得亮了起来，突然丢掉了拐杖，挣脱了搀扶，颤颤巍巍地抱住了我，嘴里还含糊不清地说着什么。我只觉得他的整个身体都在颤抖，而且幅度和频率都很剧烈，让我的心也跟着一起颤动起来。刚才充斥我神经的甜蜜而酸楚的感觉，一下子全化为眼泪，满面流淌，落到了嘴角。近几年来，在电话里，不断听到父亲病情加重的消息。去年开始，肌肉频频僵硬，一旦发作起来全身肌肉僵直并剧烈地疼痛，需要有人不停地按摩才能化解。因为这个，父亲变得不肯走路，只有在家人的劝说下，才会极不情愿地在房间和客厅之间来回走上几圈。今晚他却执意要来，说是我工作行程太满怕见不到我。刚在沙发上坐定，父亲突然面部抽搐起来，嘴里连连喊着"痛""痛"，声音短促而含混。弟弟一边说："父亲的肌肉又僵了，空

155

调太冷了，要赶快离开。"一边赶忙扶起父亲，嘴里还不住地喊着"抬""抬"的口令，随着口令，父亲才会机械地交替抬起双脚慢慢地移动。好不容易让父亲"逃"离冷气十足的大堂，坐进轿车后座。回到家里，明亮的客厅里母亲和妹妹一面不停地给父亲腿部的肌肉搓揉、拍捏，一面嗔怪说："叫你不要去，看弄成这样子！"父亲脸部僵硬的肌肉渐渐地松弛舒展，他咧开嘴，孩子似的笑了，眼角滚出一颗泪珠，晶莹而硕大。我相信，这泪一定是甜中带酸、酸中有甜的。

七天的考察，日程满满，行色匆匆。重回台北后，最后一晚又因为饯行晚宴不能推托请假，于是便和家人约定，还是到宾馆见面。我希望父亲当晚能来，但又不忍心让他自己走来。想到上次见面的情景，我在电话里始终不敢询问父亲是否能来。宴会结束，刚回到宾馆，客房门铃就响了。门一开，只见全家簇拥着坐在轮椅上的父亲，让我感到意外，更让我感到惊喜！弟妹告诉我，为了却父亲的心愿，这两天他们专门购置了轮椅，还专程到宾馆"侦察"地形，今天他们走的是没有空调的员工通道。

5月的台北，天气已经开始变热，因为不能开空调，又一下子涌进这么多人，大家都感到很热。然而更热的是房里的气氛，相机记录下了这令人难忘也令人难过的瞬间。画面中每个人的脸上都荡漾着笑容，每个人的眼眶里都闪烁着泪花，甜甜的、酸酸的，为全家的团聚，也为以后的有缘相会。

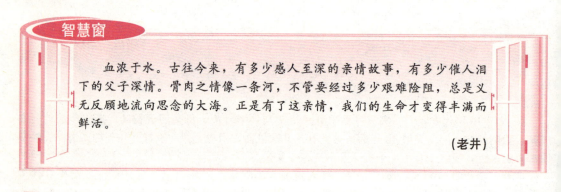

智慧窗

血浓于水。古往今来，有多少感人至深的亲情故事，有多少催人泪下的父子深情。骨肉之情像一条河，不管要经过多少艰难险阻，总是义无反顾地流向思念的大海。正是有了这亲情，我们的生命才变得丰满而鲜活。

(老井)

阅览室

命运素描
◇赵静蕾

首先我得感谢命运，让我现在还能从容地坐在这里进行写作，而在这个世界的许多地方还有人食不果腹饥寒交迫，即使是不为生计奔忙，他们也很可能被许多烦恼搅得心神不宁寝食难安，因为我也曾经历和耳闻目睹过那种遭遇。所以我先感谢命运的恩赐。同时我也要感谢我已经去世的父母，感谢他们给了我生命的开始，还有虽不完美但还健全的大脑和身体，在这里我给他们深深地鞠躬跪拜。

在此借用莫泊桑的一句话：生活不会像我们想象的那么美好，但也不会像我们想象的那么糟糕。

对于生命，我国古代即有尊生、重己的传统。身体发肤，受之父母。通常当我们在遭到生命危险时，是宁愿舍弃自己的一切财产来换取生命延续的。传统的生命道德告诉我们：一个人不仅要尊重自己的生命，而且也要尊重他人的乃至一切动物和植物的生命。如《吕氏春秋》就有《贵生》和《重生》两篇，专门讨论对生命的态度问题：前者说要以生命为贵，尊重生命；后者讲生命最为可贵，要重视自己的生命。

面对死亡，青年人、中年人、老年人的理解和表现是有很多差异的。人常说：青年生活于将来，老年生活于过去，中年则生活于现在。对于死亡，青年、中年、老年也表现出不同的走向。

"风萧萧兮易水寒，壮士一去兮不复还。"渐离击筑的悲声仍萦绕在我们耳畔，荆轲的时代却又多么遥远。而到今时今日，我们仍铭记着这一伟大的壮举，即使他的生命如樱花一样短暂，但他却可以用自己的死换来流芳千古。

这是年轻的荆轲。

泰戈尔说：我愿生如夏花之绚烂，我愿死如秋叶之静美。

这是年长的泰戈尔。

人在青年，谁没有一片雄心壮志？谁没有一番宏济苍生的抱负？谁没有种种荒唐也罢瑰丽也罢的梦想和冲动？生命和死亡对于他们也只是梦想和冲动之中的一部分，在激情之下他们可以为朋友两肋插刀，为偶像赴汤蹈火，为情人轻言生死——但他们却没有想过朋友、偶像、情人是否真的值得他失去宝贵的生命。

世故的中年人不会像青年人这么罗曼蒂克，不会有那股了傻劲儿。在他们看来，这个世界是有规则的。美的梦想，不如享受一顿精馔之实在；理想的王国，不如一座安适家园合乎实际；整顿乾坤，安民济世，自有国家领导操心，用不着我去插手（也插不了手）。带领着妻儿，安稳住在自己创造的小天地里，或从事名山胜业，以博身后之虚声，或丝竹陶情，以为中年之怀抱，管它世外风云变幻，潮流撞击，我在我的小天地里还一样优哉游哉，聊以卒岁。你笑我太颓唐，骂我太庸俗，批评我太自私。我都承认，算了，你不必再寻着我纠缠了。

中年人是沉重的，人生阅历和生理的警钟使他们已经知道怎样打理自己的人生。他们不会回避死亡，但他们会理性地判断死亡的代价，这个世界什么都可以用金钱来衡量，包括生命。不到万不得已，他们是不会轻言生死的，他们生命的韧性甚至超过了很多青年人。

与青年人和中年人比较，老年人是最"怕死"的，经历过那么多人生坎坷，他们已经不会再为热闹感动了，往事和青年人现在的热闹在他们眼里不过是过眼烟云，相对地，他们的人生经验在青年人那里也往往被看成是过时的东西，而从生理上说他们已经没有什么可凭恃的了。尽管一些老年人不甘寂寞地也想发挥余热，但属于他们的天地已经非常狭窄了。老年人感受着社会的冷遇，他们的自尊一次次地被占主流的青年人撕毁，他们不得不一步步退却。这时候他们发现自己所拥有的只剩下生命本身，这是他们现在最大的财富了，所以他们"怕死"，这时候他们为了使自己的生命能够延续更久，他们开始走向另一个极端——回归童年，他们会为了得到一块糖一块面包和孙子争执起来。所以人们常说，人老了就跟小孩儿一样——但谁又能保证自己的老年不会如此呢？

这就是我想素描的命运。

智慧窗

生命是一个我们疑惑已久却悬而未决的话题，正是如此，人们才会创造"命运"这个词——仿佛生命就是一次经过安排的演出，我们的角色在冥冥中早已被注定。

我们不反对命运一说，因为生命中有太多我们难以解释的问题。然而我们却不能受控于所谓的命运，只有扼住命运的咽喉，我们才能真正活出自己的风采。

关于命运，我们知之甚少，但是我们要做的却还有很多很多。

（刘俞江）

阅览室

白发亲娘

◇丹　丹

"娘啊娘啊白发亲娘，儿在天涯你在故乡，娘啊娘啊白发亲娘，黄昏时候晚风已凉；回去吧我的娘，回去吧我的娘，儿不能去为你添一件衣裳……"

电视上，一位女歌手正投入地演唱《白发亲娘》这首歌。她深情的呼唤，悲切的歌声无不让人动容。我抱着年幼的儿子坐在沙发上静静地聆听，泪水瞬间浸湿了眼眶。

小时候的我不爱说话，成天闷声不响的。那时父亲在县城上班，每星期只有周末才会回到农村的家。父亲回来的日子是我最快乐的时候，因为他会告诉我很多县城里新奇的事物，还带回一些好吃的东西。在那平淡的日子里，父亲的来来去去给我带来快乐的同时，也带给我期盼。我想母亲也是这样的，每次父亲回家那天，她都会到村口等候。有时一个人去，有时带上我。望着父亲归家的弯曲山路，母亲的眼中盛满了喜悦。我知道母亲想念父亲，一个人在田间劳作时是那么的孤单和落寞。

那时，我们兄妹如果读书不认真，母亲就会生气，甚至会打我们。"你们知道没有文化的难处么？就像个睁眼瞎。我以前没机会读书，我真的难过，但现在你们有机会读书，不好好珍惜，以后大了怎么办？"记得在初一时，一次父亲不在家，我就抱着武侠小说在母亲的眼皮底下看得如痴如醉。那时临近期末考试，母亲以为我在复习功课，怕我学习被打扰，她把妹妹赶出我的房间，怕我学习累着，她还特意煮了夜宵，要我看完书后早点休息。那时年幼，看母亲忙上忙下帮我煮夜宵心里直乐。连我看什么书都不懂！我暗暗好笑，更加放肆地把书摊在桌布上看。直到有一天夜里被突然回家的父亲逮个正着。父亲严厉地骂了我，也骂了母亲。"你个大活人，怎么连他看什么书都不懂？他在看武侠小说，你还帮他煮夜宵，真是气死我了。"父亲生气地说。"小宇，你是在欺负妈妈不识字，对么?"母亲盯着我问，眼眶泛红。我低着头不敢争辩，听到母亲那忧伤的声音，那声悠长的叹息，我心里不知是什么滋味，空荡荡的，好似失落了什么。后来，我没有再骗过母亲，一想起她那哀怨的眼神，悠长的叹息声，我总是深感愧疚。

母亲很容易满足，她觉得吃穿不愁，身体健康就可以了。她没有远大的志向，家庭、孩子是她人生的全部。身体健康是母亲最在意的，这和我小时候病恹恹的身体有关系。我可以说是母亲从死神手中抢回来的孩子。5岁那年我得了一场重病，连医生都说没办法了，要母亲做好后事准备。可是倔强的母亲并没有放弃对我的希望，她一直守候着我，用她从别人口中知道的种种土方法为我治病。当时父亲远在山西太原工作，相隔遥遥，没办法回来，母亲就一个人没日没夜地守着我。也许是母亲的真诚、艰辛感动了上苍，也许是农村的土方法奏效，我的病渐渐地好起来了。回到医院做全身检查时，连医生都惊讶不已。他们惊异于我的病竟会奇迹般地好起来了。事实上我的病确实是好起来了。我的病是好起来了，可是母亲却瘦了整整十几斤。原来丰腴的面庞瘦得只剩皮包骨。母亲像守护着一个珍宝似的守护着我。捧在手里怕摔了，含在嘴里怕化了，她小心翼翼地照顾着我，风大了她急忙把窗户关上；天凉了，她把衣服送到学校；下雨了，她拿着雨伞等在教室门口。母亲的关爱是无微不至的，因为我身子骨较弱，她就把家中所有好吃的，她认为有营养的东西全留给我。她呢? 我几乎没有见过母亲吃过一餐像样的东西。母亲整日劳作，无怨无悔。

电视上，女歌手依旧在深情地吟唱，音乐的节拍一下下敲打在我心灵的深处，我的目光模糊而迷离，回忆像南方春天里淡淡的薄雾天气，变得潮湿起来，湿漉漉地黏附在我心上，耳畔只有那一声声深情而悲切的呼唤："娘啊娘啊白发亲娘，春露秋霜、寒来暑往；娘啊娘啊白发亲娘，朝思暮想泪眼迷茫；娘啊娘啊白发亲娘，娘啊娘啊白发亲娘，白发亲娘……"

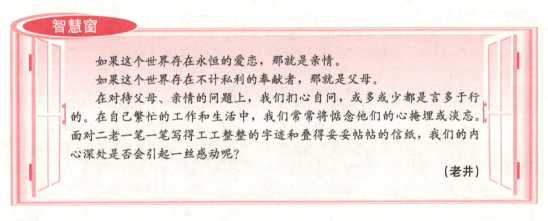

智慧窗

如果这个世界存在永恒的爱恋，那就是亲情。

如果这个世界存在不计私利的奉献者，那就是父母。

在对待父母、亲情的问题上，我们扪心自问，或多或少都是言多于行的。在自己繁忙的工作和生活中，我们常常将惦念他们的心掩埋或淡忘。面对二老一笔一笔写得工工整整的字迹和叠得妥妥帖帖的信纸，我们的内心深处是否会引起一丝感动呢?

(老井)

阅览室

感受世界
◇心 月

你从混沌中走来，世间万事万物都曾给你快乐，让你感受幸福满足。一切事物对于你都是那么有趣，使你衷心地快乐，喜爱这个世界。

随着年龄的增长，从人们有限的知识里学习，慢慢地你懂得了美与丑、好和坏之分。

对于美好的事物你越来越向往。美好的事物在你内心也越来越神化，渐渐演变成一种偏执。

成就欲望的神话，时刻勾引你去获得。

你与时光一起成长，更加地深入这个世界，见到了更多被神话包装了的和被美好称赞了的欲望……

欲望那么多，以至于占满了你的整个内心，成了你与这个世界交流的第三者。对于自己，它让你看不到自我的存在，感受不到自在了；对于这个世界，通过眼睛来观察，你爱憎分明，把世界推向两个极端，让世界在你心灵里也失去本来面目。

欲望的火焰在你心灵的上方猛烈燃烧，烧出一片巨大的空虚，心灵慢慢麻木下沉，你的心灵不再有快乐萌芽，不再有幸福生根。

你也知道这样不好，你要去追寻美好，让心灵重获快乐；你要去满足欲望，让心灵重新充实。依稀中，理想的路在你前方铺伸……

寻找快乐、幸福的路上，你不想见到别人不幸的场景，你不想听到别人不幸的呻吟。你拒绝、你讨厌这个世界真实的残酷，你仍然做着快乐、幸福的梦，听信欲望美丽的神话，寻着理想之路去把快乐、幸福找寻。

可你跨越千山万水找来找去，看过、听过无数的笑话，却怎么也找不着快乐；你走遍世界各地，得到无数的权力、物品以及爱情，却怎么也感受不到幸福的存在，曾经不甘的心，仍然没有甜蜜！

于是，你去书里，你去媒体中，你去人群中，听别人述说他的快乐和幸福，让你的心灵因他的快乐而快活，让你的心灵因他的幸福而感动。或者相反，你去寻找、去诵读一些不幸的故事，来对比、来反证自己是多么幸福、多么快乐，时刻告诫自己人生怎样才叫知足常乐。

别人的快乐、幸福听多了，你欲望的火焰也愈高涨，对现实的世界你也自以为明白无误。你压抑的内心，没有快乐诞生，没有幸福生存，越来越为之灰心、为之麻木。于是你继续去找寻更快乐、更幸福的故事，或者更悲伤、更不幸的故事来愉悦自己，来感动自己，来安慰自己。可世间的故事听来看去就那么多，你的心灵越来越麻木，对现实的世界你也害怕得不想、不去改变。你变得越来越暴躁，越来越失望，所有的美好，似乎偏向另一个极端——都那么丑恶。

其实你忘了，真正的快乐发自你内心，真正的幸福也来自你内心，一如曾经没有理想的你，无须理由，也无须原因，更无须寻找。别人述说的快乐、幸福，你始终都分享不了，那些都只能带给你会心的笑，笑过之后就是痛苦，留下的是寂寞。欲望中得到的快乐、幸福，只会助长欲望的成长，引你向危险的地方走去，永不满足的欲望时刻使你烦躁，使你不开心和不甘心，却仍要你把笑堆在脸上，时时迎合别人的欲望。

丢掉对欲望的偏执吧，用你的心灵去感知这个世界，世界万事万物就会给你心灵真正的快乐！

看清欲望和美好的神话吧，用你的心灵去爱这个世界，发出心灵的真正声音，去帮助每一个被欲望占领的心灵解除欲望，让一切重归自然，这个世界就会给你心灵真正的幸福满足。

智慧窗

　　"但愿会有那么一天，大海把沙漠染蓝，和平的福音传遍，以微笑面对祖先。"这不是《约翰福音》里的句子，而是现代人面对人类的灾难和痛苦发出的呼唤。"非典"、禽流感、海啸、火山喷发、地震，全世界的人们共同对抗着灾难，胜利的喜悦还依稀停留在心头。这时你的快乐是发自内心的无私快乐，想让这种快乐一直延续，那就勇敢地面对一切。

（刘俊江）